Schriftenreihe BALTISCHE SEMINARE

Bd. 8

Schulwesen im Baltikum

Schriftenreihe BALTISCHE SEMINARE
Herausgegeben von der
Carl-Schirren-Gesellschaft e. V.

Band 8

Als Deutsch-Baltisches Kulturwerk veranstaltet die Carl-Schirren-Gesellschaft seit 1989 Baltische Seminare in Lüneburg. Dabei werden geistes- und kulturgeschichtliche Themen behandelt mit besonderer Berücksichtigung der wechselseitigen Kulturbeziehungen zwischen Esten, Letten und Deutsch-Balten. Die Referenten sind Fachwissenschaftler aus Estland, Lettland und Deutschland.

Eine wesentliche Aufgabe der Baltischen Seminare besteht in der gegenseitigen Information. Als Symposien sollen sie über die nationalen Grenzen hinaus der Fachwissenschaft einen Überblick über den Forschungsstand in den baltischen Ländern verschaffen. Ebenso wichtig ist die bei dieser Gelegenheit zu vermittelnde Information für estnische und lettische Wissenschaftler hinsichtlich neuester Forschungsarbeiten in ihrem Fachgebiet in Deutschland.

Mit der Herausgabe der Schriftenreihe „Baltische Seminare" will die Carl-Schirren-Gesellschaft eine wissenschaftlich interessierte und allgemeine Öffentlichkeit erreichen.

Prof. Dr. Axel Frhr. von Campenhausen
Vorsitzender

SCHULWESEN IM BALTIKUM

Elf Beiträge zum

10. Baltischen Seminar 1998

Herausgegeben von

DETLEF KÜHN

Verlag Carl-Schirren-Gesellschaft

Lüneburg 2005

ISBN-3-923149-42-5

Die Deutsche Bibliothek – CIP Einheitsaufnahme

Schulwesen im Baltikum:
Elf Beiträge zum 10. Baltischen Seminar 1998
hrsg. von Detlef Kühn
Lüneburg: Carl-Schirren-Gesellschaft 2005
Baltische Seminare: 8
ISBN 3-923149-42-5

Gedruckt mit Unterstützung der
Karl Ernst von Baer-Stiftung

Redaktion: Wilhelm Maurit-Moritz

Layout und Bildbearbeitung: Hans-Gerhard Körner

Umschlagsentwurf: Ilmar Anvelt

Copyright 2005 by
Schriftenvertrieb Carl-Schirren-Gesellschaft e.V.
Lüneburg 2005

Herstellung: Books on Demand GmbH, Norderstedt
ISBN – 3-923149-42-5

Inhaltsverzeichnis

DETLEF KÜHN 7
Einführung in die Geschichte des Schulwesens im Baltikum

LEA KÕIV 13
Über das Schulwesen in Reval im 17. Jahrhundert

INDREK KIVERIK 51
Der politische Kampf um das Bildungswesen der Esten im 19. Jahrhundert

ANDRES ANDRESEN 67
Die kirchliche Schulpolitik im Gouvernement Estland im 18./19. Jahrhundert

DETLEF KÜHN 75
Der Einfluss Johann Heinrich Gulekes auf die Entwicklung des Volksschulwesens in Livland

SILVIJA PAVIDIS 89
Aus der Geschichte der ersten lettischen Schulen in Riga im 16. Jahrhundert

VIJA DAUKŠTE 113
Die lettische Volksschule auf dem Wege zu den Reformendes 19. Jahrhunderts

LIIVI AARMA 137
Das Seminar in Alp

AUSTRA AVOTIŅA 147
Die Volksschullehrerschaft, ihre politische Stellung
und materielle Absicherung in der livländischen
Gemeinde Alt-Pebalg

MICHAEL GARLEFF 171
Das deutsche Schulwesen in Estland nach 1918

DETLEF HENNING 193
Die Schulautonomie in Lettland während der
Zwischenkriegszeit

Personenregister 207

Ortsregister 215

Autorenverzeichnis 219

EINFÜHRUNG IN DIE GESCHICHTE DES SCHULWESENS IM BALTIKUM

Detlef Kühn

Die Geschichte des Schulwesens im Baltikum ist in der deutschbaltischen Historiographie sehr unterschiedlich behandelt worden. Während das Hochschulwesen, vor allem die Geschichte der Kaiserlichen Universität in Dorpat, sehr intensiv erforscht wurde, galt ansonsten das Interesse vor allem den Schuleinrichtungen, die den Zugang zu den Universitäten ermöglichten. Dies waren im 19. Jahrhundert insbesondere die Gouvernements- und Stadt-Gymnasien, aber auch einige weitere Bildungseinrichtungen wie etwa Birkenruh.[1] Die Ursache hierfür ist relativ leicht zu erklären. Maßgeblich war die persönliche Interessenlage der (männlichen) Angehörigen einer deutsch-baltischen Oberschicht, die sich vor allem um die Teilbereiche des Bildungswesens im Baltikum, die für sie persönlich entscheidend waren, besonders kümmerten.

Dennoch ist, selbst was die Bildungsstätten der Oberschicht anbelangt, ein erhebliches Ungleichgewicht in der historischen Erforschung festzustellen. So ist z.B. das in seiner Bedeutung gar nicht zu überschätzende Hauslehrerwesen in den Häuser des Adels, aber auch auf den Pastoraten noch kaum

---

[1] Schüleralbum des Dorpatschen Gymnasiums von 1804-1879. Dorpat 1879; (F. Croessmann u. E. Pabst), Beiträge zur Geschichte der Ehstländischen Ritter- und Domschule zu Reval. Reval 1869; Zur Geschichte des Gouvernements-Gymnasiums in Riga. Riga 1888; Heinrich Hradetzky, Schüler-Verzeichnis des Revaler Gouvernements-Gymnasiums bis zum Jahre 1900. (Reval) 1913-1915; Carl Kröger, Birkenruher-Album 1825-1892, 1906-1910. St. Petersburg 1910.

erforscht.[2] Im 18. Jahrhundert waren diese Lehrer meist Studenten aus Deutschland, die dann durch Einheirat in „alte" Familien sesshaft wurden und oft nicht nur den (männlichen und weiblichen) Kindern der jeweiligen Hausherren, sondern oft auch noch anderen Kindern, die gegen Entgelt aufgenommen wurden, eine elementare bis qualifizierte Schulbildung vermittelten. Zwar gibt es inzwischen eine Untersuchung über die soziale Stellung der Hauslehrer in den jeweiligen Häusern.[3] Ihre pädagogischen Fähigkeiten, die von ihnen genutzte Didaktik, die Intensität der Prägung ihrer Zöglinge sind jedoch noch kaum auf einer breiteren Basis untersucht worden. Dabei ließen sich für manche bedeutenden Familien Listen von Lehrern aufstellen, die über Jahrzehnte hinweg den jeweiligen Nachwuchs geprägt und auf diese Weise indirekt auch die Geschicke des Landes beeinflusst haben.

Es fehlt auch an Untersuchungen über die zahlreichen Winkelschulen in den Städten, die zum Teil allenfalls dem Namen der Lehrer nach bekannt sind. Gleiches gilt für die gehobene Mädchenschulbildung, die in aller Regel zum Abschluss des Gouvernanten-Examens führte - andere Möglichkeiten einer beruflich nutzbaren Ausbildung hatten Töchter aus bürgerlichen Familien nicht. Hier gab es Privatschulen, die zum Teil über Jahrzehnte hinweg bestanden und eine durchaus qualifizierte Bildung auf relativ breiter Grundlage vermittelten. Dies gilt sowohl für Adlige als auch für bürgerliche (Literaten-)Kreise. Erwähnt sei nur das Adlige Fräuleinstift in Finn/Estland, das, mit Unterbrechungen, vom Ende des 18. über das 19. Jahrhundert hinweg den Töchtern des estländischen

---

[2] Grundlegend hierzu Ludwig Fertig, Die Hofmeister. Ein Beitrag zur Geschichte des Lehrerstandes und der bürgerlichen Intelligenz. Stuttgart 1979.

[3] Heinrich Bosse, Die Hofmeister im Baltikum, in: Jahrbuch des baltischen Deutschtums, XLIV, 1997, S. 31-41.

Adels eine standesgemäße Erziehung vermittelte.[4] Die Carl-Schirren-Gesellschaft in Lüneburg besitzt für die ersten 50 Jahre dieser zeitweise den Herrnhutern nahe stehenden Bildungseinrichtung ein „Protokollbuch", das interessante Einblicke in die wirtschaftlichen Verhältnisse, aber auch in die dort angewandten pädagogischen Grundsätze gewährt. Bis zur Umsiedlung 1939 hat dann in Finn eine Art Haushaltsschule, nunmehr ohne Standesbeschränkungen, diese Tradition fortgeführt.[5]

Die Töchter der Literaten, aber auch adlige Mädchen besuchten häufig private Mädchenschulen wie etwa die der „Doktorin" Jacobine Stender geb. Guleke in Riga, die vorher eine sehr geschätzte Lehrerin an dem erwähnten Fräuleinstift in Finn war. Ihre Schule, die seit Anfang der 30er Jahre des 19. Jahrhunderts bestand, wurde später von ihrer Tochter Wilhelmine Kühn geborene Stender und deren Tochter Caroline Kühn fortgeführt und existierte bis etwa 1868. An ihr unterrichtete auch Wilhelmine Kühns Ehemann Ludwig Kühn, der im Hauptberuf als Oberlehrer der Geschichte am Gouvernements-Gymnasium in Riga wirkte.[6]

Auf dem Höhepunkt der Russifizierung des Bildungswesens in den Jahren nach 1880 kam deutschsprachigen Schulkreisen auf privater Basis für Jungen wie Mädchen eine besondere Bedeutung zu. Nur in ihnen konnte eine deutsche Schulbildung im Baltikum noch vermittelt werden. Auch diese Form des Schulunterrichts und ihre sicherlich erheblichen Probleme

---

[4] Heinrich Seesemann, Das Adlige Fräuleinstift Johann Diedrichstein in Finn, in: Jahrbuch des baltischen Deutschtums, XXXII, 1985, S. 43-56.
[5] Esther von Brevern, Die Frauenfachschule Stift Finn, in: Jahrbuch des baltischen Deutschtums, XXXII, 1985, S. 57-64.
[6] Nach Familienbriefen (in Kopie im Besitz des Verfassers); zu Jacobine Stender geb. Guleke und ihrer Tochter Wilhelmine Kühn. Detlef Kühn, Nichtadlige im Protokollbuch des Fräuleinstifts zu Finn in Estland, in: Ostdeutsche Familienkunde (1975), S. 217-223 (S. 222), und ders., Die Familie Kühn aus Greiz, in: Deutsches Familienarchiv, 77, S. 210f.

sind bislang genauso wenig auf breiter Grundlage erforscht wie die nach der Revolution von 1905 wieder zugelassenen deutschen Schulen, die nunmehr vor allem in Trägerschaft des Deutschen Vereins, und zwar ohne Rücksicht auf ständische Unterschiede, bis zum Ausbruch des Ersten Weltkriegs arbeiten konnten. Die national-politische Bedeutung dieser Schulen wird u.a. dadurch unterstrichen, dass Mitglieder des Deutschen Vereins weniger Schulgeld zu zahlen hatten als alle anderen.[7]

Auch über das Schulwesen der sogenannten Kleindeutschen auf dem Lande fehlen meist ins einzelne gehende Nachrichten. Offensichtlich haben sie die im 19. Jahrhundert auf breiter Basis entstehenden Volksschulen der Letten und Esten nicht besucht, sondern waren kleineren Privatschulen auf den Gütern oder in den Pastoraten angeschlossen. Später besuchten sie dann die Kreisschulen in den liv- und estländischen Landstädten und gewannen auf diese Weise manchmal den Anschluss an eine qualifizierte Schulbildung. Wenn auch ein Teil der Lehrer dieser Kreisschulen namentlich bekannt ist, gibt es doch kaum eingehendere Erkenntnisse über Art und Qualität dieser Form der schulischen Bildung.[8]

Wenn also schon festzustellen ist, dass in der deutschsprachigen Historiographie selbst bei der deutschbaltischen Ober- und Mittelschicht in den drei Ostseeprovinzen des Russischen Reiches in Bezug auf das Schulwesen noch vieles unklar, weil nicht erforscht ist, so gilt dies erst recht für die Geschichte des

---

[7] Vgl. Referat über die Tätigkeit und die Bestrebungen des Deutschen Vereins in Livland, Ortsgruppe Riga. Riga 1907, und Sonder-Bericht über die Tätigkeit und Bestrebungen des Deutschen Vereins in Livland, Ortsgruppe Riga, für die Jahre 1908 und 1909. Riga o.J.

[8] Für Kurland siehe Wilhelm Räder, Die Lehrkräfte an den deutschen Schulen Kurlands: 1805-1860, überarbeitet von Erik Amburger. Lüneburg 1991. (Schriften der Baltischen Historischen Kommission 3). Die hier aufgeführten Lehrer verbrachten häufig einen Teil ihres Berufslebens auch in Livland und Estland.

Volksschulwesens der Letten und Esten. Hier gibt es zwar verhältnismäßig viele einschlägige Untersuchungen von lettischen und estnischen Historikern in deren Sprache.[9] Auf Deutsch ist jedoch für das 18. Jahrhundert vor allem das 1937 erschienene Werk des am Ende des Zweiten Weltkrieges ums Leben gekommenen Historikers Heinrich Schaudinn über „Deutsche Bildungsarbeit am lettischen Volkstum" zu erwähnen.[10] Es hat bis vor kurzem für das 19. Jahrhundert keine ähnlich umfassende ergänzende Untersuchung in deutscher Sprache gegeben. Für diesen Zeitraum gibt es zwar einige Einzelveröffentlichungen, die sich z.B. mit der Entwicklung der Lehrerausbildung oder des Schulwesens in einzelnen Kirchspielen beschäftigen.[11] Eine umfassendere Darstellung ist jedoch erst 1997 durch die Herausgabe der „Geschichte des livländischen Volksschulwesens" von Johann Heinrich Guleke[12] erfolgt, die, bereits 1889 abgeschlossen, rund 100 Jahre lang fast unbeachtet in einem baltischen Archiv geruht hat. Guleke, ein ausgebildeter Theologe und langjähriger Pfarrer, hatte als livländischer Schulrat nicht nur historisches Interesse, sondern vor allem von 1872 an, als er in dieses Amt berufen wurde, bis zu seinem Tode

---

[9] Nachweise bei Sirje Kivimäe, Estnische Frauenbildung in der zweiten Hälfte des 19. Jahrhunderts, in: Nordost-Archiv, N.F. I (1992), S. 281-308, und Vija Daukšte, Probleme des lettischen Schulwesens im 19. Jahrhundert bis 1918 – Ergebnisse und Aufgaben der historischen Forschung, ebd. S. 335-349.

[10] Heinrich Schaudinn, Deutsche Bildungsarbeit am lettischen Volkstum des 18. Jahrhunderts. München 1937; Nachdr. Hannover-Döhren 1975.

[11] Z.B. Theophil Gaehtgens, Zur Geschichte des Schulwesens im Kirchspiel Lasdohn/Livland, herausgegeben von Detlef Kühn, in: Jahrbuch des baltischen Deutschtums, XXX, 1983, S. 91-100; Siehe auch Helmut Speer, Das Bauernschulwesen im Gouvernement Estland vom Ende des 18. Jahrhunderts bis zur Russifizierung. Tartu 1936.

[12] Johann Heinrich Guleke, Geschichte des livländischen Volksschulwesens, Detlef Kühn u. Vija Daukšte, Lüneburg, 1997. (Beiträge zur Schulgeschichte. 6).

1889 in einer besonders schwierigen Phase der Entwicklung des Volksschulwesens einen bedeutenden Einfluss. Seine Darstellung dürfte das Interesse an diesem Teil der baltischen Schulgeschichte in Deutschland wiederbeleben. Dem soll ja nicht zuletzt auch dieses Seminar der Carl-Schirren-Gesellschaft dienen.

Wenn man sich vergegenwärtigt, welche hohe, auch politische Bedeutung der Entwicklung des Schulwesens in allen Staaten der Welt bis heute zukommt, dann liegt auf der Hand, dass eine weitere Vernachlässigung dieser Thematik in der deutschbaltischen Historiographie nicht zu verantworten wäre. Gerade für das „nationale Erwachen" der Letten und Esten oder die Minderheitenpolitik in den selbständigen Staaten Estland und Lettland nach dem Ersten Weltkrieg sind diese Fragen von erheblicher Bedeutung. Wir wollen versuchen, mit diesem zehnten, besonders auf Schulfragen spezialisierten Seminar der Carl-Schirren-Gesellschaft einen Anstoß zu geben, diesen Teil der Kultur- und Sozialgeschichte des Baltikums auch in Deutschland intensiver zu bearbeiten.

ÜBER DAS SCHULWESEN IN REVAL IM 17. JAHRHUNDERT

Lea Kõiv

Das 17. Jahrhundert ist in der Geschichte Est- und Livlands eine Periode von besonderer Bedeutung. Zum ersten Mal gelangte das ganze estnische Gebiet unter die Oberherrschaft einer einzigen Macht - des schwedischen Königshauses. Dies brachte zentralistisch gesteuerte Entwicklungen in allen Lebensbereichen in Gang. Im Bildungswesen führte es zur Gründung der Gymnasien in Reval und Dorpat sowie der Universität in Dorpat in den 1630er Jahren und zum Ausbau eines das ganze estnische Gebiet umfassenden Volksschulnetzes für die Bauern gegen Ende des 17. Jahrhunderts. Diese umwälzenden Erscheinungen - die elitären Bildungsstätten und die Schulung der estnischen Bauern – haben von den Forschern des Bildungswesens des 17. Jahrhunderts die größte Aufmerksamkeit verdient und sind unter verschiedenen Gesichtspunkten betrachtet worden.[13] Dagegen hat die schulische Grundausbildung in den

---

[13] Georg von Rauch, Die Universität Dorpat und das Eindringen der frühen Aufklärung in Livland 1690-1710 (Schriftenreihe Schweden und Nordeuropa. Hrsg. Johannes Paul. Wissenschaftliche Veröffentlichungen des Schwedischen Instituts der Ernst-Moritz-Arndt-Universität Greifswald und der Deutschen Gesellschaft zum Studium Schwedens, Heft 5), Essen 1943; Helmut Piirimäe (Hrsg.), Tartu Ülikooli ajalugu (Die Geschichte der Universität Dorpat) I, 1632–1798, Tallinn 1982. Lembit Andresen, Eesti rahvakooli ja pedagoogika ajalugu (Die Geschichte der estnischen Volksschule und Pädagogik) I. Eellugu ja algus kuni Põhjasõjani (Die Vorgeschichte und der Anfang bis zum Nordischen Krieg), Tallinn 1997. Die Probleme der Bauernbildung im 17. Jahrhundert sind u.a. insbesondere im kirchenhistorischen Kontext untersucht worden: Siehe z.B.: Johan Kõpp, Kirik ja rahvas. Sugemeid eesti rahva vaimse palge kujunemise teelt (Die Kirche und das Volk. Vom geistigen Werdegang des estnischen Volkes), Lund, 1959.

Städten - also die Entwicklung der deutschsprachigen Volksschule im 17. Jahrhundert - als Forschungsthema im Hintergrund gestanden.[14] Bei Reval hat sich das Interesse auf das im Jahre 1631 gegründete Gymnasium konzentriert.[15] Auch die jahrhundertelange Geschichte der Domschule ist näher betrachtet worden.[16] Die Geschichte der dem Revaler Magistrat unterstellten Stadtschulen im 17. Jahrhundert ist nur flüchtig untersucht worden; dabei ist die damalige Mädchenbildung in Reval (wie auch in den anderen Städten im estnischen Gebiet) beinahe unerforscht geblieben.[17] Angesichts dieser Tatsachen ist das

---

[14] Am gründlichsten ist die Geschichte der Arensburger Stadtschule im 17. Jahrhundert erforscht worden: Vello Helk, Die Stadtschule in Arensburg auf Ösel. (Rex Rexheuser [Hrsg.]): Beiträge zur Schulgeschichte, Bd. 2), Zugleich: Michael Garleff, Paul Kaegbein, Gert von Pistohlkors (Hrsg.), Schriften der Baltischen Historischen Kommission, Bd. 1, Lüneburg, 1989. Estnischsprachige Übersichten gibt es in der Gesamtdarstellung Eesti kooli ajalugu (Die Geschichte der estnischen Schule). 1. köide, 13. sajandist 1860. aastateni (erster Band: vom 13. Jahrhundert bis in die 1860er Jahre, S. 70–107 [Schulen seit der Reformation bis zur Etablierung der schwedischen Herrschaft in Estland - zweites Viertel des 16. Jahrhunderts bis erstes Viertel des 17. Jahrhundert] und S. 108–185 (Schulen im estnischen Gebiet während der schwedischen Herrschaft (zweites Viertel des 17. Jahrhunderts bis 1710]).

[15] Gotthard von Hansen, Geschichtsblätter des revalschen Gouvernements-Gymnasiums zu dessen 250 Jubiläum am 6. Juni 1881. Reval 1881; Laul Endel (Hrsg.), Tallinna 1. Keskkool (Die 1. Mittelschule Tallinns) 1631–1981, Tallinn 1981.

[16] Frederik Westling, Mõned lisandused Tallinna doomkooli ajaloole (Einige Beiträge zur Geschichte der Revaler Domschule), in: Ajalooline Ajakiri (Historische Zeitschrift), 2 (1923), S. 1–11, 55–66; Erik Thomson, Geschichte der Domschule zu Reval 1319–1939 (Ostdeutsche Beiträge aus dem Göttingen Arbeitskreis, Bd. 45). Würzburg 1969.

[17] Über die Revaler Stadtschule: Johann Ernst von Siebert, Zur Geschichte der ehemaligen Trivialschule in Reval, in: Archiv für die Geschichte Liv-, Esth- und Curlands, Bd. VI, Reval, 1851, S. 113–126, 320–334; Georg Adelheim, Die grosse Stadtschule oder Trivialschule in Reval, in: Baltische Familiengeschichtliche Mitteilungen 2 (1931), S. 18–24. Nä-

Ziel des vorliegenden Aufsatzes, Mentalitäten und Einstellungen jener Zeit zur Grundschulausbildung im Allgemeinen zu vermitteln, um vor diesem Hintergrund durch Beispiele einer hauptsächlich die Mädchenschulung betreffenden Quellengruppe die Atmosphäre und den Alltag des Revaler Schullebens in den letzten Jahrzehnten des 17. Jahrhunderts etwas näher zu beleuchten. Die Grundschulbildung ist um so mehr von Interesse und als Gegenstand der Untersuchung wichtig, weil sie wohl einen Großteil der damaligen Stadtbevölkerung betraf: Das Gymnasium war nur relativ wenigen jungen Männern zugänglich, und bei den Mädchen beschränkte sich der öffentliche Unterricht auf das Niveau der städtischen Elementarschule;

---

her untersucht worden ist der Zeitraum seit dem Ende des Nordischen Krieges bis zum Vorabend des Siebenjährigen Krieges: Stefan Hartmann, Zur Geschichte der Revaler Stadtschule von 1722–1755, in: Norbert Angermann und Wilhelm Lenz (Hrsg.), Reval. Handel und Wandel vom 13. bis zum 20. Jahrhundert. Lüneburg 1997, S. 325–337. Zum Schulwesen des 17. Jahrhunderts liegt ein detaillierterer Überblick über den Zeitabschnitt von 1621 bis 1645 vor: Ernst Gierlich, Reval 1621 bis 1645. Von der Eroberung Livlands durch Gustav Adolf bis zum Frieden von Brömsebro (Historische Forschungen. Hrsg. von der Kulturstiftung der deutschen Vertriebenen). Bonn 1991, S. 344–352. (Darin: 8.1. Schulwesen: Partikularschule (S. 345–351), Jungfernschule (S. 351–352), Winkelschulen (S. 352). Ein Verzeichnis der in den Archivquellen erwähnten Lehrer der Revaler Jungfernschule siehe in: Georg Adelheim, Die Jungfern-Schule in Reval, in: Baltische Familiengeschichtliche Mitteilungen, 1 (1932), S. 2–4. Die Übersicht von E. Gierlich enthält recht wenige Angaben über die Jungfernschule und Mädchenbildung. Eesti kooli ajalugu stellt nur kurz fest, dass in Reval im 17. Jahrhundert eine Mädchenschule existierte (S. 98, 130). Die Aussage von Jüri Kivimäe aus dem Jahre 1987, dass die Geschichte der Revaler Jungfernschule unerforscht sei, gilt heute noch. Jüri Kivimäe, Luterliku reformatsiooni kultuurimõjud Eestis (Kulturelle Einflüsse der lutherischen Reformation in Estland), in: Jüri Kivimäe (Hrsg.), Religiooni ja ateismi ajaloost Eestis. Artiklite kogumik III (Beiträge zur Geschichte der Religion und des Atheismus III). Tallinn 1987, S. 55.

darüber hinaus konnte ihre Bildung nur privat fortgesetzt werden.

Im 17. Jahrhundert arbeiteten als Grundschulanstalten in Reval die Domschule, die von der Estländischen Ritterschaft, der Domgemeinde und der Schwedischen Krone getragen wurde, und zwei städtische Trivialschulen: die Stadtschule für Knaben (Große Stadtschule, Trivialschule, Partikularschule) und die für Mädchen (Jungfernschule). Außerdem existierten verschiedene private Bildungsanstalten - Nebenschulen, Winkelschulen, Klippschulen; weit verbreitet war der Haus-Unterricht.[18] Es liegen auch Nachrichten über die Schulung der Kinder bei den Kirchengemeinden vor.[19] Die Geschichte der Domschule sowie der Knabenschule reicht bis in die katholische Zeit zurück. Während der Reformation wurden die beiden Schulen im Geiste des Luthertums umgestaltet.[20] Muttersprachliche Volksschulen, die zur Aufklärung der gesamten Jugend im Sinne der evangelischen Lehre dienen sollten, galten für das Luthertum als eine Priorität. Man hielt es für notwendig, in jeder Stadt auch eine Mädchenschule zu eröffnen, in welcher das Evangelium entweder in deutsch oder in lateinisch unterrichtet werden sollte.[21] Wie in den lutherisch gewordenen Gegenden

---

[18] E. Gierlich, S. 344–352.

[19] Raimo Pullat (Hrsg.), Tallinna ajalugu 1860-ndate aastateni. Tallinn 1976, S. 284 - 285.

[20] Die Revaler Domschule wird 1319 erstmals schriftlich erwähnt. Eesti kooli ajalugu, S. 56. Die Anfänge der Stadtschule gehen bis ins 15. Jahrhundert zurück: 1424 genehmigte der Papst die Gründung einer Schule "bei einer der städtischen Gemeinden". 1428 wurde die Genehmigung noch einmal bestätigt. Dies wird als Anfang der städtischen Schule in Reval angesehen. Sie wurde wahrscheinlich bei der St. Olaigemeinde konstituiert. Die Stadtschule wurde bereits um 1528, die Domschule in den 1560er Jahren als lutherisch umgestaltet. Eesti kooli ajalugu, S. 56-57, 79-80, 94.

[21] Barbara Becker-Cantarino, Der lange Weg zur Mündigkeit. Frau und Literatur (1500-1800), Stuttgart 1987, S. 152, 162.

allgemein üblich,[22] wurde eine solche Erziehungs- und Bildungsanstalt für Mädchen auch in Reval in einer ehemaligen Klosteranlage - dem Zisterzienserinnen-Kloster zu St. Michael, vermutlich um 1543, eingerichtet. Eine städtische, dem Rat unterstellte Mädchenschule existierte möglicherweise bereits seit dem Ende des 16. Jahrhunderts. In den 1620er Jahren wurde für diese das Haus des Heiligengeistspitals umgebaut.[23]

Die Grundsätze, nach welchen sich das Bildungswesen Revals am Anfang des 17. Jahrhunderts im Allgemeinen richtete, kommen in zwei zeitgenössischen programmatischen Dokumenten klar zum Ausdruck. Es sind die von Heinrich Vestring, dem damaligen Rektor der Revaler Stadtschule, verfasste Schulordnung von 1600 (soweit bekannt, die älteste Verordnung dieser Art im estnischen Gebiet),[24] sowie der von demselben Vestring zusammengestellte Lehrplan für die Revaler Stadtschule von 1603.[25] Rektor Vestring sah sich veranlasst - so er selbst -, seine eigene Methoden, die sich bereits sechs Jahre lang in Reval gut bewährt hätten, aufzuzeichnen. Aus

---

[22] Siehe z.B.: Sylvina Zander, Zum Nähen wenig Lust, sonst ein gutes Kind... Mädchenerziehung und Frauenbildung in Lübeck (Veröffentlichungen zur Geschichte der Hansestadt Lübeck. Hrsg. vom Archiv der Hansestadt. Reihe B, Band 26. Lübeck 1996, S. 65-66.

[23] Eesti kooli ajalugu, S. 82, 98; Tallinna ajalugu, S. 284-285.

[24] Schulrecht der Königlichen Stadt Reval in Liefland. Gestellet und publiciret im Jahre nach Christi Geburt 1600 den 10. Aprilis. – Tallinna Linnaarhiiv/Stadtarchiv Tallinn (TLA), Best. 230 (Das Archiv des Revaler Rats), Verzeichnis (Verz.) 1, Verzeichnungseinheit (Nr.) Bp (Schulwesen) 25, Blatt (Bl.) 2-8; Theodor Schiemann, Materialien zur Geschichte des Schulwesens in Reval, in: Beiträge zur Kunde Ehst-, Liv- und Kurlands. Bd. 4. Reval 1894, S. 25-38; Siehe auch: Eesti kooli ajalugu, S. 98-102.

[25] Magr. Vestringius Schreiben an den Revaler Rath 1603, Lehrplan des Rectors Henricus Vestringius, in: Materialien zur Geschichte des Schulwesens in Reval, S. 6-25. Das Original des Schreibens von Vestring wird im Stadtarchiv Tallinn aufbewahrt: TLA, Best. 230, Verz. 1, Nr. Bp 25, Bl. 13 – 15v.

seinem Brief an den Rat – Kommentaren zu dem Lehrplan - geht hervor, dass seine Methodik auf einer damals modernen fortschrittlichen Theorie beruhte, die er in der Praxis ausprobiert und als geeignet befunden hätte. Zwar stellte Vestring fest, er hätte in seinem Lehrplan *nichts neues, sondern fast eben dasselbe, was wir hin und wieder in gelehrter und wohlverdienter Leute Büchern von Unterweisung und Auferziehung der Jugend gelesen, zusammen gefaßet und nach Gelegenheit auf unsere Schulen gerichtet Darum weil dieser unser Methodus fast eben derselbige, so in andern wohlbestalten Schulen gebräuchlich, wir aber nicht sehen, wie daß ein beßerer und richtigerer Methodus könne erfunden und erdacht werden.*[26] Vestring unterstrich, dass die in der Revaler Stadtschule erworbene Bildung auf ebenso hohem Niveau sein musste wie die im Ausland erhaltene: *Denn wir wollen nunmher durch Gottes Hülffe mit allem Ernst darnach streben, daß unserer Bürger und Kaufleute Jungens nebst dem im Schreiben und Rechnen, auch in wahrer Erkänntniß Göttlichen Wesens und Willen dermaßen informiret und gegründet seyn mögen, damit sie von Glaubens Sachen nicht weniger als andere ausländische Gesellen, zu urtheilen und für falscher unreiner Lehre und Gottes Dienst sich zu hüten wißen mögen.*[27]

Aus dem Lehrplan von 1603 wird ersichtlich, dass die Revaler Stadtschule zu Vestrings Zeiten, d.h. Ende des 16. Jahrhunderts und Anfang des 17. Jahrhunderts, fünftklassig war.[28] Später, nach der Gründung des Gymnasiums, gab es in der Stadtschule nur drei Klassen.[29] Der Schulordnung zufolge sollten die Knaben mit sechs Jahren in die Schule kommen;[30] eine Al-

---

[26] Materialien zur Geschichte des Schulwesens in Reval, S. 7-8.
[27] Ebenda, S. 12.
[28] Ebenda, S. 10-25.
[29] Gierlich, E., S. 344–345; S. Hartmann, S. 326; Eesti kooli ajalugu, S. 102.
[30] Materialien zur Geschichte des Schulwesens in Reval, S. 28.

tersgrenze für die Absolvierung derselben wurde nicht festgelegt. Laut dem Lehrplan von Vestring war die erste und unterste Klasse (*Classis Infima*) die, *darinn beyde große und kleine Kinder oder Knaben sitzen, welche nur zu dem Ende von ihren Eltern in die Schule geführet werden, für erst, daß sie teutsch lesen, schreiben und rechnen lernen und zum andern, daß sie in der Furcht Gottes auferzogen werden.*[31] Noch ehe man den Schülern das Lesen beibrachte, mussten diese einige Texte auswendig lernen: einen kurzen Katechismus ohne Erklärungen und die wichtigsten Psalmen, ferner Sentenzen aus den Religionslehrbüchern sowie Textstellen aus den Evangelien. Sobald die Jungen die Buchstaben kennen gelernt (laut Vestring musste dafür ein Monat genügen) und mit Buchstabieren angefangen hatten, begann man mit dem Schreibunterricht. Beim Leseunterricht verwendete man ein neues Verfahren, welches Vestring zufolge effektiver sein sollte als „die alte Weise".[32] Als die Kinder bereits etwas lesen konnten, sollte der Katechismus mit Erklärungen vorgenommen und Lektüre der Religionslehrbücher vertieft fortgesetzt werden. Eben die Gottseligkeit musste das *fürnehmste* gewesen sein - so Rektor Vestring -, was in dieser Klasse getrieben werden müsste.[33]

In der zweiten Klasse (Quarta Classis) kam für diejenigen, die sich keine höhere Ausbildung zum Ziel gesetzt hatten, Rechnen dazu. Das durfte aber erst dann geschehen, wenn die Kinder lesen konnten und Katechismus und Glaubensbekenntnis auswendig gelernt hatten.[34] Diejenigen Schüler, die ihren Bildungsgang über die Grundstufe hinaus fortsetzen wollten, mussten sich in der zweiten Klasse die Grundlagen der lateinischen Sprache aneignen. An Lehrbüchern benutzte man in Reval die gleichen Titel, die damals in Deutschland allge-

---

[31] Ebenda, S. 10.
[32] Ebenda, S. 10.
[33] Ebenda, S. 10-11.
[34] Ebenda, S. 11.

mein gebräuchlich waren: den Katechismus von Luther, Religionslehrbücher von Matthäus Judex (1528-1564) und Johan Wigand (1523-1587), das Neue Testament, Fabeln Äsops in deutscher Übersetzung von Luther. Beim Latein-Unterricht waren ebenfalls die meistverbreiteten Lehrbücher jener Zeit in Gebrauch (sog. Donate[35]). Zu den Lehrmaterialien gehörten noch Texte aus den Gesangbüchern u.a.m.[36]

Das Endziel des Studiums in höheren Klassen war die freie Beherrschung des Lateinischen. Im Lehrplan waren Rhetorik und Dialektik vorgesehen; man lernte auch Werke der bedeutendsten Autoren der Antike kennen. Nach Abschluss des vollen Studiums an der Stadtschule sollte der Absolvent, der in der Regel 18 bis 20 Jahre alt war, nach Vestrings Einschätzung über alle notwendigen Kenntnisse verfügen, um sofort das Studium an einer Universität aufnehmen zu können.[37] In den höheren Klassen blieb die Zahl der Schüler jedoch recht gering: Diejenigen Schüler, die zukünftig einen „gewöhnlichen" Beruf rein praktischer Art - den des Kaufmanns oder Handwerkers – ausüben sollten, offensichtlich also die meisten, begnügten sich überwiegend mit den unteren Klassen. Anschließend konnten sie ihre Kenntnisse noch bei Privatlehrern oder aber in ihrem Beruf selbständig erweiterten.[38] Darüber hinaus, wie schon erwähnt, wurde die Stadtschule später nur dreiklassig.

Die Lehrkräfte mussten gemäß der Schulordnung eine Probelektion vor den Scholarchen - den Vertretern des Rats und den Geistlichen der Stadt - halten und vor Rat und Ministerium öffentlich beeiden, dass sie in der unverfälschten Lehre gemäß der Augsburgischen Konfession verharren, sich eines *unbe-*

---

[35] Donate - lateinische Sprachlehren von Aelius Donatus, dem römischen Grammatiker des 4. Jahrhunderts; in Westeuropa seit dem Mittelalter die am meisten verbreiteten Lehrmittel für Latein.
[36] Materialien zur Geschichte des Schulwesens in Reval, S. 10, 11.
[37] Ebenda, S. 24.
[38] Eesti kooli ajalugu, S. 100.

fleckten Lebenswandels befleißigen, ihre Kollegen lieben und sich gehorsam und fleißig erzeigen wollten.[39] Verhaltensmaßregeln für Stadtschullehrer waren auch in der Schulordnung bestimmt, teils sehr detailliert, wie z.b.: *Die Kleidung der Lehrkräfte soll nicht üppig, leichtfertig oder ungewöhnlich, sondern ehrbarlich, Standesmäßig, und mehr Priesterlich, als Bürgerlich, keinesweges Höfisch, oder Adelich seyn. Alle verdächtige Orte, gemeine Krüge und lose Gesellschaft meiden. Wenn sie von ehrlichen Leuten zu Gaste geladen werden, sollen sie bey Zeiten zu Hause gehen. Auf der Hochzeiten nicht sitzen bis auf den letzten Mann. Niemand zu Hader und Zank Ursach und Anlaß geben.*[40] Die Schul-Disziplin sollte von den Lehrern nicht so viel durch Prügelstrafen als durch väterliche Ermahnung gewahrt werden.[41] Die Amtspflichten des Lehrers sowie die Höhe seines Gehalts wurden bei seiner Anstellung in seinem Vokationsschreiben festgelegt. Alle halbe Jahr - im Frühling und Herbst (wenn es denen Herren Scholarchen am allerzuträglichsten seyn wird) - musste in der Stadtschule eine öffentliche Prüfung durchgeführt werden, wonach man aufgrund der Lehrresultate der Schüler auch die Qualität der Arbeit der Lehrer beurteilte.[42]

In Bezug auf die Schüler enthielt die Schulordnung hauptsächlich Regeln, wie man sich in der Schule, zu Hause, auf der Straße, in der Kirche, bei den Beerdigungen usw. benehmen sollte. (Ehe sie in die Schule gehen, sollen sie das Haupt kämmen, Hände und Angesicht waschen, Nägel, Schue und andere Kleider ausputzen und reinigen. Wann die Knaben abgelaßen werden, sollen sie nicht bey Hauffen zur Thür hinaus lauffen, sondern sein ordentlich als sie in den Bäncken sitzen, einer nach dem andern aufstehen und sein stille nach Hause gehen.

---

[39] Materialien zur Geschichte des Schulwesens in Reval, S. 28-29.
[40] Ebenda, S. 34.
[41] Ebenda, S. 33.
[42] Ebenda, S. 36.

Auf der Straßen und Gaßen, soll keiner ruffend umher lauffen und schreyen, auch nicht bestehen bleiben, sondern stracks fortgehen nach Hause.)[43]

In Betracht der Tatsache, dass die Schulordnung von 1600 in Reval noch am Anfang des 18. Jahrhunderts gültig war[44], blieben die oben beschriebenen Regeln im Allgemeinen im ganzen 17. Jahrhundert in Kraft. Diese zwei Quellen geben also ein ziemlich detailliertes Bild von dem Lehrplan der Stadtschule, von den Forderungen, die bei den damaligen städtischen Schulen an die Schüler und Lehrer gestellt wurden. Die beiden Dokumente beziehen sich jedoch konkret auf die Schulung der Jungen; für die Mädchenschulen sind weder Lehrpläne noch Schulordnungen und andere konzeptuelle Dokumente aus dem 17. Jahrhundert überliefert. Darüber hinaus muss man beachten, dass die Schulordnung sowie der Lehrplan in erster Linie Ideale und Bestrebungen im Bereich des Schulwesens mitteilen. Die bisher bekannten Quellen gewähren keine direkten Einblicke in den Alltag der Revaler Schulen. Aus ihnen geht nicht hervor, wie der Unterricht eigentlich lief, wie die Schüler lernten und welche Kenntnisse sie erwarben. Auch über die Zusammensetzung der Schülerschaft geben sie keine Auskunft.[45] Deswegen gibt es allen Grund zu fragen: Erstens, wie sah der Alltag des Revaler Schullebens aus; Zweitens, wie stand es mit dem Bildungs-wesen der Mädchen?

Für die Untersuchung dieser Fragen wird nachfolgend eine Quellengruppe ausgewertet, und zwar eine in mancher Hinsicht unikale Ansammlung von Dokumenten von 1678 bis 1698 aus

---

[43] Materialien zur Geschichte des Schulwesens in Reval, S. 25-28.

[44] Erst 1723 bestätigte der Revaler Rat die neue Schulordnung. TLA, Best. 230, Verz. 1, Nr. Bp 25, Bl. 22-28v. Der Geist von dieser war aber im vielen ähnlich mit denen der von 1600. Siehe: S. Hartmann, S. 329-333.

[45] Die Dokumente beziehen sich überwiegend auf die Vokationen und Entlassungen der Lehrer sowie auf ihre Gehälter. Siehe auch: E. Gierlich, S. 346.

dem Archivbestand des Revaler Magistrats im Stadtarchiv Tallinn.[46] Alle diese Unterlagen sind auf einen - den im 17. Jahrhundert am längsten - 24 Jahre - im Amt gewesenen Lehrer an der Revaler Jungfernschule, Georg Heinrich Gastorius, zurückzuführen. Zum größten Teil handelt es sich um Beschwerden Gastorius' an den Revaler Rat. Während die Revaler Quellen im Allgemeinen recht wenig über den Alltag der hiesigen Schulen aussagen, geben die mit Gastorius verbundenen Dokumente die Atmosphäre im Bildungswesen und in der Revaler Schullandschaft am Ende des 17. Jahrhunderts ziemlich farbreich und vielseitig wieder. Eben dank Gastorius ist es heute möglich, etwas nähere Einblicke in die Revaler Jungfernschule im 17. Jahrhundert sowie in den Alltag des damaligen Schulwesens der Stadt im Allgemeinen zu gewinnen.

Wie mehrere Gelehrte in Reval jener Zeit, kam Gastorius aus Deutschland. In seiner Heimat hatte er *auf Academien* studiert und war in verschiedenen Orten als Hauslehrer tätig gewesen.[47] Fünf Jahre lang hätte Gastorius „hier im Lande" (in Estland), *der unterrichtung Adelicher Jünglinge vorgestanden.* 1668 verheiratete Gastorius sich mit Catharina Kühn, der Witwe eines Revaler Schneiders, des Ältermanns der St. Kanuti-

---

[46] TLA, Best. 230, Verz. 1, Nr. Bp 6. Diese Dokumente zum älteren Schulwesen Revals waren 1944 mit weiteren Teilen des Revaler Ratsarchivs nach Deutschland gebracht worden und blieben dort bis 1990. Soweit bekannt, haben die estnischen Forscher bisher nicht auf diese Gruppe der Ratsarchivquellen zur Geschichte des Revaler Schulwesens im 17. Jahrhundert zurückgegriffen.

[47] Gastorius an den Rat am 11.06.1678. TLA, Best. 230, Verz. 1, Nr. Bp 6, Bl. 212. In der Matrikel der Jenaer Universität befinden sich nachfolgende Eintragungen zu Gastorius: Gastorius, Geo. Hein., Vin[ariensis], n[on iuravit], 31. Aug. 1654; Dep[osition] 31.8.1654. Gastorius, Geo. Henr, Vinaria Thur., 10. Aug. 1661. Die Matrikel der Universität Jena. Band II (1652 bis 1723). Bearbeitet von Reinhold Jauernig, weitergeführt von Marga Steiger. Weimar 1977, S. 292. Für diesen Hinweis danke ich Herrn Dr. Vello Helk.

gilde Hans Cämmerer.[48] Danach habe er in Reval *etliche Jahre ohne dienste* gelebt.[49] Im Juni 1678 bewarb Gastorius sich beim Revaler Rat um die Stelle des Lehrers an der Revaler Jungfernschule.[50] Der Rat fand seine Kandidatur als geeignet und bestätigte Gastorius in diesem Amt.[51] Bald danach wurde Gastorius auch Revaler Bürger.[52]

In den Briefen von Gastorius spiegeln sich unterschiedliche Seiten des Lebens eines Stadtschulmeisters wider. Den Hauptanlass, sich während einigen zehn Jahren folgerichtig an den Rat zu kehren, gab Gastorius seine angeblich miserable wirtschaftliche Lage (meistens klagte er wohl auch im Namen seines Kollegen Stammer[53]). Die wichtigsten Stichwörter seiner zahlreichen Appelle an den Rat von 1678 bis 1698 – „Klippschule" und „Winkelschule" - beziehen sich jedoch auf einen ebenfalls wichtigen Bestandteil der Revaler Schullandschaft - das Privatschulwesen.

---

[48] TLA, Best. 31 (St. Nikolaigemeinde), Verz. 1, Nr. 13, Bl. 77v. Ebenda (Bl. 15v), im Lehrerverzeichnis der Jungfernschule steht geschrieben, dass Gastorius 1703 im Alter von 58 Jahren gestorben ist. Siehe auch: Georg Adelheim (Hrsg.), Das Revaler Bürgerbuch 1624–1690 nebst Fortsetzung bis 1710. Publikationen aus dem Revaler Stadtarchiv, Nr. 7. Tallinn/Reval, 1933, S. 94.

[49] Gastorius an den Rat am 11.06.1678. TLA, Best. 230, Verz. 1, Nr. Bp 6, Bl. 212.

[50] Ebenda, Bl. 212–215.

[51] Das Vokationsschreiben des Rats an Gastorius vom 15.06.1678. TLA, Best. 230, Verz. 1, Nr. Bp 6, Bl. 227 – 227v, 229.

[52] Der Name von Gastorius wurde am 29.06.1678 in das Bürgerbuch eingetragen. Das Revaler Bürgerbuch 1624–1690, S. 94.

[53] In Gastorius' Zeiten gab es an der Mädchenschule zwei Schulmeister. Anfangs war Johannes Marci (Martius) sein Kollege; 1684-1698 der aritmeticus Georg Stammer. TLA, Best. 230, Verz. 1, Nr. Bp 6, Bl. 242, 243. Stammer hatte früher an der Knabenschule unterrichtet, war aber 1674 "wegen Liederlichkeit" aus seinem Amt entfernt worden. G. Adelheim, Die Jungfern-Schule in Reval, S. 2-3.

25

Das Hauptziel von Gastorius war, den Rat dazu zu bewegen, das „Wuchern" der Privatschulen in Reval zu beschränken, denn eben den Privatlehrern schrieb er die Schuld für seinen erbärmlichen wirtschaftlichen Zustand zu. Zwar setzten sich die Bezüge eines Stadtschullehrers zum Teil aus städtischen Mitteln - aus einem jährlichen Grundgehalt nebst freier Behausung -, zum Teil aus den Schulakzidenzien - den Schulgeldern, die die einzelnen Schüler ihrem Lehrer in jedem Vierteljahr zu zahlen hatten, zusammen.[54] Die Privatlehrer dagegen bekamen von der Stadt keine Unterstützung, ihre Einkommen machten die Schulgelder der Schüler aus (es sei denn, dass sie außer der Lehrtätigkeit noch in irgendeinem anderen Lebensbereich tätig waren). Also war die finanzielle Lage sowohl der Stadtschullehrer als auch der Privatlehrer von der Zahl der Schüler abhängig, welcher Umstand ständig Rivalitäten zwischen den Schulmeistern verursachte.

Die erste Beschwerde - *über die Vielheit der Klippschulen und darauss entstehenden ungelegenheit der Stadtschulen* - wurde von Gastorius zwei Jahre nach seinem Amtsantritt (1680) eingereicht.[55] 1683 klagte Gastorius wieder - wegen seines durch die *Einreißung der Winkelschulen* verursachten *sehr schlechten* Zustands. Dabei wies er unter anderem auch darauf hin, dass sein Gehalt geringer sei als das seines Vorgängers.[56] Unter diesen Umständen bat Gastorius um die Erhöhung des Gehalts und des Mietgeldes. Die erstere ermöglichte der Rat ihm „wegen Ermangelung der Mittel" nicht; nur die ihm von der Stadt bestimmte Entschädigung für die Wohnungsmiete

---

[54] E. Gierlich, S. 348.
[55] Aus dem Ratsprotokoll 28.10.1680. TLA, Best. 230, Verz. 1, Nr. Bp 6, Bl. 220.
[56] Die Unterschiede zwischen der Besoldung der einzelnen Lehrer konnten tatsächlich recht groß sein, weil die Höhe des Gehalts von dem Rat mit jedem Schulmeister persönlich verabredet wurde. Vrgl. E. Gierlich, S. 348, 351.

te wurde erhöht. Gleichzeitig stellte sich der Rat auf den Standpunkt, dass *die überhandt nehmenden Klippschulen* abgeschafft werden sollten, um dadurch die Anzahl der Schüler in den Stadtschulen zu steigern.[57] 1687 beschwerte Gastorius sich wieder: Ungeachtet dessen, dass er während neun Jahre der Schule treu gedient hatte, hätte er für diese *blutsaure Arbeit und Mühe fast keine Ergötzlichkeit.* Auch hätte er seine Kleider, die er „bei dem Regenwetter und unreinen Straßen" auf seinen Schulweg *weilen ich einen gar weiten weg iederzeit zu gehen habe,* hätte tragen müssen, beinahe aufgewendet.[58] Im Jahr 1689 bestätigte er, dass es aus dem ihm zugelegten Gehalt unmöglich zu *subsistiren* wäre; auch hätten die *hin und wieder eingerissene* Klipschulen die meisten Kinder an sich gezogen - *unter der denen Leuten gemachten einbildung, dass die Kinder daselbst mehr zunehmen würden.*[59] 1690 ergänzte er seine Beschwerde schon mit stärkeren Argumenten: Aus seinem Gehalt wäre es unmöglich zu *subsistiren, geschweige sonst auff zu künfftigen Noth und Todesfall uns und die unsrigen erhalten können.*[60] Da diese Beschwerde von der Seite des Rats keine gebührende Aufmerksamkeit fand, warf Gastorius bald von seinem Zustand noch düstereres Bild: *Daß man wegen des sehr schlechten Einkommens, in Ermangelung mir und den meinigen Kirchen Kleider, wo es nicht geändert wird, daß Gottes Hauß, wie sichs gebühret, nicht besuchen kan, oder wen ich auch, oder jemand von den meinigen, durch Gottes Schickung mit Kranckheit, oder dem Todt (alß welchen wir sämptlich unterworffen sind) heim gesuchet würde, wüste ich in Wahrheit*

---

[57] Gastorius an den Rat am 18.05.1683. TLA, Best. 230, Verz. 1, Nr. Bp 6, Bl. 236–236v, Ratsprotokoll 18.05.1683. Ebenda, Bl. 238.
[58] Derselbe an den Rat am 01.03.1687. Ebenda, Bl. 270v.
[59] Gastorius und Stammer an den Rat am 15.11.1689. Ebd., Bl. 277.
[60] Dieselben am 10.10.1690. Ebenda, Bl. 223.

nicht, wo man Verpfleg- und eine ehrliche Leichbestattung hernehmen solte.[61] Die Lebensverhältnisse von Gastorius verbesserten sich allem Anschein nach auch im weiteren gar nicht: Auch im 20sten Jahr nach seinem Amtstritt, 1697, klagte er zusammen mit seinem Kollegen, dass *wir bey unserm beruffenen Ambte, mit den unserigen werden die gröste noth leiden und verderben müßen.*[62] Diesmal weist er mit Recht auch auf die „schweren Zeiten" hin: In den Jahren 1695-1697 wurde ganz Estland tatsächlich von einer großen Hungersnot heimgesucht; auch Reval blieb davon nicht unberührt. Ungeachtet dessen haben seine Äußerungen den gleichen alten Tenor. Seine Kritik richtet sich nach wie vor gegen die Privatschulen.

Er – Gastorius – habe anfangs *eine grosse frequentz [der Jugend] gehabt. Ob sie nun gleich ietzt schwach ist, dahero ist nicht mein unfleiss Schuld, sondern die vielen Klipschulen, die fast die meisten Kinder der Stadt an sich gezogen* und *welche von Jahr zu Jahr mehr geworden, und unsere ordinarie Schule Ruiniret haben.*[63] Um weitere Beweise für das Wuchern der Winkelschulen zu bringen, berichtet Gastorius in den 1690er Jahren dem Namen nach von mehreren Personen, die laut ihm in Reval illegal Schulen führten. Es seien als Hauslehrer angestellte *Studiosi*, die ihre Lehraktivitäten nach und nach erweitert haben. So hätte z.B. Kaufmann Gerdt Jürgen Witte einen Studenten angenommen, *der in kurzer Zeit 6 Knaben und 10 Mädchen an sich zum Unterricht gebracht.*[64] Es gäbe aber auch

---

[61] Gastorius und Stammer am 6.05.1691. Ebenda, Bl. 289v.
[62] Dieselben am 19.11.1697. Ebenda, Bl. 280–280v. Es fällt auf, dass der Wortlaut der Beschwerde von 1697 stellenweise genau mit dem von 1690 übereinstimmt: ... das von dem uns zugelegtem Salario, wir ... unmüglich subsistiren, geschweige sonst auf zukünfftigen Nothfall, uns und die unserigen versorgen können,... .
[63] Gastorius an den Rat am 17.01.1698. Ebenda, Bl. 217.
[64] Gastorius und Stammer an den Rat am 6.05.1691. Ebenda, Bl. 289.

andere gelehrte Personen, z.B. Heinrich Julius Wolltemate, Professor der Mathematik am Gymnasium, der im Hause des Kaufmanns Christoph Schwabe ohne Erlaubnis des Magistrats und ohne Wissen der Scholarchen 30 Kinder unterrichte.[65] 1697 fügte Gastorius noch die Namen Geisenheimer und Hinrich Stecher hinzu. Der letztgenannte sei *vor 1½ Jahren* aus Lübeck gekommen, halte sich in *Hrn Rudolph Krügers Behausung in der Lehmstrassen* auf und habe über 30 Kinder unter seinem Unterricht.[66] Zum anderen seien es einige Handwerkerfrauen wie *die Frau Bohnsacksche, Schneider's Wittwe auf dem Alten Markte* mit 18 Schülern[67], *Jacob Johansche, auf den alten Marckte in ihrem eigenen Hause*, mit 20 und *Die Brünwaldsche im Marstalls-Hoffe* mit 18 Schülern; genannt wird auch *Jochim Weiß* [des Buchbinders] *Wittwe in der Schmiedestrasse bey der Fr. Backschen in ihrem Hause, die gleichmässig eine ziemliche anzahl Kinder zu informiren haben sol*, welche alle - so Gastorius - ihm seien entzogen worden.[68]

Die Zahl der Schüler an verschiedenen Winkelschulen wird also mit 16, 18, 20 und „über 30" angegeben. Den Beschwerden von Gastorius zufolge blieb aber allen anderen Privatlehrern immer ein Lehrer namens Andreas Ferdinand Kirchring überlegen: *so haben die Winckel-Schul-Meister und absonderlich vorgedachter Kirchring, [...] zu unserer Jungfer Schule, und zugleich zu unserm höchsten nachtheil, ja fast die meisten Kinder der Stadt zu sich gezogen.*[69]

Andreas Ferdinand Kirchring (auch: Kerckring, Kirchering) hatte sich als Privatlehrer in Reval ungefähr in derselben

---

[65] Dieselben am 2.04.1690, 10.10.1690. Ebenda, Bl. 224, 258. Heinrich Julius Woltemate (1655-1696), 1676-1696 Professor der Mathematik am Revaler Gymnasium. E. Laul, Tallinna 1. Keskkool, S. 44, 303.
[66] Gastorius und Stammer an den Rat am 19.11.1697. Ebenda, Bl. 280v.
[67] Dieselben am 6.05.1691. Ebenda, Bl. 289v.
[68] Dieselben am 19.11.1697. Ebenda, Bl. 280v.
[69] Gastorius an den Rat am 10.10.1690. Ebenda, Bl. 224.

Zeit hervorgetan, als Gastorius an der Jungfernschule in Dienst trat. Am 28. Oktober 1680 hatte Kirchring vom Rat die Genehmigung erhalten, eine Privatschule mit 20 Schülern zu betreiben - *weil dieser Mensch in paupertate lebte, möchte der Rat ihm solcher gestaldt eine Hülffe wiederfahren lassen, damit er zu seinen auffenthalt gerahten möchte.* Dabei durfte er keinen Schüler ohne Erlaubnis dessen vorigen Lehrers annehmen; er musste in allem sich den Schulinspektoren unterwerfen. Bis dahin hatte Kirchring in Reval ohne behördliche Genehmigung unterrichtet. Es geht noch hervor, dass er erst vor kurzem aus der katholischen Kirche zur lutherischen Konfession übergetreten war.[70] Der Lebenswandel von Kirchring schätzte man als einwandfrei: Er hätte sich *so wohl auff dem Lande, als hier in der Stadt, dergestaldt fromm und Ehrbar verhalten, dass man deßwegen nichtes arges zu befürchten hette.*[71] Höchstwahrscheinlich war Kirchring in Reval erst 1679 aufgetaucht: Auf jeden Fall wurde in diesem Jahr *studiosus* Kirchring in der St. Nikolaikirche mit Dorothia Friel, mit der Witwe eines aus Lübeck gebürtigen Revaler Kaufmanns, Hans Krüger, getraut.[72] Die Revaler Ratsherren kannten Kirchring 1680 als *einen neuen Præceptorius* in der Stadt.[73]

Bereits im Jahre 1684, also vier Jahre nach Erhalt der Lehrgenehmigung vom Rat, habe Kirchring etwa 80 Kinder zu

---

[70] Über die Herkunft Kirchrings schreiben die Quellen nur: Monasteriensis Westphalus, geboren am 17. Mai 1641. [Johann Rudolph Brehm], Revalia, Esthoniæ Metropolis, Literata. Revaliæ 1699.
[71] Auszug aus dem Ratsprotokoll am 28.10.1680. Ebenda, Bl. 220–221.
[72] TLA, Best. 31, Verz. 1, Nr. 13, Bl. 116v; Paul Blosfeldt, Ergänzungen zum Revaler Bürgerbuch 1624–1690 herausgegeben von Georg Adelheim (Handschrift in der Bibliothek des Stadtarchivs Tallinn; zusammengebunden mit einem Exemplar der Veröffentlichung des Bürgerbuches (siehe Anm. 36)), S. 18.
[73] TLA, Best. 230, Verz. 1, Nr. Bp 6, Bl. 220–221.

unterrichten gehabt[74] (in der Jungfernschule seien es 1682 z.B. nur 18 Schüler gewesen[75]). Wie erinnerlich, hatte Kirchring 1680 die Erlaubnis für die Unterrichtung nur von 20 Schülern bekommen. Auf eine Anfrage des Konsistoriums, die die Überschreitung der für Kirchrings Schule festgelegte Schülerzahl betraf, reagierte dieser ausweichend: In der Tat hätte er über 40 Kinder, *alleine es wäre wohl 20 und mehr darunter, welche ihm nichts an Schulgeld geben. Es fiele ihm knap davon sich zu erhalten*; zum Unterschied von den Stadtschulmeistern habe er ja kein Salarium von der Stadt und keine Ent-schädigung für die Wohnungsmiete zu genießen. Doch wurde Kirchring daraufhin dazu verpflichtet, bei der Höchstzahl von 30 Schülern zu bleiben.[76] Allem Anschein nach hat der Rat in dieser Sache jedoch keine strenge Aufsicht geführt: Laut Gastorius konnte die Schülerzahl bei Kirchring später auf mehr als 120 steigen (darunter 28 Knaben).[77] Gleichzeitig wird ersichtlich, dass Kirchring mit seinem Latein-Unterricht selbst dem Gymnasium ständig Konkurrenz bot. Schon 1684 hatte der Rat beschlossen, dass Kirchring aufhören soll, Latein zu unterrichten;[78] 1691 mussten laut dem Beschluss des Rats diejenigen, die bei Kirchring Latein gelernt hatten, ins Gymnasium versetzt werden.[79]

---

[74] Aus dem Protokoll des Konsistoriums vom 21.02.1684. TLA, Best. 1346 (Das Archiv des Stadtkonsistoriums), Verz. 1, Nr. 2, Bl. 194–194v.

[75] Aus dem Protokoll des Konsistoriums vom 28. Juli 1682. Ebenda, Bl. 109.

[76] Aus dem Protokoll des Konsistoriums vom 21.02.1684. Ebenda, Bl. 194v.

[77] Gastorius an den Rat am 2.05.1690 und am 6.05.1691. TLA, Best. 230, Verz. 1, Bl. 257v, 290.

[78] Aus dem Konsistorialprotokoll 21.02.1684. TLA, Best. 1346, Verz. 1, Nr. 2, Bl. 194v.

[79] Auszug aus dem Ratsprotokoll 21.04.1691. TLA, Best. 230, Verz. 1, Nr. Bp 6, Bl. 283.

Durch Jahre hindurch richtet sich der Zorn von Gastorius am stärksten gegen Kirchring: *Unter solchen WinckelSchul-Meistern, welcher uns den meisten Abbruch bißher gethan, ist Kirchring.*[80] Um das durch die Tätigkeit der Privatschulen bestehende Unrecht wirkungsvoll zu illustrieren, machte Gastorius den Rat auf die Tatsache aufmerksam, dass, während die Stadtschulen ein kümmerliches Dasein fristen, der *Privatlehrer Kirchring innerhalb wenig Jahren sich dergestalt hat bespicket, daß er ein eigen Steinern hauss gekaufft, selbiges von grund auff repariren, und köstlich außzieren lassen.*[81]

Obwohl wirtschaftliche Schäden, die die städtischen Schulen und auch er - Gastorius - persönlich durch die vielen Privatschulen erleiden müssen, für ihn als größte Sorge gelten, hebt er in seinen Briefen noch weitere Missstände hervor, die mit Privatschulen zusammenhängen. So berichtet er, dass *ists auch am hellen tage, das wann die Kinder ihrer untugend wegen gezüchtiget werden, so fort wenn man bey ihnen bereits die gröste Arbeit gethan, und sie aus dem A.B.C biß ins Syllabiren oder gar im Lesen angeführet*[82] *von denen Verordneten Schulen zu den Winckel schulen laufen.*[83] Es käme

---

[80] Gastorius und Stammer an den Rat am 10.10.1690. Ebenda, Bl. 223v.
[81] Dieselben am 2.04.1690. TLA , Best. 230, Verz. 1, Nr. Bp 6, Bl. 257v. Im Nachlassverzeichnis von A. F. Kirchring und seiner Ehefrau von 1700 wird tatsächlich ein Haus (hinter dem St. Johannisspital) aufgeführt. TLA, Best. 166 (Das Archiv des Waisengerichts), Verz. 1, Nr. 381 (Inventarium über des Sehl. Andreae Ferdinandi Kerkerings undt seiner auch sehl. Eheliebsten Nachlaß vom 16. Februar 1700). Laut Angaben vom 1704 gab es in diesem Haus unten eine warme Wohnstube, oben eine warme Stube und kalte Kammer; darauf noch eine Badtstube. Annotations Rolla [...] 1704. TLA, Best. 230, Verz. 1, Nr. Aa 100, Bl. 34v.
[82] Gastorius und Stammer an den Rat 15.11.1689. TLA, Best. 230, Verz. 1, Nr. Bp 6, Bl. 277.
[83] Gastorius an den Rat am 1.03.1687. Ebenda, Bl. 270. Gastorius und Stammer am 10.10.1690. Ebenda, Bl. 223.

aber oft vor, dass sie nach einer Weile von dort wieder in die Stadtschule zurückkehren - also müssen die Eltern für die Bildung ihres Kindes doppelt bezahlen.[84] Laut Gastorius haben die Privatschulen kein Niveau: Diejenigen Kinder, die eine Zeitlang dort unterrichtet wurden, haben sogar so manches an ihren früheren Kenntnissen eingebüßt, *sie alßo auch in allen so wohl lesen und schreiben alß beten mercklich Verhindert worden.*[85]. Auch die Schulinspektoren hätten befunden, dass die Schüler, die zeitweilig eine Winkelschule besucht haben, in ihren Leistungen hinter den anderen zurückgeblieben seien.[86]

Die Argumente, die Gastorius gegen seine Konkurrenten einsetzt, sind von Fall zu Fall unterschiedlich. Die Handwerkerwitwen hätten - so Gastorius - kaum Niveau, um überhaupt unterrichten zu können, weil *besagte Frauen selbst nicht einmahl recht buchstabieren, noch fertig lesen können, und dahero die Edle Zeit mit solchen Kindern nur vergeblich zubringen.*[87] Wenn die Kinder, die bei diesen Witwen gelernt haben, in die Stadtschule kommen, können sie nicht einmal buchstabieren: *wen den solche Kinder wiederumb zu uns kommen, haben sie das Syllabiren nicht recht gelernt, und müssen de novo vieder angeführet werden*[88]).

Eventuell auf Kirchring weist seine Äußerung hin, dass *es auch unmüglich das eine eintzige Persohn 100 und mehr Kinder vorstehen kan; daher es denn auch kommen, das grosse Jungfern, so zur Ehe schreiten wollen weder fertig lesen, noch schreiben können.*[89]

---

[84] Gastorius und Stammer an den Rat am 6.05.1691. Ebenda, Bl. 290.
[85] Gastorius an den Rat am 1.03.1687. Ebenda, Bl. 270
[86] Gastorius und Stammer am 10.10.1690. Ebenda, Bl. 223v.
[87] Dieselben am 6.05.1691. Ebenda, Bl. 289v; am 19.11.1697. Ebenda, Bl. 280v.
[88] Dieselben am 6.05.1691. Ebenda, Bl. 289v.
[89] Gastorius am 1.03.1687. Ebenda., Bl. 270–270v.

33

In diesen Vorwürfen kann man von der Seite von Gastorius gewissermaßen ein begründetes Missionsgefühl eines Pädagogen erkennen. Wahrscheinlich war ja die Kritik von Gastorius an den für das Lehreramt nicht ausreichend gebildeten Handwerkerwitwen als Lehrerinnen berechtigt; ebenso begründet wohl seine Befürchtung, dass die Qualität des Unterrichts durch Überlastung des Lehrers beeinträchtigt werden kann. Auf der anderen Seite fällt aber bei seinen Beschwerden auf, dass er ganz besonders, stärker als alle anderen Aspekte, den illegalen Charakter der Privatschulen betont. Somit setzt er auf die Tatsache, dass die meisten von ihnen ohne Genehmigung des Rats arbeiteten.[90] Vermutlich hielt er das für ein stärkeres Argument gegen die Winkelschulen als die schlechte Qualität des Unterrichts. Seiner Meinung nach sollten die „illegalen" Schulen ohne Weiteres geschlossen werden. Kirchring besaß zwar die amtliche Genehmigung zum Unterricht, jedoch hatte Gastorius den Grund, auch über ihn Klage zu führen, da Kirchring gegen die Vorschriften verstoßen hatte. Immerhin musste er Kirchring, der sein erfolgreichster Konkurrent blieb, akzeptieren: An Kirchring als Lehrer hatte er wahrscheinlich kaum etwas auszusetzen. Vielleicht fasste Gastorius eben Kirchrings Schule ins Auge, als er 1687 dem Rat vorschlug, „beide Jungfernschulen" zu vereinigen, um alle Einnahmen zukünftig „friedlich und einvernehmlich" untereinander aufzuteilen.[91] Ungeachtet dessen verlangte er im Übrigen, dass auch Kirchring mit voller Strenge behandelt werden soll: Da Kirchring

---

[90] Gastorius und Stammer am 6.05.1691. Ebenda, Bl. 290; am 19.11.1697. Ebenda, Bl. 281.

[91] Gastorius an den Rat am 1.03.1687. Ebenda, Bl. 270–270v. Dieses Schreiben wurde vom Rat an das Konsistorium weitergeleitet. Das Konsistorium schickte es jedoch zurück an den Rat, der daraufhin die Scholarchen beauftragte, die Sache aufzuklären (Ratsprotokoll vom 1.03.1687. TLA, Best. 230, Verz. 1, Nr. Ab 118, Bl. 125v.) Über mögliche weitere Stellungnahmen liegen keine Angaben vor.

systematisch die Vorschriften verletzt habe, müsse es ihm *ohne einige Exception* verboten werden, seine Schule zu betreiben.[92] Manchmal ging Gastorius gegen seine Rivalen mit recht kleinlichen Argumenten vor. So war er der Meinung, dass z. B. der Lehrer Kirchring bereits *so viel vor sich gebracht, dass er ex proprijs subsistiren kan, und in seinem erkaufften Hause die gute gelegenheit hat, bürgerliche Nahrung zu treiben.*[93] Ganz ähnlich nahm er zu einer Handwerkerwitwe Stellung: Diese könne sich doch von ihrer Hand- und Näharbeit ausreichend ernähren.[94] Ein Privatlehrer namens Berbandt hätte aber schon *so viel Mittel bereits auff seinen vorigen Pastorat und sonst zu weg gebracht, dass er selbige vor langer zeit her auf Intresse außgegeben, und davon absonderlich, weilen er keine Kinder hat, genugten leben kan.* Auch klagte Gastorius mehrmals, dass manche Privatlehrer von den Schülern mehr Quartal-Geld einnehmen als die Stadtschulen.[95]

Also hatte Gastorius reichlich Anlass, Kritik an Privatschulen zu üben. Gleichzeitig gab es gewisse Vorwürfe auch gegen Gastorius selbst und seine Schule. Zum Beispiel ermahnte der Rat 1697 die Lehrer der Jungfernschule zu größeren Fleiß (damit niemand den Grund hätte, Vorwürfe zu machen) und warnte sie zugleich, *im widrigen Fall in dieser Schule ein Wandell vorzunehmen.*[96] Gastorius gesteht auch selbst,

---

[92] Gastorius und Stammer an den Rat am 15.11. 1689. TLA, Best. 230, Verz. 1, Nr. Bp 6, Bl. 278-278v; Dieselben am 6.05.1691. Ebenda, Bl. 290 – 290v.

[93] Gastorius und Stammer an den Rat 15.11.1689. Ebenda, Bl. 277v; Dieselben am 10.10.1690. Ebenda, Bl. 224.

[94] Dieselben am 6.05.1691. Ebenda, Bl. 289v.

[95] Gastorius und Stammer an den Rat am 15.11.1689. Ebenda, Bl. 277v-278; dieselben am 10.10.1690. Ebenda, Bl. 224v.

[96] Ratsprotokoll vom 19.11.1697. Ebenda, Nr. Ab 132, Bl. 1224. Es ist möglich, dass bei diesem Wandell der Rat bedachte, einen zusätzlichen Lehrer - einen Adjunctum - in der Mädchenschule ins Amt zu nehmen. Aus den Briefen Kirchrings an den Rat am 17.01. und 01.07.1698

dass *einige Blasmen wegen der Jungfer Schule mir zu Ohren kommen.., als solte nicht der gebührende Fleiß in unterweisung meiner Jugend angewendet worden seyn.*[97] Wegen solcher Angriffe gegen seine Tätigkeit hielt Gastorius es für notwendig, vor dem Rat seine berufliche Tüchtigkeit gründlich schriftlich zu beweisen. Obwohl Gastorius den Lehrerberuf nur für ein saures Brot hielt, war er doch der Meinung, dass seiner eigenen Person in diesem Amt ausschließlich Lob gebühren sollte. Auch von Schulinspek-toren habe er wegen seiner Arbeit nie Vorwürfe hören müssen. Niemand könne behaupten, dass er sich als Lehrer irgendwelche Zugeständnisse gemacht hätte: *So wird niemand mit der wahrheit beweisen können, daß weder Glatt Eyß. Schlag oder Reegen mich davon zurückgehalten, sondern daß ich mich vielmehr fleißig in meiner Schule zu rechter zeit eingefunden, und inder zeit einfinde. Denn ich gehe des morgens vor 7 uhren in die Schule, und komme auf den abend gegen sex Uhr (ohne daß ich Ein mahl nach Hauße geh), wieder aus derselben, da ich doch mehrentheils in wehrender zeit ungegeßen bleibe, umb meine Information, sowohl Publice als Privatim täglich beßer zu verrichten.*[98] Aus irgendwelchem Grunde hebt er gesondert hervor, dass der Justizbürgermeister höchstpersönlich in Anwesenheit eines Kollegen versichert habe, dass er Gastorius oft „zur rechten Zeit" (nach der unteutschen Kirchen[99] Uhr gesehen) zur Schule gehen sieht. Dies hätte eigentlich selbstverständlich sein müssen!

(TLA, Best. 230, Verz. 1, Nr. Bp 6, Bl. 331-332, 342–342v) und dem Ratsprotokoll vom 17.01.1698 (Ebenda, Nr. 133, S. 63). Die näheren Hintergründe dieser Überlegung bleiben unklar. Zugleich scheint der Rat mit Gastorius - im Hinblick auf seine lange Amtszeit - jedoch mehr oder weniger zufrieden gewesen sein.
[97] Derselbe am 17.01.1698. Ebenda, Bl. 216.
[98] Ebenda, Bl. 216v-217.
[99] Die Heiligengeistkirche.

Trotz allem gab es auch in Gastorius Schule mehrere Kinder, deren Leistungen schwach blieben, *Gesetzt, es sollen Einige Kinder nicht wohl zugenommen haben.* Dafür fühlte sich Gastorius jedoch nicht verantwortlich. (Er gab nur zu, dass er bisweilen etwas despotisch sein kann.). Ihm zufolge versäumten die leistungsschwachen Schüler oft ganz den Unterricht oder erschienen erst gegen acht oder halb neun Uhr morgens in der Schule, d.h. verspäteten sich systematisch. Davon könne sich jedermann anhand eines seit 1693 von ihm geführten *Haupt-Schulbuches*[100] überzeugen. Auch denjenigen Eltern, die ihre Kinder von einer Schule in die andere wechseln lassen, gibt er Schuld. Dass die Zahl der Winkelschulen von Jahr zu Jahr immer größer geworden ist, begünstige nur solche unüberlegte Handlungen.[101] Einige Kinder seien aber einfach „stupide" (stupidum ingenium). Als weitere Beweismittel für seinen beruflichen Eifer führt er wohlwollende schriftliche Meinungen von mehreren angesehenen Personen - Revaler Ratsherren, Kaufleuten und Handwerkern - vor.[102]

Unter anderem wurde Gastorius die Disziplinlosigkeit seiner Schüler vorgeworfen. Nämlich pflegten die Kinder unter dem Vorwand, ins Klosett zu müssen, während des Unterrichts den

---

[100] Ein „Schul-Buch" sollte auch der Schulordnung von 1600 zufolge geführt werden. Solche Bücher sind im Ratsarchiv jedoch nicht vorhanden.

[101] Gastorius an den Rat am 17.01.1698. TLA, Best. 230, Verz. 1, Nr. Bp 6, Bl. 217.

[102] Gastorius haben z.B. folgende Personen Lob ausgesprochen: der Ratssekretär Andreas Alberti für die Arbeit mit seinen Töchtern, der Syndikus Philipp Müller, dessen zwei Söhne bei ihm gelernt hatten; ferner die Ratsmitglieder Johan von Schoten und Thomas Kahl sowie Anna Krüger, die Witwe des Kaufmannsgesellen Jürgen Loos, und der Barbier Johan Christian Bihl. Die Lobschreiben der obengenannten Personen stammen aus den Jahren 1683, 1686, 1692 und 1693. Gastorius an den Rat am 1.03.1687. Ebenda, Bl. 271–272v; am 17.01.1698. Ebenda, Bl. 218-219.

Schulraum zu verlassen, um dann draußen auf der Straße Unfug zu treiben. Jedoch hat Gastorius auch hierfür eine Rechtfertigung parat: Seit Jahren habe er wiederholt die Schulinspektoren auf das Problem aufmerksam gemacht und sie gebeten, es zu lösen, jedoch habe der Justizbürgermeister erst vor Kurzem endlich die Genehmigung erteilt, den Unterrichtsraum durch eine neue, gesonderte Tür direkt mit dem Abort zu verbinden, damit die Kinder nicht mehr heimlich auf die Straße kommen. Sobald man aber versuche, Übermütige zu bestrafen, werden diese von den Eltern sofort in eine andere Schule versetzt, scheint Gastorius sicher zu wissen.[103]

Über die Leistungen der Schüler unter Gastorius gibt ein von ihm verfasster Bericht an den Rat vom 6. Mai 1691 Auskunft: *Specificatio wie die Kinder nacheinander intro-duciret werden, und wie weit ich idwedes Kind aus dem ABC zum lesen gebracht habe* (siehe Anhang 2). Er habe zur Zeit insgesamt 38 Schüler, die er bald in einem öffentlichen Examen prüfen wolle.[104] Die Kinder werden von ihm in Gruppen eingeteilt, je nachdem, seit wann sie die Schule besuchen. Bei jedem Kind gibt er ein Urteil über dessen Fertigkeiten im Lesen sowie in der Religionslehre. Aus dem Bericht geht hervor, dass mehrere Kinder bereits buchstabieren oder sogar lesen konnten, als sie eingeschult wurden. Einige dagegen seien wegen ihres *stupidum ingenium* auch während der Schulzeit nicht vorangekommen. Ein Teil der Schüler versäumten oft den Unterricht, einige von ihnen wegen Krankheit. Im ältesten, vierten Schuljahr können die tüchtigsten dem Bericht zufolge „gut Bibel lesen"; sie sind „reif" und „lobenswert" in Religionslehre. Manche können indes das Evangelium nur „mitlesen" (d.h. mit anderen im Chor); sie kennen sich aber im Katechismus und in der Re-

---

[103] Gastorius an den Rat am 17.01.1698. TLA, Best. 230, Verz. 1, Nr. Bp 6, Bl. 217.
[104] Ebenda, Bl. 303v.

ligionslehre aus. Auch ein „stupider" Junge kann die Bibel „mitlesen". Von den drei Schülern im dritten Schuljahr, die ganz ohne Vorkenntnisse angefangen haben, können zwei lesen und kennen den Katechismus und die Religionslehre, während der dritte das Evangelium nur „mitlesen" kann. Es gibt auch mitten im zweiten Schuljahr Kinder, die imstande sind, die Bibel zu lesen; auch ein hartköpfiger Schüler kann aus dem Evangelium buchstabieren und kennt die Religionslehre sowie den Katechismus. Unter Gastorius' Schülern ragt aber der Sohn von *Antoni Jürgen*, dem Diener des Rittmeisters Wrangel, besonders hervor. Dieser hatte nicht einmal ein ganzes Jahr gebraucht, um sich sowohl Lesen als auch Schreiben anzueignen. Im Schreiben sei er sogar sehr geschickt.[105]

Die Schülerschaft an der Jungfernschule wird von Gastorius im Jahr 1682 mit 18[106], 1689 mit „kaum 80"[107], 1690 mit „kaum 70"[108], 1691 mit „kaum in unser Schule in beyden Classen etliche 60 Kinder"[109] und 1697 mit 39 angegeben[110]. Die Korrespondenz von Gastorius mit dem Revaler Rat hört im Jahre 1698 auf. Im demselben Jahre schied der Kollege von Gastorius an der Mädchenschule, Johann Stammer, hin.[111] Es wirkt beinahe wie eine Pointe, dass sich auch Gastorius' Hauptrivale, Andreas Ferdinand Kirchring, um die Vakanz be-

---

[105] Ebenda, Bl. 303.
[106] Aus dem Protokoll des Konsistoriums vom 28. Juli 1682. TLA, Best. 1346, Verz. 1, Nr. 2, Bl. 109.
[107] TLA, Best. 230, Verz. 1, Bp 6, Bl. 277.
[108] Ebenda, Bl. 257v.
[109] Ebenda, Bl. 289v.
[110] Ebenda, Bl. 280. Es ist zweifelhaft, ob sich die Zahl 18 für das Jahr 1684 tatsächlich auf die gesamte Schülerschaft bezieht. Gastorius erwähnt seine „eigene Klasse"; dasselbe tut auch Stammer. Also umfasst die Zahl 18 möglicherweise nur die Schüler von Gastorius.
[111] Stammer starb am 27.06.1698. TLA, Best. 236, Verz. 1, Nr. 30, Bl. 302.

warb.[112] In der Sitzung des Rats am 1. Juli 1698 entschloss sich der Rat jedoch einstimmig für einen anderen Kandidaten, einen anderen Privatlehrer, Johann Adam Geisenheimer, ungeachtet dessen, dass Kirchring von den Repräsentanten der Gilden unterstützt wurde.[113] Andreas Ferdinand Kirchring starb noch in demselben Jahr.[114] Gastorius hatte das Lehreramt bis zu seinem Tode im Jahre 1703 inne.[115]

Obwohl die Quellen hauptsächlich konkrete Sorgen und Ansprüche eines Stadtschullehrers vermitteln, welche aus seiner Arbeit folgen, sagen sie auch einiges über die allgemeine Lage des Schulwesens in Reval aus.

Vor allem lässt es sich bestätigen, dass am Ende des 17. Jahrhunderts in Reval unter den öffentlichen städtischen Schulen einerseits und den privaten Bildungseinrichtungen andererseits ständig ein harter Wettbewerb herrschte. Im Idealfall hätte die schulische Erziehung der Stadtjugend unter der Aufsicht und der Unterstützung des Rates und der Geistlichkeit stehen müssen; jedoch gelang es nicht, die Aktivitäten der Privatschulen wirksam einzuschränken. Vielleicht strengte man sich dabei auch nicht zu sehr an. Auf die ständigen Beschwerden der Stadtschullehrer über die wuchernden „Eigenmächtigkeiten" im schulischen Bereich reagierte der Rat jedenfalls ziemlich träge: Er stellte zwar gelegentlich fest, dass die Winkelschulen „abgeschafft" oder zumindest „eingeschränkt" werden soll-

---

[112] Kirchring an den Rat am 01.07.1698. Ebenda, Bl. 342–342v. Kirchring hatte schon früher, am 17.01.1698, um die Stelle des Lehrers bei der städtischen Jungfernschule beworben - vermutlich im Zusammenhang mit dem Plan des Rats, da einen *Adjunctum* ins Amt zu nehmen (siehe Anm. 84).

[113] TLA, Best. 230, Verz. 1, Nr. Ab 133, Bl. 934. Das Vokationsschreiben von Geisenheimer datiert vom 18. November 1698. Ebenda, Bl. 352.

[114] Er wurde am 16.11.1698 beerdigt, seine Frau am 29.01.1700. Von ihnen blieben ein Sohn Johan Andreas und zwei Töchter – Catarina Elisabeth und Beata Christina - zurück. TLA, Best. 166, Verz. 1, Nr. 381.

[115] TLA, Best. 31, Verz. 1, Nr. 31, Bl. 15v; Siehe auch: G. Adelheim, S. 3.

ten[116], konkrete, entschlossene Maßnahmen blieben aber meistens aus.

Gastorius' Wehklagen über seine schlechte wirtschaftliche Lage ließen seinen Arbeitgeber, den Rat, fast unbeeindruckt. Während seiner ganzen Amtszeit als Lehrer bezog er unverändert ein Jahresgehalt von 50 Reichstalern. Ein einziges Mal während dieser Zeit wurde die Entschädigung, die er für die Wohnungsmiete erhielt, etwas erhöht.[117] Übrigens waren die Lehrer der städtischen Schulen im Allgemeinen mit ihrem Einkommen unzufrieden. Darüber klagten auch Lehrer der Knabenschulen, obgleich ihre Gehälter in der Regel höher waren als bei ihren Amtskollegen in Mädchenschulen.[118] Die Stadtschullehrer standen von ihrem Lebensstandard und folglich von ihrer sozialen Position her deutlich hinter den Kaufleuten und den „besseren" Handwerkern, aber auch der städtischen Geistlichkeit zurück. Immerhin hatte Gastorius die Witwe eines bedeutenden Handwerkers - angesehenen Mitgliedes der St. Kanutigilde - geheiratet, welche Tatsache ihm und seiner Familie vielleicht doch einen gewissen materiellen „Vorsprung" gewährleisten sollte.[119] Vielleicht sind Gastorius' wirtschaftliche

---

[116] Ratsprotokolle vom 18.05.1683. TLA, Best. 230, Verz. 1, Nr. Ab 110, Bl. 229v; vom 21. April 1691. Ebenda, Nr. Ab 125, Bl. 347; vom 19.11.1697. Ebenda, Nr. Ab 132, Bl. 1224.

[117] Vrgl. Anm. 46.

[118] Zu Gastorius' Zeiten hatten die Lehrer an der Knabenschule meist ein Jahresgehalt von 100 Reichstalern; die Lehrer der Mädcheschule bezogen nur die Hälfte davon - 50 Reichstaler (siehe z.B. Vokationen TLA, Bp 6, Bl. 352v, 318 v, 264, 197). Die Arbeitsbelastung der Knabenschullehrer war allerdings höher. Zu ihren Aufgaben gehörte u.a. der sog. Chordienst: Unter ihrer Leitung stand der Knabenchor der Schule, der auf Gottesdiensten in städtischen Kirchen auftreten musste.

[119] Der Schneider Hans Cämmerer war im Jahre 1667 gestorben. Weder sein Nachlassverzeichnis noch sein Testament sind, soweit bekannt, nicht überliefert. Aufgrund indirekter Quellen lässt sich jedoch vermuten, dass er wohlhabend war. (siehe z. B. Arno Weinmann, Reval 1646 bis 1672. Vom Frieden von Brömsebro bis zum Beginn der selbständi-

Probleme zum Teil darauf zurückzuführen, dass er als Lehrer doch schlechter oder unbeholfener war als z.B. sein Rivale Kirchring. Das Beispiel von Kirchring zeigt, dass ein befähigter Privatschulleiter durch seine Arbeit zu persönlichen Wohlstand erlangen und zu Ansehen kommen konnte. Der gute Ruf einer Privatschule hat so oder anders das Prestige der städtischen Schulen beeinträchtigt. Dadurch verschlechterte sich auch die wirtschaftliche Lage der Stadtschullehrer.

Man hat die Meinung geäußert, dass die maßgeblichen Kreise von Reval kein besonderes Interesse für die Entwicklung der städtischen Schulen zeigten, weil die Angehörigen dieser Kreise ihre eigenen Kinder meist in die Privatschulen schickten.[120] Unter den Schülern von Gastorius in der Jungfernschule finden sich jedoch Namen mehrerer bedeutender Familien Revals - Ratsmitglieder, Kaufleute und Handwerker. So scheint es nicht begründet zu sein, den Bereich der Elementarschulen schwerpunktmäßig mit unteren Bevölkerungsschichten in Zusammenhang zu bringen, zumindest was die Mädchenschulbildung anbetrifft.[121] Es stimmt jedoch, dass sich während des ganzen 17. Jahrhunderts auf dem Gebiet der Elementarschulbildung in Reval nur weniges tat. (Davon zeugt u.a. die Tatsache, dass die Schulordnungen von 1600 und 1723 im vielen miteinander übereinstimmen.) Zum Teil lag es wohl daran, dass dem Gymnasium vor anderen Schulen Vorrang gegeben wurde.[122] Auf der anderen Seite wirkten sich im Schulwesen Revals sicher auch allgemeine Trends jener Zeit aus. In Bezug auf die Elementarbildung der Frauen wurden keine hohen Ansprüche gestellt, und dementsprechend blieb auch das Interesse an der Frauenbildung im Allgemeinen gering. Dazu

---

gen Regierung Karls XI, (Historische Forschungen hrsg. von der Kulturstiftung der deutschen Vertriebenen). Bonn 1991, S. 87.).
[120] S. Hartmann, S. 335.
[121] Ebenda, S. 335, 337.
[122] S. Hartmann, S. 335.

das Urteil eines Zeitgenossen: *Ein sehr weniges geschieht in den Mägdlein-Schulen und bleibet gemeiniglich nur bei dem alleruntersten Grad der Katechisation.*[123] In der Tat, vergleicht man die Kenntnisse, die sich die Schüler von Gastorius erwerben konnten, z.b. mit dem Lehrplan der Revaler Knabenschule für 1603, so sieht man, dass die Jungfernschule am Ende des 17. Jahrhunderts von ihrem Programm her nur der untersten Stufe der Knabenschule entsprach. Das Ziel war, den Mädchen das Lesen und Schreiben auf einfachster Ebene beizubringen, sie mit Gottes Wort vertraut zu machen und ihnen die Gottesfurcht einzuflößen. Die Ziele und der Umfang der Mädchenbildung im ausgehenden 17. Jahrhundert blieben fast dieselben wie während der lutherischen Reformation in der ersten Hälfte des 16. Jahrhundert[124] Aus den Quellen geht nicht hervor, wie lange in Reval die Schulzeit der Mädchen dauerte. Es bleibt also ungewiss - um es anders herum auszudrücken - wann ein Mädchen für „ausreichend gebildet" befunden wurde. Einer beiläufigen Bemerkung von Gastorius ist nur zu entnehmen, dass es als wünschenswert galt, dass ein Fräulein im heiratsfä-

---

[123] Zitat von Ludwig von Seckendorff (Kanzler im Dienst Herzog Augusts des Frommen von Gotha): Christen-Stat (Erstauflage 1685 in Leipzig). Zitiert nach: Barbara Becker-Cantarino, Der lange Weg zur Mündigkeit. Frau und Literatur (1500-1800). Stuttgart 1987, S. 152.

[124] Vrgl.: S. Zander, S. 49: Die vom Reformator Johannes Bugenhagen erstellte Lübecker Kirchenordnung über die Mädchenbildung: „Denn die Mädchen brauchen nur lesen zu lernen und einige Auslegungen der Zehn Gebote, des Glaubensbekenntnisses und des Vaterunsers und was die Taufe und das Sakrament des Leibes und Blutes Christi ist, zu hören. Und sie sollen lernen, einige Sprüche aus dem Neuen Testament vom Glauben und von der Liebe und Geduld oder Kreuz und etliche heilige, für Mädchen passende Historien oder Geschichten zur Übung ihres Gedächtnisses auswendig aufzusagen. Auch ist auf diese Weise das Evangelium Christi einzuprägen. Dazu sollen sie christliche Lieder lernen. Solches können sie in einem oder höchstens in zwei Jahren lernen."

higen Alter lesen und schreiben konnte.[125] Wahrscheinlich stand denjenigen, die seit dreieinhalb Jahren bei Gastorius gelernt hatten - die „gut Bibel lasen" und „reife" und „lobenswerte" Kenntnisse in Religionslehre hatten - das Ende ihrer Schulzeit nahe bevor.

Wie ist aber die Tatsache zu erklären, dass es in der Schülerschaft der Jungfernschule auch Knaben gab? Als erstes könnte man vermuten, dass es sich um Gastorius' Privatschüler handelte, die gesondert unterrichtet wurden.[126] Jedoch nahmen diese Jungen zusammen mit den Mädchen am Unterricht teil, und Gastorius hat ihre Namen ins allgemeine Schülerverzeichnis einbezogen.[127] Da die Revaler Quellen nichts über die Hintergründe und Ursachen dieses Phänomens aussagen, ist es sinnvoll, einen Blick nach außen zu werfen. Eine Parallele findet man z.b. in Lübeck, wo nach der Reformation ebenfalls getrennte Schulen entstanden, in der Praxis aber die Trennung noch im 17. Jahrhundert nicht eingehalten werden konnte. Die Eltern pflegten nach wie vor Sohn und Tochter in ein und dieselbe Schule zu schicken. In „Mischschulen" sollten Jungen und Mädchen in gesonderten Räumen unterrichtet werden. Falls dies nicht möglich war, musste auf die Unterrichtung der

---

[125] Gastorius und Stammer an den Rat am 1.03.1687. TLA, Best. 230, Verz. 1, Nr. Bp 6, Bl. 270-270v (…daher es denn kommen, das grosse Jungfern, so zur Ehe schreiten wollen weder fertig lesen, noch schreiben können.).

[126] Gastorius erwähnt seine Privatstunden in seinem Brief an den Rat am 17.01.1698. TLA, Best. 230, Verz. 1, Nr. Bp 6, Bl. 217. Die Meinung, dass es laut der Schulordnung von 1600 den Stadtschullehrern untersagt war, Privatstunden zu geben (Eesti kooli ajalugu, S. 99), scheint nicht stichhaltig zu sein. Vrgl. E. Gierlich, S. 347; Materialien zur Geschichte des Schulwesens in Reval, S. 31.

[127] 1691 gab Gastorius bekannt, dass er in „seiner Klasse" insgesamt 38 Lernende hat. Dabei waren die Knaben mit einbezogen. TLA, Best. 230, Verz. 1, Nr. Bp 6, Bl. 303v-304. TLA, Best. 230, Verz. 1, Nr. Bp 6, Bl. 304. Siehe auch: Anhänge.

Mädchen ganz verzichtet werden.[128] In Reval scheinen Knaben in der Jungfernschule im 17. Jahrhundert nicht verpönt gewesen zu sein. Ein Problem dieser Art wird aber in der Revaler Schulordnung von 1723 angedeutet: *Keine Mädgens sollen in dießer Schule angenommen werden, weil nun a parte Schule vor Sie, und dieße Schule nur vor die Knaben.*[129]

Ziemlich unklar bleibt die Arbeitsteilung zwischen den zwei Lehrern der Jungfernschule. Es liegt z.B. die Vermutung nahe, dass Stammer als ehemaliger *aritmeticus* der Knabenschule auch an der Mädchenschule Rechnen unterrichtete, denn über die Leistungen der Schüler in diesem Fach sagt Gastorius in seinem Bericht kein einziges Wort. Rechnen war doch im Stundenplan vorgesehen.[130] Seiner Vokation zufolge hatte Stammer jedoch die gleichen Amtspflichten wie Gastorius. Aus den Schreiben der beiden Lehrer geht ebenfalls hervor, dass auch Stammer Lesen und Religion unterrichtete.[131]

---

[128] S. Zander, S. 67-69.
[129] TLA, Best. 230, Verz. 1, Nr. Bp 25, Bl. 25v.
[130] Siehe: Anhang Nr. 1.
[131] Gastorius und Stammer an den Rat am 6.05.1691. Ebd., Bl. 289. In Vokationsschreiben werden die Aufgaben der Lehrer meist in schablonenhaften Formulierungen beschrieben: ..., die ihm committirten jugend nicht allein mit einem gottseligen und ehrbaren Leben vorleüchten, sondern dieselbe auch zu aller Gottesfurcht, Christlichen Tugenden, guten Sitten und allen anstandigen Wißenschaften, sonderlich im beten, lesen, schreiben und rechnen dergestalt erziehen und informiren werdet, daß Gottes Ehre befördert, und die liebe jugend darinnen glücklich wachsen und zunehmen möge. Vokationsschreiben des Rats an Gastorius. Ebenda, Bl. 229, 242. Vrgl. auch: Bl. 24, Vokation an Stammer vom 26.06.1688.

Also kann man aufgrund der Quellen um Gastorius herum mehr Fragen stellen als klare Antworten finden. Ungeachtet dessen haben die Dokumente von Gastorius in mancherlei Hinsicht einen hohen Wert. Vor allem enthalten sie konkrete Angaben über die Schülerschaft der Revaler Jungfernschule und gewähren unmittelbare Einblicke in den Alltag dieser Schule. Die *Specificatio* von Gastorius bietet umso mehr Interesse, weil keine Lehrpläne der Revaler Mädchenschulen aus dem 17. Jahrhundert überliefert sind. Auch weitere ähnliche Listen über die schulischen Leistungen der Revaler Schüler (sowohl der Mädchen als auch Jungen) sind nicht bekannt. Zweitens informieren seine Schreiben über die Aktivitäten der Privatlehrer in Reval sowie über das Verhältnis zwischen den hiesigen städtischen und privaten Lehranstalten im ausgehenden 17. Jahrhundert. Die hier benutzten Quellen beziehen sich hauptsächlich auf die Schulung der Mädchen. Jedoch erhellen sie wohl die ganze Situation im damaligen Schulwesen – Arbeit und Lebensumstände der Lehrer sowie die Haltung des Rats zum Schulwesen. Angesichts der Tatsache, dass die Organisation des Bildungswesens in Reval während des ganzen 17. Jahrhundert unverändert blieb, repräsentiert Gastorius mit seiner Umwelt weitgehend einen viel längeren Zeitabschnitt als nur die letzten Jahrzehnte des 17. Jahrhunderts.

Anhang 1[1]

Was die information in meiner Classe betrifft, so wird alßbald nach dem gesang und gebeth die gantze durch aus des morgens ein Ψ abgebet, darnach folget das ein mahl Eins, und nach dem wird den Kindern von mir den Sontags Spruch etliche mahl wie auch glock 10, nach dem gesang und gebeth glock 1 und zum letzten 4 Uhr vorgebetet, dernach müßen erst die Knaben nach dem die Mägdchens nacheinander Epistel und Evangelium ablesen, und wenn solches geschehen, gehet ein idweder an seinen ort und stelle, da werden die Syllabir Kinder 2 mahl nacheinander fleißig vorgenommen und zuletzt etliche mahl die A.B.C verhört, und denn wenns 10 Uhr ist, erst den Ψ und darauf gebeth und gesungen, was in der Pietät anbelanget, wird des Montags der Catechismum Examen gehalten, den Dienstag morgens die repetir und die den Catechismum ausgelernet haben aufsagen, des mittewochens und Sonnabend den Ψ und Evangelium, weils schon allen bewust ist verhören, des Donnerstages das Corpus doctrinæ Examen gehalten und den freytag das Corpus wiederumb welche ihnen auswendig gelernet aufsagen, und wird mittwochens alß Sonnabends fleißig von den großen aus der Bibel gelesen.

Des Nachmittags

Wird also fort nach dem gesang und gebeth der Ψ gebet, alß denn müßen die Kinder schreiben, unter währenden schreiben aber wird in der Bibel etliche Capitel von allen Kindern die dazu Capabel seind, gelesen, nach dem folgen die Knaben und Mägdchens wiederumb Epistel und Evangelium abzulesen nach dem wie Vorgemeld die Syllabir und A.B.C Kinder abverhöret, und wie es gebräuchlichst ist gebet und mit dem gesang beschloßen.

---

[1] TLA, Best. 230, Verz. 1, Nr. Bp 6, Bl. 404.

Anhang 2[2]

Specificatio wie die Kinder nacheinander introduciret worden, und wie weit ich ein idwedes Kind aus dem A.B.C. zum lesen gebracht habe.
[1691]
Anno 1687 d. 27 Octobr., habe ich Margaretha von Wehren etwas in Syllabiren zu mir bekommen, bleibet offt außen, lieset wohl in der Bibel, und ist fertig in pietatis studio, und ist über 3 ½ jahr unter meiner information gewesen.
d. 27 octob. Habe ich Elisabeth Beverman, Gerdruta Lohß, Gerdruta Simon und Maria Magdalena Calißky erhalten, und sie theils aus dem A.B.C., theils etwas in Syllabiren so weit angeführet, das sie lesen gut, auch in der pietät wohl bestehen, seind über 3 ½ jahr von mir informiret worden.
d. 30. Octob. Agneta Meyer bekommen, sie hat ein stupidum ingenium, lieset mit in Evangelio, und kan den Corpus und Catechismum.
Anno 1687 d. 28. Octob. ist Gottfried und Christian Haneman seind Bruder unter meine information gegeben worden, Gottfried hat ein Stupidum ingenium, iedoch so weit gebracht, das sie alle mit in der Bibel lesen, und kräncken offt.
Anno 1688 d. 11 Januarij seind auch Elisabeth Striecker d. 2. Maij und Gerdrut Winhagen d. 30. Aug. unter meine information gegeben worden, alle 3 aus dem A.B.C. herans geholt, und lesen zwey aus der Bibel, die 3te aber hat ein stupidum ingenium, lieset mit in Evangelio, und können das Corpus und Catechismum.
Anno 1689 d. 11 Julij habe ich Sophia Holtzkampen bekommen, hat einen harten faßlehrigen Kopf, iedoch aus dem A.B.C. biß zum Syllabiren in das Evangelium gebracht, und bleibet Vielmahl aus der Schulen.

---

[2] TLA, Verz. 1, Nr. Bp 6, Bl. 302v–303v.

d. 17. Sept. ist Maria Elisabeth Biel, Margaretha Dahl d. 16. Janu. Daniel Holm d. 12. Aprill, d. 12. Junij Agneta Haen nach einander introduciret, auch sie so weit gebracht, das sie aus dem A.B.C. in Evangelio lesen, und bleiben theils offt aus der Schulen.

d. 19. Aug. habe ich Hanß Heinrich Marten zu mir bekommen und aus dem A.B. C. biß zum lesen gebracht, und ist noch nicht unter meiner information 2. jahr gewesen, kan den Catechismum.

Anno 1690 d. 19 Maij Anna Dorothea Feig, weilen sie lesen kunde, erhalten wie auch Eliesabeth Dellinghusen d. 23. Janua. Bekommen, aus dem A.B.C. so weit gebracht, das sie in Evangelio mit lieset.

d. 9. Jan. Anna Maria Greentz etwas in Syllabiren bekommen, lieset ziemlich und kan das Corpus und Catechismum. Versäumet offt die Schule.

d. 10. Mart. Margaretha Eliesabeth von Gellern erhalten, aus dem A.B. C. in kurtzer Zeit so weit gebracht, das sie in Evangelio lieset.

d. 29. Aprill Barthel Printzlau bekommen hat ein Stupidum ingenium, aus dem A.B.C. biß in das Syllabiren in Evangelio gebracht.

Item ist auch Sophia Neubaur, und Jürgen Kruß mir zu geordnet worden, und aus dem A.B. C. biß zum lesen so weit gebracht.

Anno 1690 d. 22. May Susanna Dorothea Striecker jugendlich erhalten und in jahres zeit aus dem A.B.C. biß zum lesen in Evangelio gebracht.

d. 12. Julij H. Rittm. Wrangel Von Josse[*] seinen Servito Anthoni Jürgen Sohn bekommen, ist nach kein jahr, aus dem

---

- Wahrscheinlich Gut Gesse (auch: Jess, estn. Kessu) im Kirchspiel Haljall, im Landkreis Wierland.

A.B.C. ins lesen angeführt, und hat auch in kurtzer Zeit von mir schreiben gelehrt, da er eine zimliche Hand nach der Vorschrifft schreibet.

d. 21. Julij Helena Haneman bekommen, kräncket offt, kombt selten in die schule, iedoch aus dem A.B.C. so weit gebracht, das sie in Catechismo mit Syllabiret.

d. 11. Decemb. Eliesabeth Calißky erhalten, lieset mit in Evangelio. Christian Möhring aus dem A.B. C biß zum lesen gebracht. Catharina und Maria Strodman liegen kranck und Anna Maria Krack hat die Blättern, seind sie alßo eine Zeitlang aus der Schule gewesen, und werden noch so bald nicht einkommen.

Anno 1691 diese seind kurtz nach einander eingesetzet worden, alß Hanß Heinrich Dreyman, Peter Holm, Dorothea Eliesabeth Haen, Anna Eliesabeth Ruth, Maria Eliesabeth Böhm, und Johan Krey alß ein beyläufer, kan man keine absonderliche rede und antwort davon geben.

Meine Frequentz in meiner Classe bestehet in 38 Kindern, und gedencke vor oder nach Johanni ein Examen publicum ergehen zu laßen, und wird ümb eine neue Bibel vor die jugend zu kauffen freundlich gebethen.

Georg Heinrich Gastorius

DER POLITISCHE KAMPF UM DAS BILDUNGSWESEN DER ESTEN IM 19. JAHRHUNDERT

Indrek Kiverik

Meine Aufgabe besteht nicht nur darin, eine direkte Diskussion zwischen der russischen Regierung und dem baltischen Deutschtum im 19. Jahrhundert darzustellen. Attraktive öffentliche Auseinandersetzungen dieser zwei Pole über das Bildungswesen der Esten und Letten gab es ja hauptsächlich in den Zeitungen und nur ab und zu, wie in den 1860er oder am Ende der 1870er Jahren, als diese Frage besonders aktuell war. Ein leiser Kampf um die bildungspolitische Richtung der Erziehung und der Ausbildung der einheimischen Völker wie Esten lief aber schon seit den 40er Jahren des 19. Jahrhunderts, eigentlich während des ganzen Jahrhunderts fast ununterbrochen. Auch die Russifizierungsmaßnahmen konnten die Rivalität der Russen und der Deutschbalten in diesem Bereich nicht beseitigen. Man kann sagen, die Bildungsfrage der Esten wurde erst mit der Gründung der Republik Estland endgültig gelöst. Aber schon im ersten Jahrzehnt des 20. Jahrhunderts stand zwischen den rivalisierenden Polen das Objekt dieser Rivalität als eine werdende, selbständige Größe. Eben der Prozess der Emanzipation der Esten, auch in Fragen der Bildung und des Schulwesens, war während des behandelten Jahrhunderts, besonders seit den 1870er und 1880er Jahren immer öfter der wichtige Streitpunkt beider Seiten. In diesem Zusammenhang kamen die widersprüchigen Zielsetzungen der sonst in der Frage der Emanzipation der Esten sich in Konsens befindenden Kräfte immer deutlicher ans Tageslicht. Eine öffentliche Diskussion in Medien kam aber selten zustande, hauptsächlich wegen der strengen Zensur. Deswegen versuche ich die Sicht- und Handlungsweise beider Seiten - der russischen und der deutschen - zu formulieren und davon ein Bild des bildungspolitischen Kampfes aufzuzeichnen.

Die schwache Tendenz zur Zentralisierung und Vereinheitlichung des Schulwesens in den baltischen Provinzen unter dem Kaiser Nikolai I. stand im Zusammenhang mit den entsprechenden Entwicklungen im ganzen Russland. In der ersten Hälfte des 19. Jahrhunderts war es für die Regierung aber nicht leicht, alle gesamtrussischen Initiativen zur zentralistischen Neugestaltung des Reiches in den baltischen Provinzen umzusetzen. Dies war auch kein Ziel, weil das baltische Deutschtum in Sankt Petersburg einen allzu großen Einfluss innehatte, das eine Russifizierungspolitik praktisch nicht ermöglichte.

In den zwanziger Jahren, als vom Kaiser Nikolai I. die Initiative herausging, das Schulwesen im Reiche zu vereinheitlichen, wurde die bevorzugte Stellung des Adels aber weiter gesichert. So war die führende Rolle des baltischen Adels bei der Gestaltung der Volksschulen in den baltischen Ländern völlig akzeptiert. Die ständigen Versuche, Russisch als Lehrgegenstand in den baltischen Schulen einzuführen, können dabei nicht als eine Russifizierungsmassnahme betrachtet werden.

Unter dem Minister für die Volksaufklärung Sergei Uvarow (1833–1849) begann aber ein neues Zeitalter (wenn nicht immer im praktischen Leben, dann doch in der Denkweise einiger Staatsmänner). Was für ein Zeitalter, darauf deutet ein Zitat von Uvarow an: „Das revolutionierende West-Europa ist mit seinem Bildungssystem bankrott, sei es denn katholisches Frankreich oder protestantisches Deutschland. Das Bildungswesen muss deswegen von den Prinzipien Rechtsgläubigkeit, Selbstherrschaft und das Volk (bzw. russische Nation) ausgehen." Uvarow hat wohl zugegeben, dass man die Tradition der Selbstverwaltung in den baltischen Provinzen respektieren muss, in der Zukunft aber soll das Russische überall das Übergewicht erhalten.

1835 wurde ein Nachkömmling der estnischen Bauern - General-Lieutnant Gustav Craffström - zum Kurator des Dorpater Lehrbezirkes ernannt. Er schlug wohl die Laufbahn eines Militärs ein, war aber nicht ausreichend ausgebildet. (Die Bildung begann für die Deutschbalten damals erst mit den Deutschkenntnissen, die dem Kurator fehlten.) Für Craffström war die Erhaltung der baltischen Sonderordnung unwichtig. Über ihn versuchte Uvarow, die Verwaltung des Schulwesens umzustrukturieren. Die Russifizierung der Schulen wollte Uvarow von den untersten Stufen beginnen. Zu den Volksschulen forderte er konkret:

1. Die Aufsicht über die Grundschulen und Gymnasien der Universität Dorpat zu entziehen;
2. Anstellung von russischen Lehrern in den Schulen einzuführen.

Die Reaktion auf diese Ideen und Maßnahmen ließen nicht lange auf sich warten. Besonders heftig haben die Professoren der Universität Dorpat protestiert. (Siehe auch Vortrag von Frau Vija Daukšte über Christian Ulmann, Die Ideen der Bildungspolitik.)

In den 1840er Jahren ist im Volksschulwesen eine kardinale Erneuerung durchgeführt - die Gründung von russisch-orthodoxen Volksschulen für die konvertierten Esten. (65.000 Esten sind 1845 bis 1848 offiziell rechtsgläubig geworden.) Aber auch die Kinder lutherischer Konfession wurden in diese neuen Schulen zugelassen. Der Religionsunterricht wurde auf Estnisch und Russisch erteilt.

Die wichtigste Neuerung bestand aber darin, dass die Großgrundbesitzer und die ev.-lutherische Landeskirche keine Kontrolle über diese Schulen hatten, obwohl auch die Kinder aus den ev.-luth. Gemeinden in jenen gelernt haben und dass die Bauernkinder nun intensiv auch auf Russisch schreiben und lesen begonnen haben.[132]

Peter Põld, der in den 1830er Jahren die Geschichte der Bildung in Est- und Livland erforschte, glaubte, dass die ev.-luth. Landeskirche in den Ostseeprovinzen ihre Energie und ihre Zeit in den 1830/40er Jahren der Bekämpfung der pietistischen Bewegung von Brüdergemeinden gewidmet und so keine ausreichende Aufmerksamkeit für das Volksschulwesen gehabt hatte. Gleichwohl erkannte die ev. Kirche, dass der Hauptgrund für die Konversion die mangelnde Bildung der Bauern war. Die schlechte Ausbildung ist ja immer der beste Boden für Gerüchte und Unruhen gewesen. Auf Initiative der weitsichtigen Deutschbalten, vor allem Carl Christian Ulmann, wurde das Problem ernst genommen, infolgedessen wurden die neuen Bauernverordnungen von 1849 und 1856 durchgesetzt, die u.a. auch eine konkretere Regelung des Schulwesens beinhaltet haben. Zum ersten Mal wurden die klaren Subordinationsprinzipien in diesem Bereich gesetzlich festgelegt.

Also erst in den 1840er Jahren, als die estnischen Bauern scheinbar zu Russland neigten, wurde für viele vom baltischen Deutschtum klar, dass es notwendig sei, sich um die Bildung des Landvolkes intensiver zu kümmern und so die engeren Anknüpfungspunkte zu den unteren Schichten der Bevölkerung zu finden, sonst täten das die Russen.[133]

An der Spitze der neuen Denkweise stand der Pastor von Wolmar/Valmiera, der spätere Bischof Dr. Ferdinand Walter. Von ihm aus hätte z.B. der breitere Unterricht der deutschen Sprache unter Esten und Letten die Gegensätze zwischen den Bauern und ihren Herren beseitigt. Außerdem sei das die wich-

---

[132] Peeter Põld, Eesti kooli ajalugu. Tartu 1933, S. 112.
[133] Ebenda, S. 128.

55

tigste Bedingung überhaupt für das weitere Fortdauern der deutschen Selbstverwaltung in den baltischen Provinzen.

Die erwähnte Annäherung von Deutschen und Esten in dieser Weise hat die Mehrheit vom deutschbaltischen Adel damals aber noch nicht völlig befürwortet. Dagegen hat F. Walter darin keine Gefahr gesehen. Die gemeinsame Kultur und das Glaubensbekenntnis vereinigten - schon die Völker der Ostseeprovinzen, meinte er, nun sei die Zeit gekommen, auch den letzten Unterschied zu beseitigen die Sprache. Die sprachliche Unterschiede sollten, nach ihm, während der vom Adel und der ev. Landeskirche gelenkten Entwicklung der Volksschulen verschwinden.[134]

Über die Germanisierung hat Dr. F. Walter erst in den 1860er Jahren zu sprechen begonnen. Nun haben seine Ideen schon eine breitere Resonanz gehabt, obwohl die völlige Anerkennung ihm immer noch nicht zu fiel. Das alles hat aber eine starke Opposition in Russland hervorgerufen, infolgedessen fand eine Reihe von Angriffen auf die deutsche Selbstverwaltung in der russischen Presse statt. Auch die staatliche Politik hat schon an die Zeiten erinnert, als noch Uvarow Minister für die Volksaufklärung war.

In den 60er Jahren hatten die Ritterschaften und die ev. Kirche ihren Einfluss im Bereich Bildungswesen völlig wiederhergestellt. Das war ein zusätzlicher Grund für die Unruhe in den slawophilen Kreisen.

Der estnische Schulhistoriker Lembit Andresen hat in seiner Untersuchung über die Entwicklung der estnischen Volksschulen im 19. Jahrhundert die Argumente vorgebracht, mit welchen die Ritterschaften und das Konsistorium aufgetreten sind. 1861 veröffentlichte die Revalsche Zeitung einige Aufsätze, in denen die Verwaltung der Volksschulen seitens der Ritterschaften und der ev. Kirche damit gerechtfertigt wurde,

---

[134] Peeter Pold, Eesti kooli ajalugu. Tartu 1933, S. 128.

dass diese beiden Institutionen das einfach am besten könnten und schon gute Ergebnisse ihrer Arbeit für die Volksbildung hätten. Es war nicht schwer, die Vorteile der ritterschaftlichen Bevormundung zu zeigen, da zu dieser Zeit, als im übrigen Russland die Bauern erst befreit wurden und das Volksschulwesen sich in einem schlechteren Zustand befand, die Baltischen Provinzen mit ihrem Niveau der Volksbildung gut aufgefallen seien.

Gleichzeitig wurde aber betont, dass die „übermäßige" Bildung den Fleiß und den Arbeitswillen des Landvolkes verderben könne, deswegen bräuche der Bauer, d.h. der Este, keine höhere Ausbildung als diese, die in den Grundschulen erteilt würde.[135]

Einen großen Einfluss auf das Bildungswesen der baltischen Provinzen hat die vier Jahre dauernde Polemik über die Verordnung zur Regelung des Elementar-Volksschulwesens (1864) gehabt. Die Ritterschaften haben erkannt, dass damit der erste Schritt zur Abschaffung der deutschen Selbstverwaltung in den Ostseeprovinzen gemacht werden könne. Wiedermal wurden die Ideen der Germanisierung aktuell. Der Professor der Geschichte an der damaligen Universität Dorpat/Tartu Carl Schirren hat 1863 vorgeschlagen, deutschsprachige Lehrbücher für die Volksschulen herauszugeben. 1864 folgte die berühmte Rede des Bischofs F. Walter am Livländischen Landtage in Riga. Bischof Walter wurde aber in seinen direkten Aussagen zur Germanisierung durch die Schulen, wie schon erwähnt, nicht von allen unterstützt und verstanden. Die erfolgten Angriffe ebenso der konservativen wie liberalen russischen Presse wurden aber von allen Schichten des baltischen Deutschtums, eingeschlossen der Literaten, zurückgewiesen.

---

[135] Lembit Andresen, Eesti rahvakooli arengujooni 19. Sajandil. Tallinn 1971, S. 10.

Andresen weist auf die Veränderungen in der örtlichen Bildungspolitik hin. Statt der bisherigen, immer noch passiven Einstellung der baltischen Landesinstitutionen wurden die Schulen planmäßiger verwaltet. 1867 wurde die Kirchspiels-Schulver-waltung geschaffen und deutschsprachiger Unterricht in den Parochialschulen eingeführt.[136]

Unter dem neuen Minister für die Volksaufklärung, dem reaktionären Graf D.A. Tolstoi (1866–1880), wurden wiederum orthodoxe Grundschulen für die Esten und Russen, ebenso die russischen Gymnasien gegründet. In diesen Gymnasien wurden auch die Sprachen der örtlichen Völker, wie Estnisch, gelehrt.[137] Der Unterricht des Russischen in den anderen Schulen - auch in den staatlichen und Privatschulen - wurde vom Kuratorium des Dorpater Lehrbezirkes seit 1868 streng beaufsichtigt. Die Gründung von russischen Stadtschulen förderte die Ausbildung der untersten und mittleren Schichten der städtischen Bevölkerung, wohin die in den Städten wohnenden Esten hauptsächlich gehörten, wobei der Unterricht des Russischen natürlich im Vordergrund stand.

Die russisch-orthodoxen Volksschulen wurden von der Regierung reichlich unterstützt und 1873 dem Ministerium für die Volksaufklärung unterstellt. Viele Bauern haben offensichtlich diese Schulen bevorzugt, weil es in jenen keine Züchtigung als Erziehungsmittel gab. Auch die Esten, die zur ev.-luth. Gemeinde gehörten, haben deswegen eine orthodoxe Grundschule gewählt. Der Popularität dieser Schulen stand nur eine Tatsache im Wege - sie lagen ständig unter dem Niveau der ev.-luth. Volksschule! Viele estnische Bauern waren aber schon damals dessen bewusst, dass nur eine gute Ausbildung

---

[136] Lembit Andresen, Eesti rahvakooli arengujooni 19. Sajandil. Tallinn 1971, S. 11.
[137] Peeter Põld, Eesti kooli ajalugu, S. 139.

ihnen die besseren Chancen gibt, voranzukommen und sich in die höheren Schichten der Gesellschaft fortzuentwickeln.

Statt den von der russisch-orthodoxen Kirche patronierten Volksschulen ist die Regierung deswegen in den 1880er Jahren zur Gründung von rein ministerialen Schulen übergangen, deren Niveau besser sein sollte. Die russische Schulausbildung ist in beiden Fällen als eine staatlich unterstützte Alternative gegenüber der deutschen Bildung dagestanden.

Die Ritterschaften und Privatpersonen haben aus Gegenreaktion darauf ihre eigene Lehranstalten gegründet. Das von Hugo Treffner gegründetes Gymnasium in Dorpat hatte ungeachtet der deutschen Unterrichtssprache hauptsächlich estnische Schüler, die laut Põld, einen starken estnischen Nationalgeist entwickelten. Auch die Verwaltung des Gymnasiums bereitete dafür keine Hindernisse. Diesem Gymnasium, das bei der Entwicklung und Herausbildung von estnischer Intelligenz später eine wichtige Rolle spielte, wurde vom Kurator des Dorpater Lehrbezirkes Frhr. Alexander von Stackelberg zuerst kein Recht auf Leben gegeben. Hugo Treffner hat die Erlaubnis für die Gründung dieses Gymnasiums erst 1883 vom neuen Kurator, dem späteren Russifikator Michail Kapustin, bekommen.[138] (Kapustin bevorzugte nämlich, eher die deutschen Schulen zu russifizieren, und zeigte äußerlich eine tolerante Einstellung zu den Bestrebungen des Landvolkes. Wahrscheinlich wegen seiner persönlichen Position war die Russifizierung zuerst viel mehr gegen das deutsche Bildungswesen gerichtet.)

Die Initiative der Esten zur Gründung der eigenen Schulen erregte überhaupt eine große Aufmerksamkeit sowohl von deutscher als auch von russischer Seite. Der größte bildungspolitische Kampf hat sich um die Idee des estnischsprachigen Unterrichts in den mittleren Lehranstalten, der sog. Alexanderschule, entwickelt.

---

[138] Peeter Pold, Eesti Kooli ajalugu. S. 140.

Die Anstrengungen der Deutschbalten zur Förderung des Volksschulwesens und die allgemeine Steigerung des Wohlstandes unter den Bauern hat den Esten die Gelegenheit gegeben, sich besser als früher auszubilden und so auch an die Gründung von eigenen Lehranstalten zu denken. Das war auch durch die Veränderungen in der staatlichen Bildungspolitik in den Baltischen Provinzen verursacht.

1863 wurde dem Gouverneur von Livland eine Bittschrift der estnischen Intelligenz zur Gründung einer mittleren Schule mit estnischer Unterrichtssprache vorgelegt. Der Gouverneur aber befahl, die Erlaubnis bei der örtlichen Kreislandschulbehörde zu beantragen. Die Antwort dieser im Grunde deutschen Behörde beinhaltete einige Vorbedingungen. U.a. wurde eine Ersetzung des Estnischen durch die deutsche Unterrichtssprache verlangt. Auch die schriftlichen Übungen auf Russisch mussten wegfallen. Zum Kuratorium der Schule sollten u.a. ein Gutsbesitzer und ein Pastor gehören. Die Schule dürfte nicht dem Ministerium, wie die Gründer gewollt hatten, sondern der örtlichen Oberlandschulbehörde unterstellt werden. (Mit der Alexanderschule wollte die estnische Intelligenz die Germanisierung der gebildeten Esten stoppen. Deswegen war die Forderung nach der Unterstellung der Schule dem Bildungsministerium so wichtig.)

Während des ersten gesamtestnischen Sängerfestes 1869 hat Jacob Hurt u. a. aufgerufen, eine „richtige estnische Kreisschule aufzurichten". Am Ende der 1870er Jahre hat diese Frage eine breite Diskussion in den estnischen und deutschen Zeitungen verursacht. Zuerst der Adel, dann die Geistlichen bekämpften die Idee einer von der Landeskirche unabhängigen und der Ritterschaft nicht unterstellten estnischsprachigen Mittelschule. Wie der Historiker Hans Kruus schrieb: Das popularisierte die Idee der Estnischen Alexanderschule unter der Landbevölkerung noch mehr.

Die Rigasche Zeitung versuchte die negative Einstellung gegenüber der Alexanderschule zu begründen: Die geplante Schule stimme mit der Struktur der bestehenden Schulordnung nicht überein. Man möchte so den ev.-luth. Geistlichen als eigentlichen Anführer des Volksschulwesens ansehen. Da die Estnische Alexanderschule (EA) den estnischen Nationalismus unterstützen würde, dieser aber klar kirchenfeindlich sei, hätten die Pastoren der ev. Landeskirche keine andere Wahl, als gegen diese Schule aufzutreten.[139]

Auch sei diese Schule ein Schirm für die heimliche Emanzipationspolitik der Esten, ebenso wie z.B. die in Reval/Tallinn geplante Handwerkerschule mit dem Estnischen als Unterrichtssprache. Die Regierung hatte wohl für diese Lehranstalt schon die Räume bereitgestellt, die fehlende Befürwortung der örtlichen Schulverwaltung konnte die Idee aber nicht verwirklichen lassen.[140]

Im Fall der Alexanderschule hat die Regierung bald seinerseits die Bedingungen aufgestellt. Schon der Generalgouverneur der Ostseeprovinzen P. Schuwalow war bereit, die Gründung der Schule zu unterstützen, wenn dort kein Unterricht auf Deutsch zustande käme. Wenn manche Fächer nicht auf Estnisch unterrichtet werden können, meinte er, dann solle es auf Russisch getan werden. Die deutsche Sprache dürfte auf keinen Fall größere Rechte in so einer Schule besitzen als Russisch.[141]

Die Gründer der Alexanderschule sind so in eine Kluft zwischen den beiden Rivalen geraten. Niemand wollte auf eigene „Rechte" verzichten. Das hat eine unabwendbare Spalte auch in die Bewegung von Komitees zur Gründung der EA, die sich inzwischen in eine gesamtnationale Bewegung der Esten

---

[139] Hans Kruus, Eesti Aleksandrikool, Tartu 1939, S. 90.
[140] Peeter Põld, Eesti kooli ajalugu, S. 146.
[141] Ebenda, S. 146.

verwandelt hatte, geschlagen (1878). Einige estnische Schullehrer haben die Stellung der Deutschen eingenommen, dem *Russischen* dürfe keine bevorzugte Stellung gegeben werden. Auch der Aufklärer und Autor des estnischen Nationalepos „Kalevipoeg" Friedrich Reinhold Kreutzwald befürchtete, dass die EA sich in eine gefährliche Institution für die Russifizierung der Esten verwandeln könne (was in der Tat auch geschah). Dieselbe Vorausahnung hatte der eigentliche Anführer dieser Partei – der Pastor Jakob Hurt, der langjähriger Vorsitzende der Bewegung war. Zu dieser Partei gehörten die Vertreter der älteren Generation der estnischen Intelligenz, wie J.V. Jansen (der, übrigens, in den 1850er Jahren den Esten ihren estnischsprachigen Namen – „Eestirahvas" – gegeben hatte). Nun, auf der Gegenseite befand sich aber ein regierungsfreundlicher und nach Russland gerichteter junger Publizist C.R. Jakobson, der intensiv die germanisierende Wirkung von Elementar-, Parochial- und Kreisschulen, ebenso der Gymnasien beklagte. Er ist entscheidend gegen den Einfluss der „deutschen Kirche" auf das Bildungswesen eingetreten. Es sei im Interesse der nationalen Bewegung, die Volksschulen von der Bevormundung und Kontrolle der ev.-luth. Geistlichkeit zu befreien. Die deutschen Pastoren hielt er sogar für die größten Feinde des estnischen Volkes.[142]

Obwohl eine Partei auf die Hilfe des baltischen Deutschtums hoffte, die andere aber von der Regierung unterstützt werden wollte, hatten die beiden eine bedeutende Gemeinsamkeit: Niemand wollte eine völlig russische oder durchaus deutsche Lehranstalt haben. Das hat auch die weitere Entwicklung der Russifizierung bewiesen.

Zum Beispiel ist die Zahl der Ministeriumsschulen, die als weltliche und russischsprachige Lehranstalten statt der Gemeinde- und Parochialschulen vom Staate gegründet wurden,

---

[142] Peeter Pold, Eesti kooli ajalugu. S. 148.

sehr langsam gewachsen, weil für die Gründung derjenigen eine Entscheidung der Gemeindeversammlung obligatorisch war. Diese bestand aber hauptsächlich aus Esten. Außerdem waren ja die Gemeinden selbst zum Teil verpflichtet, diese Schulen zu finanzieren. Obwohl die Mehrzahl von Esten seit dem Ende der 1870er Jahre zur regierungsfreundlichen Partei von Jakobson neigten, haben sie ihre „russische Orientation" vergessen, sobald die Russifizierungsmaßnahmen die Lehranstalten mit der estnischen Unterrichtssprache betrafen.

Die Russifizierung selbst aber haben die Esten anscheinend selbst hervorgerufen. Die Bittschriften von 1881 an den Zaren und die Regierung haben in sich u.a. die Forderungen zur Unterstellung des baltischen Volksschulwesens an das Bildungsministerium mit eingeschlossen. Es folgte die berüchtigte Revision vom Senator Nikolaj Manassein in den baltischen Gouvernements. Seine Berichte wurden wohl nicht veröffentlicht, aus ihren Inhalt stellen sich aber die Grundrisse der kommenden Russifizierung (seit 1885 unter dem Zaren Alexander III.) heraus.

Ich möchte Ihnen aber gerne einige interessante Aussagen des Gouverneurs von Estland und Russifikators Fürst S.V. Schahhowskoj vorlegen. 1893 schrieb er über die Gelehrte Estnischen Gesellschaft, an der die estnischen Nationalisten nicht nur die „baltische Partei" bekämpft hätten, sondern angeblich auch schon die Rechtsgläubigen und die Personen mit der russischen Ausbildung zu verdrängen versucht hätten, folgendes:

„Was schlägt Zinovjew vor? Er empfiehlt abzuwarten, bis die Russifizierungsmaßnahmen die ersten Ergebnisse haben". Das sei zu riskant, meinte Schahhowskoi. „Nicht die Kinder, nicht Schüler", schrieb er, „haben sich mit dem estnischen Separatismus angesteckt, mit jenem sind eben die Erwachsenen infiziert. Auf sie hat die Schule keine Wirkung. Die heutigen Schüler aber werden erst in 10 bis 15 Jahren erwachsen! Und da bleibt noch die Frage bestehen, was wird auf sie (während dieser Zeit) mehr Einfluss haben – die Schule oder das Leben außerhalb der Schule?" Deswegen dürfe man keine Keime des Separatismus aufkommen lassen. Die Gelehrte Estnische Gesellschaft müsse verboten werden.[143]

Über die Gefahr der Emanzipation der Esten hat auch der Schulleiter und Lehrer Friedrich Hollmann noch im Jahre 1909 folgendes geschrieben:

„Gefahrdrohend ist nicht die Mitarbeit unseres Landvolkes an seinen Schulen in seinen verhältnismäßig zu höherer Bildung gelangten Repräsentanten [---], sondern gefahrdrohend ist die tendenziöse Emanzipation aller dieser Bestrebungen von den ordnungsmäßigen, in geschichtlicher Entwicklung erwachsenen Organen und Institutionen unseres Volksschulwesens."

Mit solchem autonomen Vorgehen, meinte Hollmann, soll sich unvermeidlich eine Isolierung einstellen, welche den Gesichtskreis nur verengen und beschränken könne. Und weiter: „Soll nun aber die Volksschule in Livland zum Schauplatz eines Emanzipationskrieges werden, um wie überall, so auch in der Volksschule nationale Autonomie zu erkämpfen, so wird die Volksschule und das Landvolk selbst den Schaden davon haben."[144]

Also hatte Schahhowskoj Recht zu befürchten, dass die Russifizierung keine gewünschten Ergebnisse bringen kann. Es sei nun so, als ob die Russifizierung gar nicht gegeben wäre. Wieder mal war das Problem von Emanzipation der Esten aktuell. Immer noch gab es Anlässe, das selbständige Handeln der Esten zu bestreiten.

Der estnische Historiker Allan Liim meint, dass das alte Bildungssystem trotz der Reformen bürgerlichen Charakters

---

[143] Knjaz´ S.V. Schahhovskoi, Iz arhiva knjazja Schahhovskogo, Bd. III. St. Petersburg 1910, S. 282-295.

[144] Friedrich Hollmann, Die Volksschule in Livland, in: Aus baltischer Geistesarbeit. Reden und Aufsätze, Bd. II. Riga 1909, S. 51-52.

und trotz der Russifizierung im Wesentlichen erhalten blieb, nur einige seiner Elemente wurden mit neuen ersetzt. Die russische Regierung war wohl eher an ihrer Machtverstärkung über die örtlichen Schulen interessiert, der Verbesserung der materiellen Lage der Schulen schenkte sie aber ebenso wenig Aufmerksamkeit wie früher. Den Esten gab sie auch nach der Entfernung der Deutschbalten von ihrer früheren Position keine Rechte und Möglichkeiten, bei der Gestaltung ihres Bildungswesens mitzusprechen. Das Positive dabei sei aber, dass das estnische Kleinbürgertum und die wohlhabenden Bauern für ihre Kinder bessere Möglichkeiten schaffen konnten, um im Leben vorwärts zu kommen und mit dem deutschbaltischen Adel und Bürgertum die gleiche gesellschaftliche Position zu erreichen.

Seit 1906 hat sich aber alles verändert. Infolge der revolutionären Ereignisse erhielten sowohl die Deutschbalten als auch die Esten die Gelegenheit, ihre private Schulen zu gründen.[145] Ein bemerkenswertes Ereignis dieser Periode, meinte A. Liim, war die Gründung erster estnischer Mittelschulen. Diese Lehranstalten schützten das Prinzip des muttersprachlichen Unterrichts gegen eine neue Welle der Reaktion. Sie widerlegten auch die irrige Meinung der Regierung und einiger deutschbaltischen Kreise, als ob die estnische Sprache, ihrer Entwicklungsstufe wegen, als Unterrichtssprache an den Mittelschulen untauglich sei.[146]

Am Ende des Schuljahres 1916/17 bildeten die Esten in allen in Estland ständig arbeitenden Mittelschulen schon etwa 53% der Gesamtzahl von Mittelschüler. (Die Zahl der estni-

---

[145] Ausführlicher darüber in: Allan Liim, Die Entwicklung des Netzes der allgemeinbildenden Schulen in Estland in den Jahren 1900–1914, in: The Baltic Countries 1900–1914. The 9th Conference on Baltic Studies in Scandinavia. Stockholm, June 3–6, 1987. Acta Universitatis Stockholmiensis, Studia Baltica Stockholmiensia 5/1. Uppsala 1990.

[146] Ebenda, S. 397.

schen Studenten an der Universität wuchs ebenso ständig, erzielte aber keine vergleichbare Relevanz.) Die bisherige Dominanz der Deutschbalten war gebrochen, das eben den früheren Befürchtungen vieler Deutscher entsprach: Nicht die russische Unterrichtssprache, sondern der gewachsene Anteil der Vertreter der einheimischen Völker hat, im Grunde das deutsche Bildungs- und Erziehungswesen verändert. Hier müssen die tiefsten Gründe für die Denk- und Handlungsweise vieler Deutschbalten gesucht werden. Das ist ein Grund dazu, warum einige Repräsentanten der russischen Zentralmacht (Schahhovskoj, Kapustin) die einheimischen Völker gegen Deutschbalten auszuspielen versucht haben.

Die erwähnte Alexanderschule wurde im Jahre 1887, obwohl von Spenden der Esten errichtet, als eine russischsprachige Stadtschule eröffnet.

In den 1890er Jahren war die Umwandlung der Estnischen Städtischen Alexanderschule in eine Agraranstalt von zentraler Bedeutung. Zu jener Zeit waren die Probleme der Landwirtschaft die wichtigsten im öffentlichen Leben. Der Kampf um die Agrarschule war ein Kampf gegen die nationale Unterdrückung, die soziale Ungerechtigkeit und die Willkür der Behörden. Das war ein Ausdruck der nationalen Bewegung.

Eine heftige (deutsch-russisch-estnische) Diskussion entwickelte sich an der Frage, ob die Bauern überhaupt einer Schule der Mittel- oder Unterstufe bedürfen. Der deutschbaltische Adel war gegen die erstere, denn sie könnte die Selbständigkeit der Bauernschaft und die estnische Intelligenz fördern. Der Standpunkt der lokalen zaristischen Behörden bezüglich der Umwandlung war schwankend. Immerhin, in Estland halfen sie nicht einmal bei der Schaffung einer Landwirtschaftsschule der Unterstufe mit Lehrbetrieb in Russisch mit. Bis zum

Ende der Zarenherrschaft entstand in Estland kein Netz von Agrarschulen.[147]

Das bedeutet, in rein ständischen Fragen blieben die Deutschen und die Russen „Alliierte", was übrigens ein Grund dazu ist, warum die Russifizierung 1885-1905 keinen eigentlichen Erfolg hatte. Das Ziel der zaristischen Innenpolitik, von Russland aus Estland in ein modernes, aber immer noch ein ständisches Land zu entwickeln, hat gegensätzliche und inkonsequente Handlungen der russischen Beamten und Politiker verursacht. Das hat den Esten (und den Letten) geholfen, beim Lavieren „zwischen Ost und West" konsequent ihr eigenes Interesse zu verfolgen.

---

[147] Väino Sirk, Fragen der Berufsausbildung im bildungspolitischen Kampf in Estland um die Wende des 19./20. Jahrhunderts. in: The Baltic Countries 1900–1914. The 9th Conference on Baltic Studies in Scandinavia. Stockholm, June 3–6, 1987. Acta Universitatis Stockholmiensis, Studia Baltica Stockholmiensia 5/1. Uppsala 1990, S. 405-407.

DIE KIRCHLICHE SCHULPOLITIK IM GOUVERNEMENT ESTLAND IM 18./19. JAHRHUNDERT

Andres Andresen

Dieser Vortrag bezieht sich auf einige institutionelle Aspekte der Schulverwaltung im Gouvernement Estland, besonders auf die Verwaltung der Volksschule auf dem flachen Lande. Der Zeitraum des Themas ist begrenzt auf das 18. Jahrhundert und den Anfang des 19. Jahrhunderts.

Es wird versucht, folgende Fragen zu beantworten: In welcher institutionellen Umgebung, von welchen Machtzentren beeinflusst, hat die Volksschule in Estland funktioniert?

Es ist bekannt, dass die Schulgeschichte in der frühen Neuzeit überall in Europa bis zum 19. Jahrhundert nicht unabhängig von der Kirchengeschichte behandelt werden kann. Die Entstehung und Entwicklung eines Schul- und Bildungssystems wurde entscheidend von der Kirche beeinflusst. Die Schulen waren der Kirche untergeordnet, was ihre soziale Dimension zeigt. Die Volksschule wurde als ein struktureller Bestandteil der Kirche verstanden. Nach den Worten von Karl Gottlob Sonntag (1765-1827), dem Generalsuperintendenten des Livländischen Oberkonsistoriums (1803-1827), einem der bedeutendsten Persönlichkeiten der baltischen Kirche durch die Zeiten hindurch, war es immer die Aufgabe der Volksschule gewesen, die Gemeindemitglieder zu erziehen. Es muß hinzugefügt werden, dass es nach Sonntags Meinung genügte, wenn die Landbevölkerung lesen konnte und die Kapitel des Katechismus kannte. Ein wesentlicher Druckfaktor war die Kirche, die die Buchgelehrsamkeit und die Kenntnis des Katechismus schätzte, wenn auch über den Weg der Lesefähigkeit.

Aber auch die evangelisch-lutherische Kirche selbst war nie eine selbständige, unabhängige Größe in der Gesellschaft. Sie war immer mehr oder weniger abhängig von den weltlichen Machthabern. Ein zentrales Thema in der Entwicklungsgeschichte des modernen Staates war die Spaltung des mittelalterlichen Trägers der Universalität, der römisch-katholischen Kirche, und die Vereinigung der aus der Reformation heraus entstandenen neuen Kirchen unter der staatlichen Macht. Apologeten der Souveränität des Staates betonten seit Jean Bodin die Unteilbarkeit der Regierungsmacht. Als allgemeine Tendenz bildete sich die Zentralisierung der staatlichen Regierungsmacht und die damit verbundene Unterordnung der Kirche unter den Staat heraus.

Die Tragweite der kirchlichen Aktivitäten ist direkt mit der Entwicklung der staatlichen Macht verbunden. Die Konsolidierung der Macht führte zur Gründung neuer staatlicher Institutionen, die Definition ihrer Kompetenzen führte zur Einschränkung der Aufgaben der Kirche. Erst die Trennung der Kirche vom Staat beendete die Aufgabe der Kirche, staatliche Funktionen zu erfüllen.

Obwohl sich die Hauptentwicklungsrichtung der evangelisch-lutherischen Kirche in den baltischen Provinzen wenig von den entsprechenden Tendenzen im übrigen Europa unterschied, war die Situation der Kirche im frühneuzeitlichen Est- und Livland dennoch in manchem anders als in Deutschland oder Skandinavien. Gründe dafür müssen in der besonderen hiesigen Ständeordnung, dem sogenannten Baltischen Landesstaat, gesucht werden. Als Baltischer Landesstaat wird in der estnischen und lettischen Historiographie das System der privilegierten Selbstverwaltung des deutschbaltischen Adels und der städtischen Stände im historischen Est- und Livland seit Beginn der Zugehörigkeit zum schwedischen Königreich und später zum russischen Zarenreich bezeichnet.

Eine Grundlage des Baltischen Landesstaates bildet die auf den ständischen Vertretungen des deutschbaltischen Adels, der Estländischen, Livländischen und Öseler Ritterschaften, und den Magistraten der größeren Städte fußende Selbstverwaltung. Es muss besonders betont werden, dass im 18. Jahrhundert, im Zeitalter des Absolutismus, nirgendwo im übrigen Europa dermaßen ausgeprägte Privilegien wie in Estland und Livland gewährt wurden.

Gemäß dem geltenden dualistischen Regierungssystem trugen auf dem estländischen Territorium die Selbstverwaltungseinrichtungen der Ritterschaft sowie die Zentral- und Provinzialbehörden Russlands die Regierungsverantwortung. Als Vertreter der Krone wirkten die Gouvernementsverwaltung sowie das Justizkollegium in St. Petersburg.

Die Bedeutung der Gouvernementsverwaltung muss in der ersten Hälfte des 18. Jahrhunderts zurückhaltend eingeschätzt werden. Die Kompetenzen von adliger und städtischer Selbstverwaltung und Einrichtungen der Krone waren noch nicht exakt definiert. Bis hin zu den juristischen Einzelheiten wurden sie gesetzlich nie fixiert. Dem Gouverneur gebührte das Recht auf allgemeine Oberaufsicht, in verschiedenen Lebensbereichen vermochte er Anordnungen und Vorschriften zu erlassen. Die Gouvernementsverwaltung bestand aus der russischen Kanzlei zum Verkehr mit dem Senat und der deutschen Kanzlei für die Beziehungen zu den Einrichtungen der Selbstverwaltung und zum Justizkollegium in St. Petersburg.

Seit Ende der 1720er Jahre nahm ein unabhängiges Departement für liv- und estländische Fragen im Justizkollegium unter einem deutschen Vizepräsidenten die Tätigkeit auf. Mitglieder dieses Departements waren hauptsächlich Deutschbalten. Mit dem übrigen Justizkollegium war das erwähnte Departement nur durch den gemeinsamen Präsidenten verbunden.

Die höchste Ebene der adligen Selbstverwaltung, die das ganze ritterschaftliche Territorium einnahm, fand ihren Ausdruck in der ritterschaftlichen Repräsentationsversammlung - dem Land-tag. Unter die Fragen, die im Landtag diskutiert wurden, fiel „alles, was mit ritterschaftlichen Rechten, Interessen und Institutionen oder mit der Wohlfahrt des gesamten Landes zu tun hatte",[148] besonders aber Verbesserungen im Bereich der Kirche und der Schule. Dieses Recht gab dem Landtag die Möglichkeit zu gesetzgeberischer Initiative und verpflichtete ihn, die örtlichen Rechte gegenüber der Zentralregierung zu verteidigen, weswegen die Ritterschaft als Patron der Kirche im Sinne einer allgemeinen Patronage begriffen wurde (darunter wurde aber nicht das Patronatsrecht im Kirchspiel verstanden). Zu den wichtigsten Rechten des Landtages gehörte die Festsetzung der Steuersätze, die Gesetzesinitiative, die Besetzung der Ämter der ritterschaftlichen Selbstverwaltung und der Gerichte sowie die Teilnahme an der Kirchenverwaltung. Der Landtag versammelte sich alle drei Jahre. Die Ritterschaft als Ganzheit hatte kein Recht, Entscheidungen zu fällen, die im Bereich der Schule für alle Gutsherren bindend gewesen wären.

Als besonders bemerkenswerte Eigenheit Estlands muß die Tatsache hervorgehoben werden, dass die von der Ritterschaft ausgewählten Beamten keiner Bestätigung von Seiten der russischen Zentralregierung bedurften. Als Exekutivorgan des Landtages fungierte das Landratskollegium.

Das höchste Verwaltungsorgan der Kirche war das Provinzialkonsistorium. Das Konsistorium hatte ursprünglich vor allem richterliche Aufgaben in geistlichen und Ehesachen zu erfüllen und behielt sie auch, als es allmählich immer mehr zur Verwaltungsbehörde wurde.

Die weltlichen Vorsitzenden der höheren kirchenverwaltenden Konsistorien wurden von der Ritterschaft aus den Reihen der

---

[148] Provinzialrecht der Ostseegouvernements. Zweiter Theil. Ständerecht. St. Petersburg 1845. § 227.

Landräte gewählt. Das Konsistorium stand unter weltlicher Leitung. Den Präsidenten des Estländischen Provinzialkonsistoriums wählte unter drei vom Konsistorium vorgeschlagenen Landräten das Oberlandgericht, d.h. die zwölf Landräte unter Vorsitz des Gouverneurs. Alle wichtigen Ämter bei der weltlichen Kirchenverwaltung wurden von Vertretern der Ritterschaften besetzt. Zum estländischen Konsistorium gehörten außer dem Präsidenten noch zehn, später sechs geistliche Assessoren. Das estländische Konsistorium unterstand in administrativen und geistlichen Angelegenheiten einer rein weltlichen Behörde, dem Justizkollegium für liv- und estländische Angelegenheiten in St. Petersburg.

Das Kirchspiel war die unterste Verwaltungseinheit der Landesstaates und gleichzeitig auch die kleinste kirchliche Einheit. Es wurde nicht zwischen der administrativen und der kirchlichen Gemeinde unterschieden; der weltliche und geistliche Pol der Gesellschaft waren untereinander am intensivsten verbunden bis zum Inkrafttreten des Gemeindegesetzes von 1866; beide Funktionen leitete der Kirchenkonvent, die Versammlung aller Gutsbesitzer eines Kirchspiels. Der Kirchenkonvent musste für die äußeren Aspekte eines Kirchspiels sorgen, sich mit den Fragen der Volksschule und der Fürsorge beschäftigen, den Zustand der Straßen sichern, das Postwesen organisieren usw. Der Kirchenkonvent kam meistens zweimal im Jahr zusammen. Die materielle Situation der Volksschule fiel in die Zuständigkeit des Kirchspielkonvents.

Auf dem Konvent wurden zwei Oberkirchenvorsteher gewählt, sie waren die bevollmächtigten Vertreter des Kirchspiels gegenüber Staat und Kirche. Sie leiteten die äußere Organisation der Kirche und erfüllten administrative und kirchenpolizeiliche Aufgaben. Die Funktion der Oberkirchenvorsteher bestand außerdem darin, dem Pastor bei seinen täglichen Pflichten zu helfen. Sie waren auch Vorsitzende des Kirchenkonvents.

Die unterste Einheit des Baltischen Landesstaates war das Rittergut. Es stellte das niedrigste Verwaltungsorgan und die unterste Gerichtsbarkeit dar und war so mit den wichtigsten privat- und öffentlich-rechtlichen Privilegien ausgestattet. Nur dem Gutsbesitzer war es möglich, die politischen Vorrechte des deutschbaltischen landesstaatlichen Adels zu genießen und an der Selbstverwaltung teilzunehmen. Der Baltische Landesstaat stützte sich auf das Rittergut. Das Recht auf Besitz eines Gutes und auf Zugehörigkeit zur Ritterschaft lag nur beim immatrikulierten Adel. In der ersten Hälfte des 18. Jahrhunderts wurde die Zusammenstellung der Adelsmatrikel durchgeführt, die in Livland 1747 und in Estland 1756 abgeschlossen wurde. In die Adelsbücher wurden jene Familien aufgenommen, die nach Stand und Besitz berechtigt waren, an der Selbst-verwaltung beteiligt zu werden. In Estland gab es davon ungefähr 120, in Livland 170 Familien.

Das Patronatsrecht, also das Recht auf Wahl und Amtseinführung des Pfarrers, lag in der Regel bei einem Rittergut des Kirchspiels; beim Verkauf des Gutes ging es auf den neuen Besitzer über.

Auf der Ebene des Kirchspiels leitete der Pastor die Aufgaben der Schulen und war für sie verantwortlich.

Die Schule blieb materiell abhängig von dem guten Willen der einzelnen Gutsbesitzer. Maßgebend war auf dem Lande in jeder Hinsicht der grundbesitzende Adel. Zu betonen ist, dass die Hauptschwierigkeiten, die in Estland einer Schulreform hindernd im Wege standen, hauptsächlich wirtschaftlicher Natur waren.

Als Helfer der Oberkirchenvorsteher und Pastoren agierten bäuerliche Kirchenvormünder. Die Aufgaben eines Kirchenvor-mundes waren außerordentlich vielfältig. Als Organ der Bauernschaft war der Kirchenvormund deren rechtlich eingesetzter Vertreter gegenüber Behörden in allen kirchlichen Angelegenheiten, sofern dies nicht durch die übergeordnete Kompetenz der Kirchenvorsteher ausgeschlossen wurde. Er war ein Vermittler zwischen Bauernvolk und Kirche. Kirchen-vormünder unterstanden dem Pastor in seelsorgerischen Fragen und den Kirchenvorstehern und Gutsherren bei der Ausführung von kirchenpolizeilichen Angelegenheiten. Die Volksbildung gehörte in den Aufgabenbereich des Kirchenvormundes. Er hatte auch die Aufsicht über den häuslichen Unterricht.

Die Schulverwaltung wurde also in dem Spannungsfeld von Kirche, den ständischen Vertretungen und den staatlichen Zentralbehörden gestaltet. Der Staat nahm einmal durch die Kirche, aber auch unabhängig und unmittelbar Einfluss auf die Schule.

Die wichtigsten Autoren zu dem Thema:

- **Helmut Speer:** Das Bauernschulwesen im Gouvernement Estland vom Ende des achtzehnten Jahrhunderts bis zur Russifizierung. Tartu 1936
- **Lembit Andresen:** Eesti kooli ajalugu: algusest kuni 1940. aastani. (Die Geschichte der estnischen Schule: Vom Anfang bis 1940) Tallinn 1995.
- **Lembit Andresen:** Eesti kooli vanem ajalugu: Kuni 20. sajandi alguseni. (Die ältere Geschichte der estnischen Schule: Bis zum Anfang des 20. Jahrhunderts) Tallinn 1985.
- Eesti rahvakoolide seadused 18. ja 19. sajandil. hrsg. von **Lembit Andresen.** (Die Gesetze der estnischen Volksschule im 18. und 19. Jahrhundert) Tallinn 1988.
- **Jaak Naber:** Koolid Eesti Venemaaga ühendamise järel. Eesti kooli ajalugu. (Geschichte der estnischen Schule. Die Schulen Estlands nach der Vereinigung mit Russland.) *Tallinn 1989.*

DER EINFLUSS JOHANN HEINRICH GULEKES AUF DIE ENTWICKLUNG DES VOLKSSCHULWESENS IN LIVLAND

Detlef Kühn

Der Pastor und livländische Schulrat Johann Heinrich Guleke darf durchaus als eine der bemerkenswerten Gestalten des baltischen Liberalismus im 19. Jahrhundert bezeichnet werden. Dies gilt für seine theologischen wie auch allgemeinpolitischen Auffassungen, vor allem aber für seinen Beitrag zur Entwicklung des Volksschulwesens in Livland, der im Mittelpunkt dieser Ausarbeitung stehen soll.

Johann Heinrich Guleke wurde 1821 als viertes Kind und erster Sohn des Pastors Friedrich Ernst Guleke (1785-1844) im Pastorat Salisburg geboren. Seinen Vater zeichnete bereits ein lebhaftes historisch-politisches Interesse aus, das sich auf seinen ältesten Sohn übertrug. Seit 1814 wirkte Friedrich Guleke erfolgreich in Salisburg, einer Gemeinde, deren Zustand damals als „verwildert" bezeichnet wird. Er kümmerte sich frühzeitig um die Bildung lettischer Bauernsöhne, für die er den jungen Letten Ernst Kikkur als Lehrer heranzog und mit dessen Hilfe er 1821 in seinem eigenen Hause eine Winterschule einrichtete, in der Lesen, Schreiben, Rechnen, biblische Geschichte, etwas Erdkunde und Choralgesang gelehrt wurden. Der gute Erfolg dieser Erziehungsmaßnahmen führte dann zur Eröffnung einer der damals noch seltenen Parochialschulen in Salisburg. Der Einsatz Friedrich Gulekes für den Ausbau des Schulwesens hatte zur Folge, dass er 1840 zum Schulrevidenten des Sprengels Wolmar gewählt wurde. Als solcher forderte er die Einrichtung von Schulen in allen Gemeinden und genaue Vorschriften für die Parochialschulen.[149]

Sein Sohn Johann Heinrich Guleke, der als Kind eher schwächlich und kränklich war - jahrelang litt er unter einer Hüftsenkung - erhielt zuerst häuslichen Unterricht durch seinen Vater und ab 1836 durch seinen späteren Schwager Karl Friedrich Herweg, der bis 1840 in Gulekes Elternhaus als Hauslehrer wirkte und als Burschenschafter als politischer Flüchtling nach Livland gekommen war. Er wird seinen Zögling sicherlich in seinen liberalen Auffassungen bestärkt haben. Danach bezog Johann Heinrich Guleke die Universität Dorpat, wo er von 1839 bis 1844 Theologie studierte und danach, wie üblich, ebenfalls zwei Jahre lang als Hauslehrer bei der Familie von Loewis auf Rittergut Panten/Livland, tätig war. Auch hier fiel er, so wird berichtet, durch sein Interesse an Politik und seine liberalen Ansichten auf, die „nicht selten lebhaften Widerspruch" hervorriefen. Aber schon 1846 wurde er in die vakant gewordene Pfarre in Dickeln berufen, wo er kurz vor Weihnachten eingeführt wurde. Neben seinen seelsorgerischen Pflichten kümmerte sich Johann Heinrich Guleke in Dickeln auch schon um den Unterricht der Kinder, wobei er „viel Vorurteile und Indolenz zu überwinden" hatte. Vor allem aber fand er noch Zeit und Kraft zum Studium neuerer theologischer Literatur wie auch von Werken anderer Wissenschaften, besonders der Geschichte und Geographie, was wieder für sein lebhaftes Interesse an der Politik spricht, die ihn nach den revolutionären Ereignissen von 1848 zunehmend fesselte. Die Ergebnisse seiner theologischen Studien und kirchenpolitischen Überlegungen veröffentlichte er in Kirchenblättern, vor allem Anfang der 60er Jahre in den „Mitteilungen und Nachrichten

---

[149] Zum familiären Hintergrund und Wirken des Vaters s. Erich Seuberlich, Stammtafeln Deutschbaltischer Geschlechter. Band II, 3. Reihe. Leipzig 1931, bes. Sp. 11.

für die evangelische Kirche Rußlands". Damit brach – benannt nach dem Titel seines ersten Aufsatzes die sogenante „Wohinaus?" – Diskussion vom Zaun, die allerdings die Vertreter der lutherischen Orthodoxie unter seinen Kollegen gegen ihn aufbrachte und an deren Ende er sich in einer ausgesprochenen Minderheitsposition befand. Da es auch an persönlichen Angriffen auf ihn nicht fehlte, mied er fast zehn Jahre lang die Synode.[150] Die Einzelheiten dieser interessanten Kontroverse wurden 1978 in einer Dissertation behandelt.[151]

1856 wurde Johann Heinrich Guleke, der inzwischen geheiratet hatte und Familienvater geworden war,[152] zum Pastor von Smilten/Livland berufen. Sein Vorgänger war der Pastor Eduard Kügler gewesen, der sehr beliebt war, aber dennoch einen Ruf nach Salisburg angenommen hatte, was ihm die Smiltener Gemeinde übel nahm. Kügler, der später Schulrevident des Wolmarschen Sprengels wurde, hatte sich auch in Smilten um das Landschulwesen gekümmert. So teilte er die Gemeindeschulen in zwei Abteilungen auf, eine höhere und eine niedrigere. Aus den Zöglingen, die beide Abteilungen absolviert hatten, wurden die fähigen zu wandernden Lehrern in den Gemeinden ausgewählt. Sie unterrichteten die Kinder an zwölf

---

[150] Seuberlich (wie Anm. 149), Sp. 12; Reinhard Wittram, Drei Generationen. Deutschland-Livland-Rußland 1830-1914, Göttingen 1949, S. 39 (zu Herweg), S. 134, 196, 346 (zu Johann Heinrich Guleke); C. Peterson, J. Bach, E. Inselberg, Das ritterschaftliche Parochiallehrer-Seminar in Walk. Riga 1898, S. 133 ff.

[151] Horst Garve, Konfession und Nationalität. Ein Beitrag zum Verhältnis von Kirche und Gesellschaft in Livland im 19. Jahrhundert. Marburg/-Lahn 1978, S. 106-112. (Wissenschaftliche Beiträge zur Geschichte und Landeskunde Ostmitteleuropa Nr. 110).

[152] Er heiratete in Riga am 23.07.1849 eine Cousine, Emilie Kühn (1830-1913), Tochter des Oberlehrers am Gouvernements-Gymnasium in Riga Ludwig Kühn und der Caroline geb. Schreiber (vgl. Seuberlich, Stammtafeln wie Anm. 149, Sp. 12 und 20).

Stellen, die sie alle 14 Tage aufsuchten, und brachten ihnen Singen, Lesen, biblische Geschichte, etwas Schreiben und Rechnen auf schwarzen Tafeln und sogar Kopfrechnen bei. 1862 wurde endlich das erste Schulgebäude in Blumenhof errichtet. Ein Wanderlehrer erhielt damals 25 Rubel Gehalt, die der Pfarrer einsammeln musste, was nicht einfach war. In der Kirchenchronik schreibt Guleke dazu: „Den Bauern gefallen die neuen Dinge nicht, sie sind ihnen unbequem. Die Faulen wollen ihre Kinder der Faulheit wegen nicht schicken, die Geizigen des Geizes wegen. Und die anderen - wegen der Geldausgabe." [153] Allerdings wird auch erwähnt, dass sich der gewählte Schulälteste, der Wirt Jakob Pelz, für seine Aufgabe aufopfere.

Dies war das Fundament, auf dem Johann Heinrich Guleke in Smilten in Bezug auf die Volksschulen weiterbauen musste. Er hatte keinen sehr guten Start, denn der Kirchspiels-Konvent (die Gutsherren) hatte vor ihm zwei andere Pastoren erwählt, die aber absagten. Guleke war also die dritte Wahl und hatte noch nicht einmal die zum Teil herrnhuterisch gesonnene lettische Gemeinde auf seiner Seite. Angeblich nahm er das Amt vor allem auf Drängen des Bischofs Walter an, der 1855 livländischer Generalsuperintendent geworden war und mit dem sich Guleke offenbar sehr gut verstand.[154]

Guleke lebte sich trotz der Anfangsschwierigkeiten in Smilten bald ein. Er führte den aufwendigen Umbau der Kirche durch, konzentrierte sich dann aber vor allem auf den Ausbau

---

[5] Über Küglers und Gulekes Wirken in Smilten berichtet sehr anschaulich einer ihrer Nachfolger im Amt, Karlis Kundsinš, 1926 in der lettischen Sonntags-Zeitung „Riits" (dt. Der Morgen); für die Überlassung einer Abschrift dieser Artikel, die Juris Zusmanis in den 80er Jahren anfertigte, und die Übersetzung danke ich Viktor-Paul Althausen in St. Augustin.

[154] Ebenda.

des Volksschulwesens, nachdem er wegen theologischer Meinungsverschiedenheiten und Zusammenstößen mit dem orthodox eingestellten Pastor Emil Georg Hermann Sokolowski aus Ronneburg und anderen Pfarrern zehn Jahre lang die Synoden mied. In dieser Zeit errang er erhebliche Erfolge, errichtete z.b. die erste Mädchen-Parochialschule in Livland und konnte 1872 bei seiner Wahl zum Schulrat mit berechtigtem Stolz darauf hinweisen, dass er „allein in Smilten 11 Schulen" unter sich habe. Diese Entwicklung führte dazu, dass er 1870 zum (geistlichen) Schulrevidenten des Sprengels Walk gewählt wurde, und bereitete auch seine Wahl zum livländischen Schulrat 1872 vor.[155]

Die Stellung als quasi hauptamtlicher Schulrat in der Oberlandschulbehörde der Livländischen Ritterschaft gab Johann Heinrich Guleke eine Fülle von Möglichkeiten zur Gestaltung des Volksschulwesens in Livland. Durch das erst seit der politischen Wende im Baltikum zugängliche, 1889 kurz vor seinem Tode abgeschlossenes Manuskript „Die Geschichte des livländischen Volksschulwesens" sind wir jetzt in der Lage, auf der Basis des nach Guleke zur Verfügung stehenden reichen Archivmaterials vor allem auch seine eigene Leistung in der Zeit von 1872 bis 1887 zu beurteilen.[156] Dabei übte er das Amt des Schulrats in den ersten Jahren bis 1878 neben seinem Pfarramt in Smilten aus, wo er sich kirchlich durch einen Adjunkten vertreten ließ. Erst 1878 stellte ihn die Ritterschaft durch eine Erhöhung seines Gehaltes von 1.000 Rubel auf 3.500 Rubel pro Jahr (zuzüglich Reisekosten) finanziell so, dass er die Pfarre

---

[155] Vgl. Kundsiņš (wie Anm. 4); über die Umstände der Wahl zum livländischen Schulrat s. Detlef Kühn, Die Wahl Heinrich Gulekes zum livländischen Schulrat, in: Jahrbuch des baltischen Deutschtums, XXVIII, 1981, S. 106-114.

[156] Johann Heinrich Guleke, Geschichte des livländischen Volksschulwesens, hrsg. v. Detlef Kühn u. Vija Daukšte. Lüneburg 1997 (Beiträge zur Schulgeschichte. 6).

aufgeben, mit seiner Familie nach Riga übersiedeln und sich ausschließlich der Schulverwaltung widmen konnte.[157]

Guleke konzentrierte sich dabei neben den laufenden Geschäften vor allem auf folgende Aufgaben:
a) die Lehrerausbildung in Seminaren,
b) die Lehrerfortbildung auf Konferenzen,
c) die Lehrpläne und Unterrichtshilfsmittel,
d) die Auseinandersetzung mit dem Junglettentum und seinen Folgen für das Schulwesen, einschließlich der Frage der „Germanisierung",
e) die Auseinandersetzungen mit der Zentralgewalt in St. Petersburg, der griechisch-orthodoxen Kirche und den Folgen der Russifizierung.

Vor allem die beiden letztgenannten Punkte führten Guleke direkt zu den zentralen Fragen und Problemen, die im Baltikum die letzten Jahrzehnte des Russischen Reiches vor der Oktoberrevolution 1917 charakterisierten.

a) Guleke fand bei seinem Amtsantritt im Prinzip drei Lehrerausbildungsseminare vor: Das bereits 1839 in Wolmar gegründete Parochiallehrer-Seminar, das später nach Walk verlegt wurde, um auch estnischsprachige Lehrer ausbilden zu können. 1871 hatte die Oberlandschulbehörde dann die Errichtung eines eigenen lettischen Gemeindelehrer-Seminars ebenfalls in Walk beschlossen. Dazu kam dann noch 1872 in Dorpat ein Gemeindelehrer-Seminar zur Ausbildung estnischsprachiger Lehrer. Mit dem Aufbau des letzteren hatte Guleke also von Anfang an zu tun. Insbesondere ein eigenes Gebäude machte dabei, vor allem aus finanziellen Gründen, viel Mühe, bis es endlich 1878

---

[157] Guleke, Geschichte (wie Anm. 155), S. 144 f.; Kundsiņš (wie Anm. 152).

gelang, den Kaufpreis eines geeigneten Hauses auf 15.000 Rubel zu senken, so dass die vorhandenen Mittel ausreichten.[158] Bei der Organisation der Seminare ließ sich Guleke wie seine Vorgänger weitgehend von dem Vorbild des preußischen Seminarwesens leiten, das er bei seinem Besuch in Deutschland 1872 kennen gelernt hatte. Insbesondere zu Karalene bei Insterburg, ein 1811 nach Pestalozzis Grundsätzen errichtetes Schullehrer-Seminar, und zu Weißenfels bei Naumburg bestanden enge, auch persönliche Beziehungen. Das Parochialschullehrer-Seminar wurde von Anbeginn an von dem sehr fähigen und deutschfreundlichen Letten Johann Zimse geleitet, der allerdings im dienstlichen Umgang schwierig und nicht frei von Hochmut war und es nach Ansicht Gulekes oft an dem nötigen taktischen Geschick im Umgang mit seinen Vorgesetzten fehlen ließ. Dennoch schätzte er Zimse fachlich sehr und setzte für ihn, ebenso übrigens wie für den Direktor des Gemeindelehrer-Seminars in Walk, in der Oberlandschulbehörde Gehaltsaufbesserungen durch.[159]

Erst nach Zimses Tod 1881 bekam Johann Heinrich Guleke mit dem Parochiallehrer-Seminar ernstliche Probleme.[160] Zimse war zwar ein bewusster Lette, lehnte aber jede Form des Nationalhasses ab und hielt sich auch von den nationalistischen junglettischen Kreisen fern. Er war sich der deutschen Wurzeln seiner Bildung voll bewusst. Nun, nachdem er sich nicht mehr wehren konnte, wurde Zimse allerdings von den Jungletten voll vereinnahmt, die eine „pompöse Beerdigung" mit nachfolgender großer Versammlung veranstalteten. „Ein Heros des lettischen Volkes war gefallen", stellte Guleke fest, den besonders erbitterte,

---

[158] Guleke, Geschichte (wie Anm. 155), S. 151f.
[159] Guleke, Geschichte (wie Anm. 155) S. 156.
[160] Ebenda, S. 161-164.

dass man versuchte, dem deutschen Lehrer des Seminars, Heinrich Warstatt, den Guleke eingestellt hatte, eine Schuld an der letzten Krankheit Zimses zuzuschieben. Als die Zöglinge der zweiten und dritten Klasse des Seminars nun auch noch in einen Schulstreik gegenüber diesem deutschen Lehrer eintraten, lief bei Guleke das Fass über. Er begab sich sofort persönlich nach Walk, schloss die vier Hauptschuldigen an den Unruhen definitiv aus dem Institut aus,[161] verlangte von den anderen, dass sie dem „bestreikten" Lehrer Abbitte leisteten und schickte sie, bis sie das getan hätten, ebenfalls nach Hause. Als Guleke im Januar 1882 die Leitung des Seminars selbst übernahm, bis ein Nachfolger für Zimse gefunden war, kehrten alle Zöglinge, bis auf einen, der studieren wollte,[162] wieder zurück, leisteten Abbitte und durften bleiben. Sein energisches Eingreifen hatte in politisch aufgeregten Zeiten schnell wieder für Ruhe gesorgt. Immerhin blieb Guleke noch bis Ende 1883 in Walk, bis endlich ein geeigneter neuer Direktor, der Pastor Friedrich Hackmann aus Tomsk, seine Stelle antreten konnte, die er bis zur Auflösung des Seminars 1891 innehatte. Mit den beiden Gemeindeschullehrer-Seminaren in Walk (für Letten) und Dorpat (für Esten) hatte Guleke

---

[161] Guleke, Geschichte (wie Anm. 155) S. 162; vgl. auch Peterson, Bach, Inselberg, Parochiallehrer-Seminar (wie Anm. 150), S. 141. Letzterem Werk lässt sich auch das Schicksal der vier Ausgeschlossenen entnehmen: Johann Neumann, geboren 1860, studierte später in Dorpat Medizin und wurde Arzt in Kurland; Johann Pakalneet wurde erst Seemann und ging dann als Angestellter einer deutschen Schiffahrtsgesellschaft nach Deutsch-Ostafrika; Arthur Busch trat zuerst in den Militärdienst und wurde dann Telegrafen-Beamter in Dorpat, Wenden und Libau; August Paukam, geboren 1862, wirkte seit Ende 1881 als Küster und Organist in Allatzkiwi.

[162] Eduard Pawassar, geboren 1861, später Pastor in Aahof (vgl. Anm. 155).

offenbar wesentlich weniger Probleme; hier brauchte er nur die routinemäßigen Aufgaben zu erfüllen.
b) Als Maßnahmen der Lehrerfortbildung waren schon frühzeitig, d.h. ab 1848, alljährlich Lehrerkonferenzen in Treyden veranstaltet worden, deren Bedeutung Guleke sehr hoch einschätzte und die er persönlich leitete. In ihnen sah er eine Möglichkeit, die bereits aktiven Absolventen der Lehrerseminare durch die Oberlandschulbehörde direkt zu erreichen und zu beeinflussen. Gleichzeitig erfuhr er auf diesem Wege unmittelbar, was die Lehrer bewegte und wo sie Probleme hatten. Guleke leitete insgesamt elf Konferenzen; die Verhandlungssprache war dabei Deutsch. Der Besuch der Konferenzen war bis 1881 recht gut, jedes Mal rund 80 bis 90 Teilnehmer. Dann allerdings ging der Besuch deutlich zurück, auf nur 37 Teilnehmer im Jahre 1885, als der Gouverneur von Livland die Konferenzen aus grundsätzlichen Erwägungen gänzlich verbot. Guleke führte den geringeren Besuch in den 80er Jahren, wohl zu Recht, darauf zurück, dass die stark junglettisch geprägten Lehrer nicht mehr an einer Konferenz mit deutscher Verhandlungssprache teilnehmen wollten, zumal sie bereits seit 1874 eine freie allgemeine lettische Lehrerkonferenz abhalten durften. Da Guleke die deutschsprachige Verhandlung aber für unerlässlich hielt - schließlich nahmen Letten und Esten an der Konferenz teil, die sich nur auf deutsch untereinander verständigen konnten -, war er über das vom Gouverneur ausgesprochene Verbot wohl nicht sehr traurig.

Im übrigen ließ Guleke auf den Konferenzen immer etwa fünf bis sechs Vorträge halten. Sie beschäftigten sich u.a. mit der Erziehung der Kinder im Hause und in der Schule, dem Religions- und Rechenunterricht, der lettischen Nationalität, ihrem Charakter, ihrer Poesie, dem Luxus im Volke, der Wohlanständigkeit, der Einwirkung des Lehrers auf das Familienleben, der Einführung eines zweiten, praktischen Examens für Lehrer, dem baltischen Gesangsleben etc. So konnte Guleke stets Einfluss auf die Lehrerfortbildung nehmen; allerdings konnte auch er bald die zunehmende soziale und vor allem nationale Unruhe auf den Lehrerkonferenzen nicht mehr ignorieren.[163]

c) Guleke hatte bei Antritt seines Amtes als Schulrat schnell festgestellt, dass weder Lehrer noch Schulverwaltungen und Revidenten genau „wußten, was sie in der Schularbeit zu leisten und zu fördern hatten". Er machte sich also daran, Lehrpläne für die livländischen Schulen auszuarbeiten, beriet sie mit tüchtigen Landschullehrern, legte sie der Synode vor und brachte sie endlich Ende 1873 in der Oberlandschulbehörde ein. Diese Lehrpläne wurden dann in 500 Exemplaren gedruckt und verteilt. Sie enthielten für alle Schulformen bei jedem Fach das zu erstrebende Ziel, den durchzunehmenden Lehrstoff und die Behandlung des Stoffs. Die Lehrpläne wurden in die estnische und lettische Sprache übersetzt und gedruckt, wofür 2.000 Rubel angewiesen wurden. Guleke hatte die Genugtuung, dass seine mühevolle Arbeit gewürdigt wurde und - trotz mancher Kritik - die Lehrpläne unverändert aufrechterhalten wurden. Insgesamt scheint sich Guleke bei seinen Instruktionen an den „Allgemeinen Bestimmungen" des preußischen Kultusministers Adalbert Falk vom Jahre 1872 orientiert zu haben. Inwieweit dies im Einzelnen geschehen ist, wäre eine gesonderte Untersuchung wert. Auch die im Seminar in Walk genutzten Lehrbücher kamen schon vor Gulekes Zeit praktisch alle aus Deutschland.[164]

---

[163] Guleke, Geschichte (wie Anm. 155), S. 182-186.
[164] Ebenda, Guleke (wie Anm. 155), S. 169 f., 179, 123.

d) Guleke war liberal und eifrig bestrebt, die „schutzbefohlenen" Letten und Esten zu fördern; (deutsch-) nationale Überheblichkeit war ihm fremd. Er wollte die Letten und Esten auf keinen Fall ihrer Sprache und damit ihrem Volkstum entfremden. Allerdings war er der dezidierten Auffassung, dass man (im Baltikum) nur ein gebildeter Mensch sein oder werden konnte, wenn man sich auf deutsch die höheren Bildungsgüter erarbeiten konnte. Dies galt auch und gerade für Lehrer. Diese mussten selbstverständlich in ihren „nationalen" Sprachen unterrichten; als gebildete Menschen mussten sie aber nach Auffassung Gulekes genauso selbstverständlich in der Lage sein, auf deutsch wissenschaftliche Literatur zu lesen und zu disputieren. Deshalb sollten sie schon auf der Parochialschule die Möglichkeit haben, die deutsche Sprache zu erlernen, die sie später auf der deutschsprachigen Universität in Dorpat sowieso brauchen würden. Auch deshalb hielt Guleke eisern an der deutschen Verhandlungssprache in den Lehrerausbildungs-Seminaren und bei den Fortbildungskonferenzen fest. Damit geriet er allerdings zwangsläufig in einen Gegensatz zu den junglettischen und jungestnischen (nationalen) Bewegungen, die ihre bäuerlichen Sprachen zu Hochsprachen ausformen und in der zweiten Hälfte des 19. Jahrhunderts möglichst jede Beziehung zu den im Lande führenden Deutschen kappen wollten. Als „Germanisierung" kann man diese Politik Johann Heinrich Gulekes dennoch wohl kaum bezeichnen. Die oft zur Schau getragene nationale Überheblichkeit bei Letten und Esten war ihm vor allem deshalb verdächtig, weil sie ihm selbst fremd war.[165] Dass er deutsche Bildungsgüter hoch

---

[165] Ein Beispiel gibt Guleke in seinem Werk (wie Anm. 155), S. 164, wo er sich darüber mokiert, dass der bekannte Junglette Otto Kronwald ihm einen lettischen Brief schrieb, obwohl er in Berlin studiert und hervorragen- de Deutschkenntnisse hatte.

hielt, war in seinen Augen sicherlich kein Gegenbeweis. Vor allem nach 1880 war sich Guleke sicher, dass die estnischen und lettischen Heimatgenossen unter den Bedingungen der Russifizierung im Russischen Reich nur an der Seite der deutschen Oberschicht eine Überlebenschance hätten. Tatsächlich richtete sich die Russifizierung bis zur ersten Revolution 1905 dann im Baltikum auch genauso gegen die Esten und Letten wie gegen die Deutschen. Dabei unterschätzte Guleke allerdings - vielleicht gerade wegen seiner liberalen Anschauungen - die große emotionale Kraft, die im Nationalismus seiner estnischen und lettischen Heimatgenossen lag.

e) Nicht unterschätzt hat Johann Heinrich Guleke dagegen die Kraft und die Bedeutung der slawophilen Bewegung im Russischen Reich und die Gefahr, die von ihr für das ganz anders geartete politische System in den drei Ostseeprovinzen ausging. Für die Bemühungen, den Einfluss der russischen Zentralgewalt in St. Petersburg auf das Baltikum zu steigern und der griechisch-orthodoxen Kirche zu einer festeren Verankerung im Lande auf Kosten der seit Jahrhunderten dominierenden lutherischen Kirche zu verhelfen, hatte er überhaupt kein Verständnis. Er verglich die Verhältnisse in den Ostseeprovinzen mit denen im eigentlichen Russland und konnte in einer Angleichung keinen Fortschritt, sondern nur Rückschritt entdecken. Guleke war auch gegenüber der Adelsherrschaft im Baltikum nicht unkritisch. Aber „fortschrittlicher" als das, was die autokratische Herrschaft und der Adel in Zentral-Russland zustandegebracht hatten, waren die Verhältnisse im Baltikum in seinen Augen allemal. Dies erklärt die ablehnende Schroffheit, mit der er auf die Einflussnahme St. Petersburgs auf die livländische Bildungspolitik reagierte, und seine Verzweiflung darüber, dass die Letten und Esten die auch ihnen damit drohenden Gefahren nicht erkennen wollten.[166]

Johann Heinrich Guleke starb 1889 auf dem Höhepunkt der Russifizierungspolitik. Bis dahin hatte sein Beitrag zur Entwicklung des livländischen Volksschulwesens jedoch schon mitgeholfen, dass sich bei Letten wie Esten eine gehobene Bildungsschicht entwickeln konnte, aus der dann 29 Jahre später die Führer der unabhängigen Staaten Lettland und Estland hervorgingen.

---

[166] Guleke (wie Anm. 155), S. 186 ff., 211 ff.

DIE KIRCHEN- UND SCHULVERWALTUNG IM GOUVERNEMENT ESTLAND

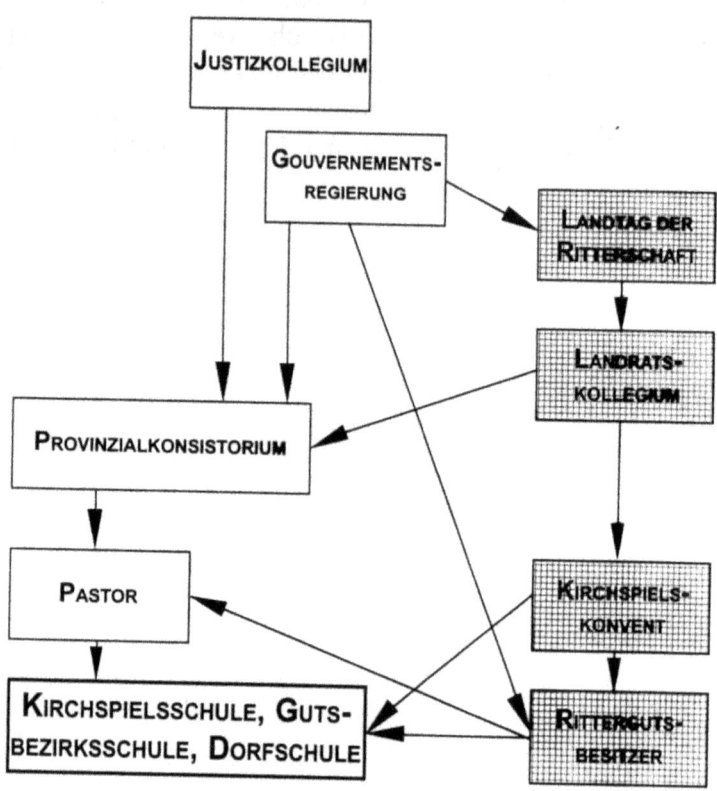

AUS DER GESCHICHTE DER ERSTEN LETTISCHEN SCHULEN IN RIGA IM 16. JAHRHUNDERT

Silvija Pavidis

Allgemeine Einführung

Schule neben Schrift und Sprache war eine der Kulturinstitutionen bzw. eines der Kulturgüter, die auch für den spätmittelalterlichen Ostseebereich bedeutsam war.[167]

In Riga, das zu den wichtigsten und größten Ostseestädten gehörte, erfüllte die Schule ihre Funktionen und Aufgaben entsprechend den damaligen Forderungen, Bedürfnissen und Möglichkeiten der Gesellschaft, die auch im 16. Jahrhundert mit der Weiterentwicklung der Stadtkultur verbunden waren, wobei eine besondere Rolle das Wachstum des Handels und das Aufblühen des Handwerks spielte, denn vor allem in diesen Tätigkeitsbereichen waren die Ureinwohner Livlands, Letten und Liven, tätig, die „Undeutsche" hießen. „Hier verstand man unter dem Begriff der Undeutschen die finnougrischen Esten und Liven sowie die baltischen Letten. ... Seltener wurde die Bezeichnung undeutsch auf eingewanderte Finnen und Litauer angewandt."[168] Niitemaa[169] war der Meinung, dass in Livland in Wirklichkeit eine so unbedingt scharfe Kasteneinteilung zwischen Deutschen und „Undeutschen", wie einige Forscher

---

[167] K. Friedland, Träger und Gegenstände kultureller Vermittlung im spätmittelalterlichen Ostseebereich, in: Mensch und Seefahrt zur Hansezeit. Weimar/Köln/Wien 1995, S.230-242.

[168] P. Johannsen/H. von zur Mühlen, Deutsch und Undeutsch im mittelalterlichen und frühneuzeitlichen Reval/Köln/Wien 1973, S. 19.

[169] V. Niitemaa, Die undeutsche Frage in der Politik der livländischen Städte. Helsinki 1949, S. 295.

behaupten, nicht existierte, „denn vor allem wirkten gerade die Städte als eine Art sozialer Regulator, der eine gewisse Standeszirkulation erlaubte".

Die Geschichte der lettischen Bildungsinstitutionen, die man wohl in der Anfangsperiode nur als Vorläufer einer wahren nationalen Schule betrachten darf, beginnt im Zeitalter der Reformation, und sie ist vor allem aus dem konfessionellen und soziokulturellen Kontext zu erschließen. Leider weiß man auch heute nicht besonders viel über die Entstehung und das Funktionieren der ersten lettischen Schulen; denn zum einen gibt es zu wenig Quellen, zum anderen wurden bis jetzt keine systematischen Forschungen auf diesem Gebiet durchgeführt. „Das Volksschulwesen, dessen Nutznießer neben den wenigen sogenannten Kleindeutschen vor allem die lettische und estnische Bevölkerung des Landes, die „Nationalen", waren, fand in der deutschen Geschichtsforschung geringeres Interesse" [170] Man muss aber hinzufügen, dass auch in Lettland selbst das Interesse der Forscher an der Geschichte der nationalen lettischen Schule erst ab der sogenannten „schwedischen Zeit" im 17. Jahrhundert beginnt.[171]

Eine vielleicht etwas voreingenommene Erklärung, warum die Schulfrage in Livland nach der Reformation nicht vom Fleck wollte, und zwar: „Die Pastoren und die Ritterschaft, denen die Sorge um das Schulwesen in erster Linie oblag, konnten und wollten auch nichts dafür tun, und so siechte die leidige Schulfrage noch weitere zwei Jahrhunderte dahin,"[172] so wurde in der Zeit der Republik Lettland artikuliert, als offiziel-

---

[170] D. Kühn, Einführung, in: Johann Heinrich Guleke, Geschichte des livländischen Volksschulwesen, hrsg. v. D. Kühn u. V. Daukšte. Lüneburg 1997 (Beiträge zur Schulgeschichte. 6), S. 7-10.

[171] A. Vičs, Iz latviešu skolas vēstures (Vidzeme no 1700. līdz 1800. g.). (Geschichte der lettischen Schulen: Livland 1700-1800). Rīga 1992.

[172] Das Bildungs- und Schulwesen Lettlands (Latvijas). Kurzer Bericht über die kulturelle Entwicklung des lettischen Volkes. Riga 1928, S. 6.

le Propaganda schon antideutsche Stimmungen zu prägen begann. Auf solche Weise wurde auch das Interesse an der Forschung der sogenannten „deutschen Zeit" gedämpft. Diese Zustände waren auch besonders stark für die Nachkriegszeit typisch.

Und doch stellt es sich heraus, dass die Schilderung des Schulwesens im 16. Jahrhundert in der Fachliteratur viel düsterer ist, als es in der Wirklichkeit war.[173]

Im vorliegenden Artikel wird ein Versuch unternommen, die Anfänge der nationalen lettischen Schule im konfessionellen und soziokulturellen Kontext darzustellen sowie die Bedeutung und Rolle der Geistlichen, die Deutsche waren, bei der Entfaltung und Durchführung dieses Prozesses zu zeigen, auch wenn fest steht: „Wirkliche Bildung wurde den Letten erst im 18. Jahrhundert zuteil, dem Jahrhundert einer tatsächlichen Aufklärung ...".[174]

Die Frühgeschichte der lettischen Schule kennzeichnet sich doch durch einige Besonderheiten, die erst aus dem soziokulturellen und konfessionellen Kontext erschlossen werden können: Diese Schulen wurden, abhängig davon, wer sie gegründet hatte, streng konfessionell (evangelisch-lutherisch oder katholisch) eingerichtet.

Mit dem Entstehen der ersten lettischen Schulen verlief parallel auch die Schaffung der lettischen Schriftsprache, deren Schöpfer wohl dieselben Geistlichen waren, die in der ersten lettischen Gemeinde die Seelsorge machten[175] und deren Werke später im Schulunterricht verwendet wurden.

---

[173] E. Dunsdorfs/A. Spekke, Latvijas vēsture 1500-1600 (Geschichte Lettlands 1500-1600). Stockholm 1964, S. 694.
[174] G. Straube, Basilius Plinius und seine Zeit, in: Der Ruhmgesang auf Riga. Riga 1997, S. 232-249, hier: S. 238.
[175] S. Pavidis, Soziokulturelle Bedeutung und sprachliche Leistung der deutschen Pastoren für die Entstehung der lettischen Schriftlichkeit im 16. Jahrhundert, in : Res Balticae 5 (1999), S. 121-140.

Auch für das 16. Jahrhundert - das Jahrhundert der Reformation - gilt die These, dass sich im Herzen jeder Kultur die religiösen Werte behaupten.[176] Mit Recht kann man sagen, dass die Städte die wahren Zentren der geistigen Ausstrahlung besonders im Kirchenwesen waren.[177] Städtische Letten spielten bereits seit der deutschen Anwesenheit in Livland eine sehr wichtige Rolle als Vermittler der neuen Werte, Kenntnisse und Vorstellungen, denn die ländliche, d.h. bäuerliche Bevölkerung eignete sich alles Fremde nur mit großem Widerstand und Unwillen an und blieb lange Zeit den alten volkstümlichen lettischen, oft noch heidnischen Traditionen, Bräuchen, Vorstellungen und Gewohnheiten treu. Deshalb trifft die Meinung von L. Arbusow völlig zu, wenn er meint, dass die städtischen und ländlichen Letten ganz unterschiedlich waren; denn die städtischen Letten eigneten sich sehr früh deutsche Traditionen, Lebensgewohnheiten, sogar auch Mentalität an.[178]

Die Bedeutung der Reformation als Antriebskraft für die Entstehung der ersten lettischen Schulen

Im Zeitalter der Reformation bekam die Muttersprache eine herausragende Bedeutung, denn Martin Luther[179] meinte, „daß wiewohl das Evangelium allein durch den Heiligen Geist gekommen sei und täglich komme, es doch durch Mittel der

---

[176] F. Braudel, Sozialgeschichte des 15.-18. Jahrhunderts. Aufbruch zur Weltwirtschaft. München 1986, S. 67.

[177] H. von zur Mühlen, Deutsche, Esten und Letten unter polnischer und schwedischer Herrschaft, in: Tausend Jahre Nachbarschaft. Die Völker des baltischen Raumes und die Deutschen, hrsg. v. W. Schlau. München 1995, S. 64-68.

[178] L. Arbusow, Einführung der Reformation in Livland. Bd. 2, Riga/Leipzig 1921.

[179] M. Luther, An die Rathsherren aller Städte deutschen Landes, dass sie christliche Schulen aufrichten und halten sollen, in: Luther, ausgew. von K.G. Steck. 1963, S. 171-190, hier S. 178.

Sprache gekommen sei, auch dadurch zugenommen habe, muß es auch dadurch behalten werden müsse. Denn, wie da Gott durch die Apostel in alle Welt das Evangelium lassen kommen wollte, gab er die Zunge dazu."

Das Bestreben der Reformation war, „das geistige Leben des Volkes durch Verwirklichung der volkssprachlichen Unterweisung im Christenglauben zu vertiefen".[180] Man muss aber einräumen, dass dieses Bestreben in Livland auch in der katholischen Zeit nicht außer Acht der Landesherren geblieben ist. So wurde z.b. auf dem Landtag zu Wolmar am 2. Juli 1514 Folgendes besprochen: „Im erste up dat de Undutsche mochten meher und meher dorch heylsamer leere der prestere, der nycht de velheyt in lande iss, underricht werden etc ....". [181] Schon ein Jahr früher, während des Landtages zu Wolmar am 7. August 1513, wurde festgestellt, dass im Lande zu wenig Priester seien und dass „men rede woll, dat de armen Unduitzschen ungelehrth bleven des paternosters und ander stucke des gelovens".[182] Allerdings geht aus diesen Rezessen nicht hervor, ob hier die Rede von der lettischen bzw. estnischen Sprache als Unterweisungsmittel war. Es ist aber bekannt, dass schon um die Mitte des 15. Jahrhunderts laut Befehl des Bischofs von Riga kein Pfarrer ohne Lettischkenntnisse ordiniert werden durfte und der Gottesdienst in Riga oft auf Lettisch abgehalten wurde, weil die Gemeinde zweisprachig war.[183] Hollander[184] nimmt an, dass in der ältesten Rigischen Schule, der Domschu-

---

[180] Niitimaa, Frage (wie Anm. 175), S. 230.
[181] Akten und Rezesse der livländischen Ständetage, hrsg. von der Gesellschaft für Geschichte und Altertumskunde der Ostseeprovinzen Rußlands. Bd. 3: 1494-1535, bearb. von Leonid Arbusow. Riga 1910, S. 218.
[182] Akten und Rezesse (wie Anm. 180), S. 200.
[183] Johansen/Mühlen, Deutsch (wie Anm. 168), S. 343 u. A Bezzenberger, Litauische und lettische Drucke des 16. Jahrhunderts. Bremen 1874.
[184] B. Hollander, Geschichte der Domschule, des späteren Stadtgymnasiums Riga, hrsg. von Clara Redlich. Hannover-Döhren 1980, S. 3.

le, die für die Ausbildung von Geistlichen für die neue Kolonie sorgte, neben Chorgesang, Grammatik, Rhetorik, Mathematik und Logik Gewicht auch auf die Erlernung der Landessprache gelegt wurde, weil diese Geistlichen die beherrschen mussten, wie das auf dem Provinzialkonzil 1428 zu Riga gefordert wurde. P. Baerents[185] weist darauf hin, dass die Mönche der beiden Bettlerorden – der Franziskaner und der Dominikaner – in dieser Hinsicht sehr viel geleistet haben; denn sie bekamen im Jahr 1475 Anerkennungsworte für ihre Predigerarbeit in der Landessprache von Papst Sixtus IV. Außerdem gab es schon nach 1422 immer häufiger Berichte über die Verwendung der undeutschen Sprache im Gottesdienst und in der Seelsorge. Auch Niitemaa[186] vermutet, daß in Riga Ende des 15. Jahrhunderts das undeutsche Predigerhaus des Minoritenklosters St. Katharinen fungierte.

Die Reformation hat fast alle Lebens- und Wirkungsbereiche der Menschen berührt und geändert. Treffend und kurz sagte Martin Luther[187] selbst: „Es jetzt ist eine andere Welt und geht anders zu."

Als ein besonderes Verdienst von Luther werden seine Bemühungen um die Einführung der Muttersprache in den Gottesdienst unterstrichen,[188] aber als erster formulierte diesen grundlegenden Gedanken Th. Müntzer in seinem Werk „Deutsch Euangelisch Messe ...".[189]

---

[185] P. Baerents, Pirmie latviešu tautības luterāņu mācītāji Vidzemē, (Die ersten nationallettischen lutherischen Pastoren in Livland.), in: Izglītības Ministrijas Mēnešraksts 10 (Monatsschrift des Bildungsministeriums 10.), 1924, S. 355-365.
[186] Niitimaa, Frage (wie Anm. 169), S. 235.
[187] Luther, Rathsherren (wie Anm. 179), S. 186.
[188] Johannsen/Mühlen, Deutsch (wie Anm. 168), S. 343.
[189] M. Guchmann, Jazykovaja situacija i dejatel'nost Ljutera, (Die Sprachsituation und die Tätigkeit Luthers.), in: M. Guchmann, N. Semeniuk, N. Babenko, Istotija nemeckogo jazyka XVI-XVII v. (Geschichte der deutschen Sprache im 16. und 17. Jahrhundert). Moskau 1984, S. 60-68.

M. Luther griff diese Idee auf und entwickelt sie weiter, indem er ständig betonte: „Aber wo die Sprachen sind, da geht es frisch und stark und wird die Schrift durchtrieben und findet sich der Glaube immer neu, durch andere und aber andere Worte und Werke ...".[190] Es ist auch kein Zufall, dass der große Reformator der Volksunterweisung in der Muttersprache eine besonders wichtige Bedeutung beimaß. Denn es ging ihm nicht nur um die Entdeckung des Evangeliums im Sinne der Reformation, sondern vielmehr auch um andere sehr wichtige Angelegenheiten, z. B. um Bürger und deren Bildung. So begründete M. Luther[191] seine These: „Nun liegt einer Stadt Gedeihen nicht allein darin, daß man große Schätze sammle, feste Mauern, schöne Häuser, viel Büchsen und Harnisch zeuge; ja, wo des viel ist und tolle Narren darüber kommen, ist so viel desto ärger und desto größerer Schade derselben Stadt; sondern das ist einer Stadt bestes und allerreichstes Gedeihen, Heil und Kraft, daß sie viel feiner, gelehrter, vernünftiger, ehrbarer, wohlerzogener Bürger hat, die könnten darnach wohl Schätze und alles Gut sammeln, halten und recht brauchen."

Martin Luther[192] war also fest davon überzeugt, dass die Bedeutung der Schule nicht nur im kirchlichen Bereich groß war: „Wenn nun gleich (wie ich gesagt habe) keine Seele wäre, und man der Schulen und Sprachen gar nicht bedürfte um der Schrift und Gottes willen, so wäre doch allein diese Ursache genugsam, die allerbesten Schulen, beide für Knaben und Maidlein, an allen Orten aufzurichten, daß die Welt, auch ihren weltlichen Stand äußerlich zu halten, doch bedarf feiner, geschickter Männer und Frauen, daß die Männer wohl regieren könnten Land und Leute, die Frauen wohl ziehen und halten könnten Haus, Kinder und Gesinde."

---

[190] Luther, Rathsherren (wie Anm. 179), S. 178.
[191] Ebenda, S. 176.
[192] Ebenda, S. 184-185.

M. Luther schickte auch an den Stadtrat Rigas seinen Aufsatz „An die Rathsherren aller Städte deutschen Landes, dass sie christliche Schulen aufrichten und halten sollen" (1524) und empfahl die Erneuerung des Schulwesens, denn „besonders wichtig für Stadt und Land war die Schulfrage".[193] Allerdings war in diesem Brief die Rede von deutschen Schulen.

Als Empfänger der Unterweisung in den ersten lettischen Schulen kamen nur städtische Letten in Frage. Mit dem Bestehen von zwei völlig unterschiedlichen Volksgruppen - den städtischen Letten und dem lettischen Bauernvolk[194] - korreliert auch der konfessionelle Faktor; denn die ersten waren schon früh (seit den 20er Jahren des 16. Jahrhunderts) evangelisch, während „das Landvolk in den letzten Jahren der Ordenszeit evangelisch geworden war".[195]

Dementsprechend war im 16. Jahrhundert die lettische Schule als Bildungsinstitution nur in Riga vertreten,[196] wobei die städtischen Letten evangelisch orientierte Schulen besuchten. Die lettischen Bauern aber, die in der Umgebung von Riga lebten und katholisch blieben, wurden viel später, in der Zeit der Gegenreformation, von Jesuiten in deren Schulen unterwiesen. Man muss jedoch darauf hinweisen, dass in die deutschen Schulen auch Kinder der undeutschen Eltern aufgenommen wurden: „Mit der Einbürgerung der evangelischen Lehre wuchs auch das Interesse der Städte am Schulbesuch der undeutschen Kinder. So gab es in der rigischen Stadtschule bei der St. Petrikirche Ende der Ordenszeit viele Letten als Schü-

---

[193] H. von zur Mühlen, Livland von der Christianisierung bis zum Ende seiner Selbständigkeit (etwa 1180-1561), in: Baltische Länder, hrsg. v. Gert v. Pistohlkors. Berlin 1994 (Deutsche Geschichte im Osten Europas), S. 144.
[194] Niitemaa, Frage (wie Anm. 169).
[195] Ebenda, S. 260.
[196] Dunsdorfs/Spekke, Latvijas (wie Anm. 173), S. 692.

ler."[197] Der deutsche Schulabschluss gab den Undeutschen (Letten) gute Möglichkeiten, entweder bessere Dienststellungen zu bekommen oder nach dem Theologiestudium in den evangelischen Pastorenstand einzusteigen.[198] In beiden Fällen führte das zur Germanisierung der Letten. Dunsdorfs und Spekke[199] erwähnen einen Letten Toms Briedis, der von 1593 bis 1618 als Lehrer der deutschen Domschule tätig war. Trotzdem gilt die Meinung, dass den Letten der Weg zum Amt eines Pastors der protestantischen Kirche wegen der Einstellung des Adels auf dem Lande und der Bürger in den Städten versperrt war.[200]

Es gab also schon in der ersten Hälfte des 16. Jahrhunderts Letten, die lesen und schreiben konnten. Als einen Hinweis darauf kann man die Tatsache erwähnen, dass 1546 an der Kirchentür ein Schreiben angebracht wurde, das sowohl Deutsche als auch „Undeutsche" lesen konnten. Allerdings wird die Sprache des Schreibens nicht genannt, so dass man beide - Deutsch und Lettisch – vermuten dürfte. Es fällt aber sehr schwer, die Zahl der lese- und schreibkundigen Letten zu ermitteln. Außerdem weiß man auch nicht, in welcher Sprache sie lesen und schreiben konnten.[201]

Die lettische Schriftsprache selbst ist aber erst nach dem Einzug der Reformation in Riga nachweisbar, und die ältesten Aufzeichnungen sind u.a. auch aus ganz praktischen Gründen entstanden, z.B. die Mitgliederlisten der Bierträger, deren Gil-

---

[197] Niitemaa, Frage, (wie Anm. 169), S. 242; vergl. Arbusow, Einführung, (wie Anm. 178), S. 95; V. Ruke-Dravina, The Standartization Process in Latvian: 16th Century to the Present. Stockholm 1977, S. 24.
[198] Arbusow, Einführung (wie Anm. 178), S. 724; Mühlen, Christianisierung (wie Anm. 193), S. 106.
[199] Dunsdorfs/Spekke, Latvijas (wie Anm. 173), S. 692.
[200] H. Biezais, Das Kirchenbuch der St. Jakobikirche in Riga 1582-1621, in: Acta Universitatis Upsaliensis 10 (1957), S. 25.
[201] Dunddorfs/Spekke, Latvijas (wie Anm. 173), S. 692-695.

de vor allem aus Letten bestand und zu deren Buch- und Kassaführern deutsche Pastoren, die des mündlichen Lettisch mächtig waren, gewählt wurden. Die ältesten bekannten Verzeichnisse in lettischer Sprache stammen aus den Jahren 1533, 1534 und 1549, andere Verzeichnisse sind erst aus den Jahren 1558, 1561 und 1571-1573 überliefert.[202]

Anfänge der nationalen lettischen Schule

Welche Beweggründe für die Gründung der lettischen Schule Deutsche auch hatten,[203] so eine Lehranstalt wurde vermutlich schon in den 40er Jahren des 16. Jahrhunderts in der damals einzigen lettischen Gemeinde in der Jakobikirche in Riga gegründet. Genauere Angaben darüber fehlen, so dass man heute Einzelheiten nur vermuten kann oder gar rekonstruieren muss.

So nimmt man an, dass die lettische Schule in der 2. Hälfte des 16. Jahrhunderts an der Jakobikirche aus einem Zirkel heraus entstand, in dem lettische Kinder zuerst auf die Teilnahme am Gottesdienst mit dem Gesang der Psalme in lettischer Sprache vorbereitet wurden.[204] P. Einhorn wies aber schon 1570 darauf hin, dass man diese Lieder eins nach dem anderen singen lernen und in der Kirche verwenden müsse, damit das undeutsche Volk mehr lernen könne,[205] und auf solche Weise die Bedeutung und Funktion des geistlichen Liedes für die Unterweisung der Letten in der Muttersprache unterstrichen.

---

[202] Arbusow, Einführung (wie Anm. 178), S. 92-94.
[203] Dunsdorfs/Spekke, Latvijas (wie Anm. 173), S. 694.
[204] Lazvijas Padomju Enciklopēdija. (Lettlands Räte Encyklopädie). 5/2 sēj. Rīga 1984, S. 570; A. Ozols, Skolas izglītības sākumi, (Beginn der Schulbildung), in: Veclatviešu rakstu valoda. (Altlettische Schriftsprache). Rīga 1965, S. 454.
[205] J. Straubergs, 1615 g. dziesmu chronoloģija, (Chronologie der Lieder), in: Izglītības Ministrijas Mēnešraksts, (Monatsschrift des Bildungsministeriums), XII. (1934), S. 535.

Später hatte die nationale Schule zur Aufgabe, den Kindern Gebete, Hauptstücke des Glaubens, das Lesen von göttlichen Texten und das Singen beizubringen, bis dann schon an jedes Gemeindemitglied diese hohen Anforderungen gestellt wurden.[206] Bemerkenswert ist die Meinung von M. Luther,[207] dass die Kinder „nicht allein die Sprachen und Historien hören, sondern auch singen und die Musica lernen müssen". Auf solche Weise sind die Anfänge der Schule für die Kinder der „Undeutschen" im gemeinsamen Lernen von Liedern und Gebeten zu suchen.[208]

Warum aber hatten gerade geistliche Lieder so eine wichtige Bedeutung bei der Unterweisung der lettischen Kinder? L. Arbusow, der beste Kenner der Reformationsgeschichte Livlands, meinte, dass die Hauptrolle den Verkündigern des lebendigen Wortes zufiel und dass das gesprochene Wort für die Verbreitung der neuen Ideen viel wesentlicher war, weil es in ganz Livland noch keine einzige Druckerei gab; außerdem konnten die Undeutschen nicht lesen. „Gerade aus diesem Grunde wird man aber die Wirkung eines der wichtigsten Werkzeuge der Reformation auch für Livland nicht hoch genug veranschlagen können: des reformatorischen Kirchenliedes, eingeleitet durch Luthers deutschen Psalter und seine eigenen Lieder. Diese haben nicht an letzter Stelle dem Evangelium hierzulande die Bahn gebrochen, es überall hin verbreitet und in den Gemütern befestigt."[209] Außerdem war der Gemeindegesang von überragender Bedeutung im evangelischen Gottesdienst.[210] Für M. Luther[211] selbst bestand kein Zweifel an der Bedeutung des Evangeliums und der katechetischen Literatur

---

[206] Latviešu konversācijas vārdnīca. 8. Sej. 1931-1932, 11. Spalte 21970.
[207] Luther, Rathsherren (wie Anm. 179), S. 186.
[208] Riga. Riga 1988, S. 396.
[209] Arbusow, Einführung (wie Anm. 178), S. 628.
[210] Ebenda, S. 714.
[211] Luther, Rathsherren (wie Anm. 179), S. 179.

in der Muttersprache: „Die Sprachen sind die Scheiden, darin dieses Messer des Geistes steckt. Sie sind der Schrein, darinnen man dies Kleinod trägt. Sie sind das Gefäß, darinnen man diesen Trank fasset."

Es gibt aber noch eine andere sehr wichtige Funktion der katechetischen Literatur bzw. des Gottesdienstes in der Muttersprache in der frühen Phase im 16. Jahrhundert der Alphabetisierung der lettischen Bevölkerung, wie das wohl der Fall war. Gäbe es in Livland keine Prediger, die des mündlichen und später auch des schriftlichen Lettischen mächtig gewesen wären, so wäre die lettische Sprache vom Aussterben bedroht, wie das schon das Beispiel mit den niederländischen Kolonisten auf dänischem Boden zeigen mag: Die 1521 in Nordholland angeworbenen Gemüsebauern bildeten etwa zwei Jahrhunderte lang eine geschlossenen Gemeinschaft, doch hatte das Fehlen niederländischer Pastoren zur Folge, dass über aus Norddeutschland stammende Geistliche allmählich das Niederdeutsche in Kirche und Schule eindrang.[212] Dieser Weg wäre auch den Letten nicht erspart geblieben, denn die städtischen Letten wurden schon früh ziemlich stark durch die Deutschen auf allen Gebieten beeinflusst und auch assimiliert.[213]

---

[212] R. A. Ebeling, rez. Zu: Die Niederlande und der europäische Nordosten. Ein Jahrtausend weiträumiger Beziehungen (700- 1700), in: Niederdeutsches Jahrbuch 116 (1993), S. 203.

[213] Vergl. Niitemann, Frage (wie Anm. 169), S. 242; S. Pavidis, Lettische Grammatiken und Wörterbücher aus dem 17. und 18. Jahrhundert als Quelle für soziolinguistische Studien zu deutschen Sprachgeschichte, in: Historische Soziolinguistik des Deutschen. Forschungsansätze-Korpusbildung-Fallstudien. Internationale Fachtagung Rostock 13.9.1992. (Stuttgart 1994 Stuttgarter Arbeiten zur Germanistik. 283), S. 193-200.

Die ersten Lehrer

Über die ersten Lehrer, die mit den lettischen Kindern arbeiteten, ist leider nicht besonders viel bekannt. Es steht nur fest, dass die Vorbereitung des Chores in den Händen des Diakons (lett. ķesteris) lag, und er war derjenige, der sich mit den lettischen Kindern beschäftigte.[214] Da die erste lettische Gemeinde in der Reformationszeit 1524 an der Jakobikirche gegründet wurde, so durften es Geistliche dieser Kirche gewesen sein, die Lettisch als Kirchensprache zuerst mündlich und später auch schriftlich einsetzten. Der anonyme Autor des Werkes „Das Bildungswesen …" behauptet aber, dass es zur Zeit der Gründung dieser ersten lettischen Gemeinde überhaupt keine lettisch sprechenden Geistlichen gab[215].

Aus den vorhandenen Quellen geht allerdings nicht hervor, wer genau die ersten Lehrer waren. C.E. Napiersky[216] führt das Verzeichnis aller Geistlichen der Jakobikirche an:
Nicolaus Ramme 1527–1541
Stephan Krämer, Diaconus um 1527–1540
Johann Eck um 1543
Lorenz von Scheden, Diaconus 154…?
Thomas Meier
Johann Ring nach 1555…?
Matthias Tredop um 1567
Johann Bruns, gestorben 1571
Auervinus thor Auest um 1579, gestorben 1589
M. Werner Fotelius 1582
M. Gerhard zum Brock oder Paludanus 1582
Johann Raulin ?
Caspar Timm
Johann Reckmann

---

[214] Riga. Riga 1988, S. 396.
[215] Bildungswesen (wie Anm. 172), S. 4.
[216] C.E. Napiersky, Beiträge zur Geschichte der Kirchen und Prediger in Livland, Bd.1, Riga 1843, S. 21.

Leider ist aber nicht klar - außer Lorenz von Scheden und Stephan Krämer -, wer von den aufgezählten Geistlichen die Pflichten des Diakons, eines Gehilfen des Pastors, erfüllt hat und wer auf solche Weise als Lehrer der lettischen Kinder in Frage kommt. Bekannt ist allerdings, dass die ehemaligen katholischen Priester Nicolaus Ramm und Lorenz von Scheden die ersten lettischen Prediger in der lettischen Gemeinde der Jakobikirche waren. Beide beherrschten auch das Lettische. Arbusow[217] war der Meinung, dass Nicolaus Ramm der lettische Prediger und Lorenz von Schaden sein Gehilfe war. Weiterhin wird angenommen, dass der Priester auch einen zweiten Gehilfen gehabt haben könnte. Jurgen Padel,[218] der Bürgermeister Rigas, der in der ersten Hälfte des 16. Jahrhunderts ein Tagebuch führte, erwähnt im Jahre 1540 Stephan Krämer als undeutschen Prediger: „Den 8. December brachte mi her Steffen, de undutsche prediger de slotel tho der kosterie tho S. Jacob, dar he in gewanet hefft, und is van hir na Tuckum getagen, dar em her meister tho eim kerkhern geesschet hefft."

Auch andere Namen aus dem Verzeichnis von C.E. Napiersky werden im Tagebuch von J. Padel genannt. So werden z.B. am 26. Januar 1539 „Johannes Ecke, pastor zu Sanct Jacob" und am 12. Dezember 1540 Nicolaus Ramm[219] erwähnt, und aus der letzten Notiz geht hervor, dass Ramm schon nicht mehr am Leben war. Auf solche Weise widerspricht diese Tatsache der Meinung von C.E. Napiersky.[220]

---

[217] Arbusow, Einführung (wie Anm. 178), S. 83.
[218] „Folgendes aus des alten seligen hern Jurgen Padels landvogts und burmeisters schriffte und verzeichnisse gezogen anno 1594 in februaryo" etc. in: Mitteilungen aus dem Gebiete der Geschichte Liv-, Est. und Kurlands, hrsg. von der Gesellschaft für Geschichte und Altertumskunde der Ostseeprovinzen Rußlands. Bd. 13, Heft 1-4. Riga 1886, S. 309.
[219] Ebenda, S. 309.
[220] Napiersky, Beiträge (wie Anm. 216), S. 21.

Es bestand aber kein Zweifel daran, ob alle aufgelisteten Geistlichen Lettisch beherrschten. J. Straubergs[221] führt noch zwei Pastorennamen an, die 1547 an der Jakobikirche lettische Seelsorger gewesen seien - Gerd Buk und Engelbrecht Schelkei. Aber diese Namen fehlen leider sowohl bei C.E. Napiersky als auch bei Baerent.[222] Wenn sie jedoch wirklich zu der Zeit in der lettischen Gemeinde der Jakobikirche Pastoren waren, dann könnten auch sie Verfasser mancher lettischer Texte gewesen sein, die im Gottesdienst verwendet wurden.

Die lettische Schule in der Zeit der Gegenreformation

Nach dem endgültigen Zerfall der Livländischen Konföderation begann im Jahre 1582 die Rekatholisierung Livlands, die bis 1621 dauerte und im religiösen Leben tiefe und bedeutende Spuren hinterließ.[223]

Guleke[224] hat eigentlich teilweise Recht, wenn er meint: „Und die Polen mit ihrer Gegenreformation hatten ganz andere Dinge im Auge als die Bildung des Volkes." Denn der polnische König Sigismund August (1520–1572) „war seiner ganzen Veranlagung nach nicht der Mann, mit Gewaltmaßnahmen gegen eine so starke Bewegung vorzugehen, wie sie der Protestantismus darstellte"[225], und so wurde den eroberten Livlän-

---

[221] J. Straubergs, Johans Rīvijs, in: Izglītības Ministrijas Mēnešraksts 9 (1933), S. 137.

[222] P. Baerent, Die evangelischen Prediger Livlands bis 1918, i. A. der Baltischen Historischen Kommission unter Mitarbeit von E. Amburger u. Helmut Speer, hrsg. v. M. Ottow u. W. Lenz. Köln/Wien 1977.

[223] Biezais, Kirchenbuch (wie Anm. 199), S. 23.

[224] Johann Heinrich Guleke, Geschichte des livländischen Volksschulwesen, hrsg. v. D. Kühn u. V. Daukšte. Lüneburg 1997 (Beiträge zur Schulgeschichte 6.) S. 3.

[225] G. Kleeberg, Die polnische Gegenreformation in Livland. Diss., Leipzig 1931 (Schriften des Vereins für Reformationsgeschichte. 49 [152],) S. 12.

dern laut dem sogenannten Privilegium Sigismundi „freie Religionsausübung nach der Augsburgischen Konfession" garantiert.[226] Aber nach Sigismund Augusts Tode wurde Stefan Báthory (1576–1586) König des Polnischen Reiches, der die Rekatholisierung Livlands fortsetzte. „Der wahre Förderer der Rekatholisierungsidee und Ordner der praktischen Fragen war der päpstliche Legat A. Possevino, hinter welchem in Wirklichkeit der Jesuitenorden stand."[227]

Der Jesuitenorden war bereits durch seine hervorragenden Schulen berühmt, denn sie entwickelten sich schnell zu bedeutenden Ausbildungszentren, in denen oft das Niveau einer Universität erreicht wurde.[228]

Wie T. Christiani[229] schrieb, gab es in Jesuitenschulen in Braunsberg und Olmütz auch Livländer als Zöglinge. A. Possevino wollte aber in Livland selbst „solche Schulen einrichten, um die junge Generation des Landes zu gewinnen. Dazu wurden alle Vorbereitungen getroffen."[230]

Zuerst hatten die Jesuiten vor, in Riga eine Akademie zu gründen. „Rat und Gilden verhielten sich aber durchaus ablehnend. Der Rat ... aber meinte, daß eine Universität nicht in eine Handelsstadt gehöre, und daß sie in der protestantischen Stadt nur Zwiespalt hervorrufen wird."[231]

Der Rigaer Stadtrat genehmigte jedoch die Gründung des Kollegiums, eines organisatorischen Zentrums der Jesuiten. Und eine Schule an der ihnen zur Verfügung gestellten Jakobikirche

---

[226] Biezas, Kirchenbuch (wie Anm. 200), S. 7.
[227] Ebenda (wie Anm. 200), S. 8.
[228] LKV (wie Anm. 206), Spalte 14.424.
[229] T. Christiani, Die Gegenreformation in Livland, in: Baltische Monatsschrift 36, (1889), S. 595.
[230] Hollander, Geschichte (wie Anm. 184), S. 15.
[231] Ebenda, S. 16.

wurde ebenfalls gegründet.[232] Ģērmanis[233] schreibt, dass 1582 die Jesuiten ein Gymnasium für lettische Kinder gegründet hätten. Die Rede muss doch wohl von derselben Schule gewesen sein; denn diese Lehranstalt wird in verschiedenen Arbeiten sehr unterschiedlich genannt, z.B. Kollegium, Kolleg, Gymnasium, Schule. So ermahnte D. Hilchen nachdrücklich, „das Jesuitenkolleg nicht über die Stadtmauer wachsen [zu] lassen."[234] Also meinte er damit die Schule und nicht „das organisatorische Zentrum".

Bereits am 16. Mai 1583 kamen in Riga drei Jesuiten an. Es waren F. Quadrantinus, A. Kröger und E. Tolgsdorf aus der Diözese Warmien, die u.a. mit der Missionsarbeit in Riga begannen.[235] „Unter ihren Mitarbeitern wollten sie gerne die landeseigenen Bewohner sehen, die die örtlichen Verhältnisse kannten und die Landessprachen verstanden."[236]

Über Schüler steht fest, dass es vor allem die Kinder der lettischen Bauern und Fischer waren, bei deren Eltern die Jesuiten die größten Erfolge in der Sache Rekatholisierung hatten.[237] So stellte man fest, dass unter den Schülern der Jesuitenschule in Riga Schaldinius (Skaldiņš) und Stribingius (Stribiņš) Letten waren.[238] Ob auch Elger (Elgers) Lette war, gab es Bedenken. Doch fehlen eingehende Forschungen über Nationalität und soziale Herkunft der Schüler überhaupt, so dass man heute diese Frage nicht beantworten kann.

---

[232] LKV (wie Anm. 206), Spalte14.278; Mühlen; (wie Anm. 177), S. 68; Feodala Rīga (Das feudale Riga), Red. Von T. Zeids. Rīga 1978, S. 169; Straube (wie Anm. 174), S. 236; Biezais (wie Anm. 200), S. 12-13.
[233] U. Gērmanis, Latviešu tautas piedzivojumi (Das Erleben des Lettischen Volkes). Rīga 1990, S. 122.
[234] Hollander (wie Anm. 184), S. 27.
[235] Biezais, Kirchenbuch (wie Anm. 200), S. 12.
[236] Ebenda, S.25.
[237] Ebenda, S. 13, 14, 22.
[238] Ebenda, S. 25.

Ungeachtet dessen, dass der Rat der Stadt Riga eindeutig gegen die Jesuiten und ihre Schule war, wurde den Jesuiten die Jakobikirche zur Verfügung gestellt, die von 1524 bis 1582 der lettischen Gemeinde neben einer deutschen gehört hatte. „Der lettischen Gemeinde wurde an Stelle der Jakobikirche die Johanniskirche angewiesen, die nach der Einführung der Reformation dem Rigaschen Rate als Pferde- und Kuhstall gedient hatte."[239] In diesem Gebäude wurde seit 1582 die Arbeit der lettischen Gemeinde und auch der lettischen Schule fortgesetzt. Da diese Kirche zuerst nicht nur für die lettische Gemeinde allein war, fällt es schwer zu unterscheiden, welche Pastoren und Diakone welche von beiden Gemeinden bedient haben. Es werden folgende Namen von Pastoren und Diakonen angeführt:[240]

Gerhard tom Broocke (Paludanus)	Pastor	1582–1587
Werner Foltelius	Pastor	1582–1587
Averinus thor Auest	Pastor	? – 1589 (†)
Herbert Ulrich	Pastor	1590–1594 (?)
Caspar Timm	Pastor	1599–1602 (†)
Andreas Schüring	Pastor	1603–1616 (†)
Averinus thor Auest	Diakon	1582 - ?
Joachim Brüning	Diakon	1590–1594
Caspar Timm	Diakon	1594–1599
Johann II Becker	Diakon	1599–1602.

Aus dieser Liste geht hervor, dass einige Pastoren schon in der Jakobikirche als lettische Seelsorger tätig waren, z.B. Averinus thor Auest und Caspar Timm. Bemerkenswert ist auch die Tatsache, dass die beiden in der Johanniskirche einige Jahre lang Diakone waren und erst später Pastoren wurden.

---

[239] Ebenda, S. 10.
[240] Baerent, Prediger (wie Anm. 222), S. 20.

1587 musste die Jakobikirche von den Jesuiten geräumt werden, denn sie wurden am 23. August von dem Stadt-Superintendent Georg Plehn, den Predigern Johann Reckmann und Johann thom Dalen sowie Ratsherren Ewert Hussmann, Rötger thor Horst nebst den beiden Älterleuten und etlichen Bürgern verwiesen, „die Kirche ward darauf der lettischen Gemeinde zurückgegeben und am 27. August in derselben wieder den Letten gepredigt".[241]

Doch kehrten 1590 die Jesuiten in die Kirche zurück, und die lettische Gemeinde war seitdem wieder in der Johanniskirche. Hier wurde auch der Unterricht der lettischen Schule fortgesetzt. Wie früher an der Jakobikirche, wurden auch hier den Kindern zuerst nur Gebete[242] und das Singen der geistlichen Lieder in der lettischen Sprache beigebracht, damit sie am Gottesdienst teilnehmen konnten.[243] Lehrer waren Gehilfen des Pastors, Diakone, die gleichzeitig wohl auch als Orgelspieler tätig waren.

Die ersten Lehrwerke und Lehrmittel

Da die städtischen Letten schon seit der Einführung der Reformation evangelisch-lutherisch waren, waren auch ihre ersten Schulen lutherisch. Was die verwendeten Lehrmittel oder Vorlagen betrifft, kann man nur vermuten, dass im Schulunterricht dieselben ersten lettischen Schriften verwendet wurden, die an der Jakobikirche schon in den ersten Jahren des Bestehens der lettischen Gemeinde von dortigen undeutschen Predigern oder Diakonen verschriftlicht wurden. So war U. Ģērmanis[244] der Meinung, dass eben an der Jakobikirche einige

---

[241] Napiersky, Beiträge (wie Anm. 216), S. 20.
[242] Riga (wie Anm. 204), S. 325.
[243] FR (wie Anm. 232), S. 168.
[244] Germanis, (wie Anm. 233), S. 122.

kürzere lettische Übersetzungen von geistlichen Texten gemacht wurden.

L. Arbusow[245] weist auch darauf hin, dass „zwei der ersten evangelischen Lettenprediger Rigas, Ramm und Eck, zur Schaffung von religiösen Unterweisungsmitteln und Kirchenliedern in lettischer Sprache schritten, die nach unserer Überlieferung die ersten sicheren Zeugnisse eines lettischen Schrifttums sind".

Die ältesten bekannten Lieder in lettischer Sprache waren: „Die Heiligen Zehen Gebot Gottes" / Durch S. H. Ram, Anno 1530; „Weissagungen Zacharia(ae) Johannes des Teuffers Vater" / Luc(ae) am erste / Durch H. Johan Ecken / Anno 1535. verundeutscht; „Noch ein ander Lobgesang" / Auß dem Evangelio Johan 14. Johan Ecken Anno 37. Als weitere Autoren von einigen Liedern werden später Johann tom Dal und Andreas Schüring genannt.[246] Abgedruckt wurden diese Lieder jedoch erst in der zweiten Auflage der „Undeutschen Psalmen" im Jahr 1615.

Über einige andere Autoren der undeutschen Psalmen gibt es spärliche Information, z.B. über Johann tom Dal ist bekannt, dass er in Riga geboren wurde. Seit 1573 war er Pastor der lettischen Gemeinde der Jakobikirche, später Pastor im Dom.[247] Andreas Schüring war auch Pastor der lettischen Gemeinde in der Jakobikirche in den Jahren 1577-? und 1594-1612 in der Johanniskirche.[248] Nach Baerent[249] war er Pastor der Johanniskirche in den Jahren 1603-1616, bis zu seinem Tode.

---

[245] Arbusow, (wie Anm. 178), S. 94.
[246] LKV (wie Anm. 206), Spalte 21.815.
[247] L. Arbusow, Reformācijas kustība latviešu starpā (Die Bewegung der Reformation unter den Letten), in: Izglītības Ministrijas Mēnešraksts 8 (Monatsschrift des Bildungsministeriums 8.), (1921), S. 41-42.
[248] H.J. Bothführ, Livländer auf auswärtigen Universitäten in vergan-genen Jahrhunderten. Riga 1884, S. 70.
[249] Baerent, Prediger (wie Anm. 222), S. 20.

Nachdem die ersten katechetischen Werke herausgegeben wurden, konnte man diese auch im Unterricht verwenden. Von ihnen sind bis heute folgende erhalten geblieben (vgl. Quellennachweis): der 1585 in Wilna herausgegebene „Katholische Katechismus" von Petrus Canisius, der 1586 herausgegebene „Kleine Katechismus" von Martin Luther, die 1587 herausgegebenen „Evangelien und Episteln" mit „Passio" sowie „Undeutsche Psalmen". Herausgeber, Übersetzer bzw. Schöpfer der evangelisch-lutherischen Texte waren deutsche lutherische Pastoren und ein Jesuit, Erdmann Tolgsdorf, der als Herausgeber und Übersetzter des „Katholischen Katechismus" gilt.[250] Diese Bücher, wie schon die deutschen Titel zeigen, wurden für Deutsche geschaffen, entweder für Geistliche oder für Landesherren.[251]

Obwohl der „Katholische Katechismus" früher gedruckt wurde als der „Kleine Katechismus" von M. Luther, sind viele Forscher der Meinung, dass beide Texte große Ähnlichkeit im Wortschatz hätten und dass der Lutherische Katechismus eigentlich viel jünger sei als der katholische. Außerdem nimmt man an, dass in den 80er Jahren des 16. Jahrhunderts diejenigen Texte veröffentlicht wurden, die schon seit den 40er Jahren in Handschriften überliefert worden waren. Balodis[252] glaubt sogar, dass der Verfasser des lettischen Textes des Lutherischen Katechismus 1531 der Pastor der lettischen Gemeinde der Jakobikirche Johann Eck(e) war.

---

[250] S. Pavidis, Das deutsche Lehngut im ersten lettischen „Catechismus Catholicorum" von 1585, in: Beiträge zur Geschichte der deutschen Sprache im Baltikum, hrsg. von G. Brandt. Stuttgart 1996, S. 143-152; Pavidis (wie Anm. 250), S. 129-138; Pavidis (wie Anm. 175), S. 121-140.
[251] Ruke-Dravina (wie Anm. 197), S. 29.
[252] A. Balodis, Latvijas un latviešu tautas vēsture. (Geschichte Lettlands und des lettischenVolkes), Riga 1991, S. 67.

Auch die Jesuiten legten großen Wert auf katechetische katholische Literatur. So meinte A. Possevino,[253] dass entsprechende Bücher in der Landessprache größere Erfolge erzielen können als Kanonen und das allergrößte Arsenal. Er hat solche Bücher mit Waffen verglichen und aus diesem Grund verlangt, bereits bestehende Buchdruckereien in Wilna und/oder in Krakau für die Versorgung u.a. auch Livlands mit der Unterweisungsliteratur zu benutzen und in der Landessprache Bücher zu drucken. Unklar bleibt aber, warum A. Possevino meinte, dass die Landessprache, die das einfache Volk in Livland, in Dorpat, Reval, Estland, Riga u.a. sprach, Litauisch sei.

Seinen Gedankengang veranschaulicht Possevino[254] am Beispiel der Niederlage des Katholizismus in England. So stellt er fest, dass viel zuwenig katholische Priester nach England geschickt wurden, die der Landessprache mächtig waren. Außerdem wurden nicht in ausreichenden Mengen katholische Schriften in englischer Sprache vorbereitet. Man konnte auch nicht adlige und reiche junge Leute für diese Sache gewinnen. A. Possevino schlussfolgert, dass in England Armee und Flotte schon nicht mehr den katholischen Glauben retten konnten.

Schlussfolgerungen und Forschungsperspektiven

Die Frühphase der lettischen nationalen Schule begann nach der Einführung und dem Sieg der Reformation zuerst in Riga, später aber auch in anderen Gegenden Livlands.

---

[253] Antonio Possevino, Istoričeskie sočininenija v Rossii v XVI v (Historische Aufsätze über Russland des 16. Jahrhunderts.), Moskau 1983, S. 230.
[254] Ebenda, S. 225.

L. Arbusow[255] stellt fest: „Die Begründung seines mittelalterlichen Schulwesens hat Livland ebenfalls der Kirche zu verdanken, die eben als erste Trägerin der Bildung erschien." Obwohl diese Worte in erster Linie auf das deutsche Bildungswesen zu beziehen sind, trifft diese These auch auf lettische Schulen zu, denn auch sie sind durch aktive katechetische Arbeit der deutschen Geistlichen am lettischen Volk entstanden. Zwar erinnern diese Schulen sehr wenig an eine heute übliche Bildungsinstitution, aber es waren doch erste Vorläufer.

Die Herausbildung der nationalen lettischen Schule geschah gleichzeitig mit der Herausbildung der lettischen Schriftsprache, denn nach dem Sieg der Reformation begann die regelmäßige und systematische katechetische Arbeit in der Muttersprache auch mit den sogenannten Undeutschen. J. Straubergs[256] meint, dass diese ersten Versuche die spätere Grundlage für die lettische Literatur waren.

Im allgemeinen kann man auch feststellen: „In Livland trug die Reformation zur Hebung der Volksbildung bei, die bald auch den Undeutschen in ihrer Volkssprache zugute kam."[257]

Es gibt aber immer noch zahlreiche weiße Flecken in der Geschichte der ersten lettischen Schulen im 16. Jahrhundert. Viel versprechend wäre es, die Arbeit in verschiedenen Archiven sowohl in Lettland als auch im Ausland fortzusetzen. Als Schwerpunkte der Forschung kämen die in diesem Artikel bereits angedeuteten Sachverhalte, z. B. Umstände und Bedingungen des Funktionierens der ersten Schulen für Letten, reglementierende Dokumente, Geltungsbereiche der lettischen Sprache und sprachliche Situation in Livland, Lehrer und Lehrwerke, Schüler und ihre soziale Stellung vor und nach der Schulung?

---

[255] L. Arbusow, Einführung der Reformation in Livland. Bd. 1, Riga 1919, S. 77.
[256] Straubergs (wie Anm. 221), S. 133.
[257] Mühlen, (wie Anm. 193), S. 170.

Quellennachweis

Catechismus Cathilicorum. Isige pam//nacischen/no thems Pepreksche Galve gab/lems Christites macibes. Prexskan thems nemaci/gems vnd iounems bernems. Kungam Petrum Canisium/ thaes Schwetes raxstes Doctor. Ehspretcz Vilne Pille/Litto/urre Semmen/pi Danielem Lan/ciciensem exan tho gadde. 1585.
Enchiridion. Der kleine Ca/techismus: Oder Christ//liche zucht fur die gemeinen Pfar//herr vnd Prediger auch Hausueter. Durch D. Martin. Luther. Nun aber aus dem Deud//schen ins vndeudsche gebracht/ vnd von wort zu wort/ wie es von D. M. Luthero gesetzt/ gefas//set worden. Gedruckt zu Königsperg bey George Osterbergerrn Anno M.D.LXXXVI.
Vndeutsche Psalmen vnd geistliche Lieder oder Gesenge/ welche in den Kirchen des Fürstenthums Churland vnd Semigallien in Lieflande gesungen werden. Königsperg bey George Osterbergern. MDXXXVII. (2. Auflage: Riga, 1615). – Neudruck: Undeutsche Psalmen. Hrsg. von A. Bezzenberger,A. Bielenstein. Mitau; Hamburg 1886.
Evangelia vnd Episteln/ aus dem deud//schen in undeudsche Sprache gebracht/ so duchs ganze Jar//auff alle Sontage vnd furnem//sten Feste/ in den Kirchen des Fursten//thumbs Churland vnd Semigallien in Liefland vor die vndeudschen gelesen werden. Mit der Hiostorien des Lei//dens vnd Aufferstehung vn//sers Herrn Jesu Christi/aus den vier Euange//listen. Gedruckt zu Königsperg in Preussen//bey Georgen Osterbergern. M.D.LXXXVII.

Folgendes aus des alten seligen hern Jurgen Padels landvogts und burmeisters schriffte und vorzeichnisse gezogen anno 1594 in februaryo etc. In: Mitteilungen aus dem Gebiete der Geschichte Liv-, Est- und Kurlands. Hrsg. von der Gesellschaft für Geschichte und Altertumskunde der Ostsee-Provinzen Russlands. Bd. 13, Hefte 1 – 4. Riga. 1886.

DIE LETTISCHE VOLKSSCHULE AUF DEM WEGE ZU DEN REFORMEN DES 19. JAHRHUNDERTS

Vija Daukšte

Das 19. Jahrhundert war in der Geschichte der Bildung in Europa eine Zeit bedeutender Veränderungen. Im Laufe des 19. Jahrhunderts entwickelten und festigten sich die Vorstellungen vom Individuum und von den Interessen der Bildung der ganzen Gesellschaft und gleichzeitig damit von der Rolle und Stelle der Bildungsinstitutionen in dem politischen System des Staates. Im Jahre 1884 formulierte der deutsche Wissenschaftler J. Conrad sehr treffend die Veränderungen in den vorhergehenden 100 Jahren. Die Bildung, schrieb Conrad, sei Ende des 19. Jahrhunderts von einem Problem der Geisteswissenschaften zu einem sozialen und wirtschaftlichen Problem geworden.[258] Neben der noch seit dem Mittelalter bestehenden privaten und an den Kirchen und Klöstern organisierten Bildung bildete sich das staatliche Bildungssystem mit allen seinen sie kennzeichnenden spezifischen Funktionen heraus. Diese spezifischen Funktionen ergaben sich zunächst aus den tiefgreifenden Veränderungen in dem wirtschaftlichen, politischen, sozialen und geistigen Leben der Gesellschaft im Europa des 19. Jahrhunderts. Das war die komplizierte Zeit des Werdens der modernen Gesellschaft und des modernen Staates. Im Laufe des 19. Jahrhunderts wurde dem staatlichen Bildungssystem in diesem Prozess eine ziemlich wichtige Rolle zugewiesen. Die Ent-

---

[258] Zitiert nach: D. Müllen, Sozialstrukturen und Schulsystem. Forschungsbereich über eine mehrdimensionale Analyse des Schulwesens im 19. Jahrhundert. Modellfall. Berlin. in: Zur soziologischen Theorie und Analyse des 19. Jahrhunderts, hrsg. von W. Rüegy u. O. Neuloh. Göttingen 1971, S. 28.

wicklung der Schulen und der Bildung wurde als ein Bestandteil des allumfassenden Veränderungsprozesses in der Gesellschaft und als deren fördernder Faktor aufgefasst. Nicht selten wurde die Liberalisierung des wirtschaftlichen, politischen, sozialen und geistigen Lebens als eine Art pädagogische Reform definiert.[259]

Es verbreitete sich die Ansicht, dass die Bildung des staatlichen Schulwesens auf einer gleichbedeutenden Ebene aufzufassen sei wie die Verwaltungs- und wirtschaftlichen Reformen und die Reformen des politischen Staatsaufbaus.[260] Mit anderen Worten, die Verbindung der Begriffe Pädagogik und Politik wurde aktuell. Nach dem Zusammenbruch Preußens als Folge der Angriffe Napoleons betonte im Winter des Jahres 1806/07 der deutsche Pädagoge und Vertreter des Neuhumanismus, Heinrich von Süvern, in einer von seinen Vorlesungen an der Königsberger Universität, in der er die Gründe dieses Zusammenbruchs analysierte und nach den Wegen der Erneuerung Preußens suchte, dass sie nur im Falle der Befreiung der Menschen von dem moralischen und politischen Übel und den Krankheiten möglich sei, und dies wieder nur hauptsächlich bei der totalen Reformierung zweier Künste - der Pädagogik und Politik. Die Überzeugung von Süverns war, dass der neu zu bildende Staat die Bildungsanstalt der Menschheit sein solle.[261]

Das Beispiel des im Krieg mit dem napoleonischen Frankreich ruinierten und zusammengebrochenen Preußen war sehr typisch. Die preußischen Schul- und Bildungsreformen der ersten Hälfte des 19. Jahrhunderts wurden eben zum Vorbild in dem Reformprozess des 19. Jahrhunderts in fast allen Ländern Osteuropas. Ähnliche Tendenzen waren in Österreich, Polen, Böhmen und Mähren, auch im Russischen Reich und dessen

---

[259] F. Baumgart, Zwischen Reform und Reaktion. Preußische Schulpolitik 1806-1859. Darmstadt 1990, S. 36.
[260] Ebenda.
[261] Ebenda, S. 36.

baltischen Provinzen Livland, Kurland und Estland zu beobachten.[262]

Selbst der Gedanke von dem Eindringen des Staates in die Sphäre des ehemaligen Bereichs der privaten und kirchlichen Tätigkeit, und zwar in die Ausbildung des Individuums und dadurch der ganzen Gesellschaft, war im 19. Jahrhundert gar nicht neu. Dieser Gedanke wurde aus der zweiten Hälfte des 17. Jahrhunderts und des 18. Jahrhunderts übernommen und ist hauptsächlich mit dem Prozess der Entwicklung des absolutistischen Staates in Europa in der zweiten Hälfte des 17. und des 18. Jahrhunderts verbunden. Die Auffassung aber, dass der Staat mit der Ausübung bestimmter Funktionen der Ausbildung der Gesellschaft auch die in der Öffentlichkeit vor sich gehenden Veränderungsprozesse fördert und auch reguliert, wurzelt in der Philosophie der Aufklärung. Eine ihrer Erkenntnisse von ihr war, dass eine durchdachte und strikt geführte Ausbildung der Individuen und der ganzen Gesellschaft die Grundlage für den Fortschritt der Wirtschaft, Politik und des Geisteslebens sein könne. Die Philosophie der Aufklärung betrachtete die Bildung, die sich auf die Vernunft und Argumentation und nicht auf den Glauben, die Vorurteile und Traditionen der alten Gesellschaft stützte, als Grundlage für die individuelle und kollektive Emanzipation und somit für

---

[262] Vergl.: Rauch, Georg v., Die Aufklärung in Ost- und Südeuropa. Aufsätze, Vorträge, Dokumentationen. Köln/Wien 1972; Baumgart, Zwischen Reform (wie Anm. 2) S.11-30; P. Lundgren, Sozialgeschichte der deutschen Schule im Überblick. Teil 1: 1770-1918. Göttingen 1980; A. Leschinsky, P. M. Rolden, Schule im historischen Prozeß. Stuttgart 1976; R. Konth, Die preußische Schulpolitik und die polnischen Schulstreiks. Würzburg 1963; B. Golob, Schulpflicht und der gesellschaftliche Wandel - am Beispiel der theresianisch-josephinischen Epoche. Diplomarbeit im Institut für Wissenschafts- und Sozialgeschichte der Universität Wien 1985; H. Engelbrecht, Geschichte des österreichischen Bildungswesens, Erziehung und Unterricht auf dem Boden Österreichs. Bd. 3, Wien 1984.

den Staat der Gerechtigkeit und des Wohlstands. Sowohl der Absolutismus als auch die Idee des Rechts- und Wohlstandsstaates führte zu der Überzeugung, dass die Bildungspolitik Bestandteil der Staatspolitik sein müsse. Die Ereignisse in Europa an der Wende vom 18. zum 19. Jahrhundert, die Große Französische Revolution und die folgenden Feldzüge des napoleonischen Frankreich sowie die Notwendigkeit der Erneuerung der Wirtschaft, des geistigen Lebens und die Hebung des Selbstbewusstseins in der Gesellschaft stärkten noch mehr eine solche Überzeugung. Unter dem Einfluss der Großen Französischen Revolution begann ein rascher Emanzipationsprozess, bildete sich die bürgerliche Gesellschaft heraus und vollzog sich deren Politisierung. Auch dies alles schuf objektive Zustände dafür, dass die Bildung und die mit ihr verbundenen Probleme in den Blick der ganzen Gesellschaft und der Strukturen der staatlichen Verwaltung gerieten.

Der Entstehungsprozess des Systems der staatlichen oder offenen Bildung (auch der öffentlichen - diese Begriffe sind als eine Gegenüberstellung zu dem geschlossenen System der Bildung im Mittelalter aufzufassen) war sehr kompliziert und widerspruchsvoll. Progressive Reformen am Anfang des 19. Jahrhunderts löste die Reaktion nach den Revolutionen in Europa im Jahre 1848 ab.

Die umfangreichsten Diskussionen lösten die Fragen der Konzeption der öffentlichen Bildung aus. Wie seinerzeit schon der obengenannte deutsche Wissenschaftler J. Conrad schrieb, kämpften im 19. Jahrhundert zwei gegensätzliche Tendenzen der Bildungspolitik miteinander: die demokratische und die aristokratische Schulpolitik.[263] Die Anhänger der ersten vertraten die Auffassung, dass die wichtigste kulturgeschichtliche Aufgabe die Verbreitung der Schulbildung überall und nach

---

[263] Müller, Sozialstrukturen (wie Anm. 258), S. 27.

Möglichkeit deren Hebung sei. Mit anderen Worten war das die Idee, dass alle Mitglieder der Gesellschaft die gleich umfangreiche Bildung erhalten sollten. Daraus ergab sich die Meinung, dass nicht nur die unteren, sondern insbesondere noch mehr die höheren Schulen zu entwickeln seien. Die aristokratische Schulpolitik stützte sich auf die Überzeugung, dass der Staat und die Gesellschaft dafür zu sorgen hätten, das allen die Elementarschulen zugänglich gemacht werde. Es wurde das Argument verwendet, dass die höhere Bildung nicht jeder zu schätzen vermöge; noch mehr - sie könne sogar Elend bringen, von dem Standpunkt des Wohlstandes aus gesehen. In den Ländern Osteuropas herrschte die sogenannte aristokratische Konzeption vor. Für die unteren Gesellschaftsschichten war die Elementarbildung vorgesehen. Dabei wurde in der ersten Hälfte des Jahrhunderts fast überall die obligatorische Grundbildung eingeführt. Die höhere Bildung war hauptsächlich dem privilegierten Teil der Gesellschaft vorbehalten. Gleichzeitig entstand auch die Idee der Berufsausbildung. Theorie und Praxis der Bildung kam dadurch mit dem Gegensatz zwischen den Interessen und Wünschen des Individuums und den Interessen der ganzen Gesellschaft oder des Staates in Berührung.

Eine Erkenntnis aus Theorie und Praxis der Bildung im 19. Jahrhundert ist auch die Institutionalisierung der Bildung. Die Einführung des Systems der öffentlichen Bildung kam mit dem Bedürfnis nach bestimmten Typen von Bildungsanstalten von den Verwaltungsbehörden der Schulen und Hochschulen. Im 19. Jahrhundert wurde im Grunde das System der öffentlichen Bildung so organisiert, wie es in Europa noch heute besteht. Dieses besteht aus der Elementarbildung, der mittleren Bildung, der Berufsbildung und der Hochschulbildung. Eine besondere Leistung sind die in der ersten Hälfte des 19. Jahrhunderts gegründeten Elementarschulen oder Volksschulen, die eine obligatorische und zielstrebige Ausbildung der unteren Schichten vorsahen. In der Geschichte des Bildungswesens

Lettlands ist die Entstehung und der Fortbestand der lettischen Volksschulen ein außergewöhnlich wichtiges Forschungsthema. Seit Beginn ihrer Gründung in den ersten Jahrzehnten bis zu den Reformen der 1880er Jahre, die das ganze in Lettland bestehende Bildungssystem allmählich russifizierten, waren die Volksschulen die einzigen lettischen Schulen, an denen die lettischen Kinder Bildung erhalten konnten. Die Volksschulen selbst und die zwei Lehrerseminare der Volksschulen in Irlava und Walk/Valka waren die, in denen die erste lettische Intelligenzgeneration heranwuchs, die die Idee der Emanzipation und das nationale Bewusstsein dem lettischen Volk nahe brachte. Die lettischen Volksschullehrer begannen bereits in der Mitte des 19. Jahrhunderts mit den ersten lettischen gesellschaftlichen Aktivitäten, z.B. die seit dem Jahre 1845 in Treyden stattfindenden Lehrerkonferenzen, anfangs in deutscher, dann in lettischer Sprache. Im Jahre 1873 kamen die lettischen Volksschullehrer gleichzeitig mit dem ersten Lettischen Sängerfest zu ihrer ersten beruflichen Konferenz zusammen. In dieser Zeit des ersten lettischen Erwachens waren dies bedeutende Wagnisse. Schließlich waren Kurland und Livland Ende des 19. Jahrhunderts den Gouvernements im Inneren Russlands in der Lesefertigkeit der Einwohner weit überlegen. So waren 1884-1890 74,22% von allen einberufenen Rekruten im Russischen Reich des Lesens und Schreibens Unkundige, im europäischen Teil 65,66%, im kurländischen Gouvernement dagegen gab es solche Rekruten nur zu 39,66% und im livländischen Gouvernement zu 5,25%.

Die lettischen Volksschulen bildeten sich im 19. Jahrhundert unter schwierigen Umständen. Als Folge der politischen Ereignisse des 18. Jahrhunderts war das ganze Territorium des heutigen Lettland Anfang des 19. Jahrhunderts Bestandteil des Russischen Reiches. Kurland und Livland waren einzelne Gouvernements. Diese beiden und das Gouvernement Estland wurden zu den sogenannten Baltischen Gouvernements des

Russischen Reiches gezählt. Die Letten waren in ihrer ethnischen Heimat kein politischer Faktor. Sie gehörten den niedrigsten Gesellschaftsschichten an, besonders der der Bauern. Im wirtschaftlichen, politischen und geistigen Leben war die den Letten fremde Staatsgewalt führend. Der zweite bedeutende politische Faktor in der lettischen Geschichte des 19. Jahrhunderts war die Ritterschaft der Deutschbalten. Mit Hilfe des Ständeorgans Landtag bestimmten die Ritterschaften von Kurland und Livland das Leben dieses Landes. Seit dem 17. Jahrhundert war die Ritterschaft der einzige in den Landtagen vertretene Stand und somit auch gleichzeitig die einzige einigermaßen bedeutende politische Kraft gegenüber der Staatsmacht in den baltischen Gouvernements. Nach der Eroberung Livlands und der Einverleibung Kurlands erkannte der Zar die bestehenden Privilegien der Ritterschaften an und akzeptierte die besondere Verwaltung der Gouvernements - die Autonomie des Baltikums.[264] Die Landtage Kurlands und Livlands beschlossen alle mit dem inneren Leben der Gouvernements verbundenen Fragen, darunter realisierten sie auch eine besondere Schul- und Bildungspolitik. Obwohl die zentrale Gewalt des Russischen Reichs bis zu den 80er Jahren des 19. Jahrhunderts fast völlig die Positionen der Ritterschaft von Kurland und Livland respektierte, vollzog sich ein Kampf zwischen diesen zwei politischen Mächten über das ganze 19. Jahrhundert und spitzte sich besonders nach dem Jahr 1855 zu.[265]
In der ersten Hälfte des 19. Jahrhunderts war die lettische Bauernschaft kein politischer Faktor und war auch wirtschaftlich nicht stark genug, um sich um die Schulen und Bildung zu kümmern. Die lettische Volksschule war in der Periode ihrer

---

[264] M. Duhānovs, Baltijas muižniecība laikmetu maiņā. Rīga 1982; A. von Tobien, Die Livländische Ritterschaft in ihrem Verhältnis zum Zarismus und russischen Nationalismus. Riga 1925.
[265] H. Halzel, Der Abbau der deutschen ständischen Selbstverwaltung in den Ostseeprovinzen Russlands 1855-1905. Marburg/Lahn 1977.

Entstehung und der anfänglichen Entwicklung ganz davon abhängig, welche Politik die beiden politischen und wirtschaftlichen Machtfaktoren verwirklichen wollten. Die ersten, noch ganz fragmentarischen Auskünfte über die Volksbildung beziehen sich auf die Zeit vor der Reformation, als noch die Livländische Konföderation bestand. Im Jahre 1505 forderte der Bischof Kiwel (von Ösel/Saarema) in seiner Vorschrift an die Synode, die Priester sollten bereit sein, das ungebildete Volk in die Grundwerte des Christentums einzuführen.[266] Jeden Sonntag und an Festtagen sollte man dem Kirchspiel in seiner Sprache Vaterunser, Ave Maria und die Zehn Gebote beibringen und erläutern. Die Mitglieder des Kirchspiels hatten die Pflicht, die erworbenen Kenntnisse weiter an die Kinder und anderen Mitglieder der Pfarre zu leiten. Im Jahre 1517 wurde der Synode sogar ein Handbuch vorgelegt.[267] Alles das war natürlich nur eine sehr einfache religiöse Ausbildung, keine Schulbildung. Jedoch wurde die Idee von der Ausbildung des ungebildeten Volkes und dem „Nutzen, der daraus entsteht", später weiterentwickelt und lag im 19. Jahrhundert der Politik der Volksschulen zu Grunde. Ebenso verbreitete sich in den folgenden Jahrhunderten der sogenannte Hausunterricht, bei dem die Bauern generationenlang im Hause ihren Kindern das Wissen beibrachten.

Bei der Bildung der niedrigsten Schichten ging die katholische Kirche weder in Livland noch irgendwo anders in Europa vor der Reformation weiter als bis zur elementaren Einführung in das Kirchenleben. Einigermaßen bedeutende Veränderungen in der Volksbildung brachte aber auch die reformatorische Bewegung nicht. Die Geschichtsquellen nennen zwar eine spezielle Kirchensteuer (1558), am Anfang des Livländischen

---

[266] H. Guleke, Geschichte des livländischen Volksschulwesens. in: LVA, 214, 152 a lieta, S. 3.
[267] Ebenda.

Krieges (1558-1583) wurden aber die Einnahmen davon, falls es solche überhaupt gab, für die Bedürfnisse des Krieges benutzt.[268] Seit der Mitte des 16. Jahrhunderts wüteten 150 Jahre lang Kriege auf dem Territorium Livlands, in dessen Folge Livland Bestandteil des polnisch-litauischen Staates und Kurland abhängig wurde. Das eröffnete den Weg der Gegenreformation und somit auch der Tätigkeit der Jesuiten, die gewisse Spuren in der Volksbildung hinterließ. Der Wettbewerb zwischen dem Katholizismus und dem Protestantismus verstärkte sich in den letzten Jahrzehnten des 16. Jahrhunderts. So entstanden die ersten Handbücher für die Geistlichen, die jedoch die lettische Sprache nicht beherrschten. Sowohl der Katholizismus als auch der Protestantismus bemühten sich darum, die unteren Schichten der Gesellschaft, zu denen auch die Letten gehörten, unter ihren Einfluss zu bekommen. Das Lehren der Kirchenlieder und der Gebete, die dem lutherischen Ritus angehörten, war in der zweiten Hälfte des 16. Jahrhunderts der erste Schritt auf dem Wege zur Gründung der Schulen für die lettischen Kinder. Als erste Schule solcher Art wird diejenige an der Jakobskirche angesehen. Nach deren Übergang in die Hände der katholischen Kirche setzte die Schule ihre Arbeit an der Johanniskirche (Johannisschule) fort.[269] In dieser wurde neben dem Singen der geistlichen Lieder und dem Katechismus auch das Lesen beigebracht.

Im Herzogtum Kurland entstanden die ersten Vorschriften für die Schulen und deren Gründung mit dem Bestreben des Herzogs, das Luthertum gegenüber dem in Polen-Litauen vorherrschenden Katholizismus zu festigen. Als Beginn von Schultätigkeit in Kurland wird das Jahr 1567 angesehen, als Herzog Gotthard die Anweisung gab, die Schulen in Selpils, Il-

---

[268] Guleke, Geschichte (wie Anm. 266), S. 3.
[269] Tautas izglītība un pedagoģiskā doma Latvijā līdz 1900. gadam. Rīga 1987, S. 30-32.

lukst, Bauske, Kalnciems, Doblen, Windau und Sabile zu gründen.[270] Diese Schulen waren für die Deutschen vorgesehen. Über die Eröffnung der Schulen für die Kinder der lettischen Bauern herrschten unterschiedliche Ansichten bei der führenden deutschen Ritterschaft und der Geistlichkeit. Die Mehrheit interessierte die Ausbildung der Bauern wenig. Es gab aber auch solche, die in der zweiten Hälfte des 16. Jahrhunderts intensiv Forderungen nach den Schulen für die Bauern stellten. Unter diesen war der Pfarrer J. Funk, auf dessen Anregung im Jahre 1560 die Schulen in Grobin und Libau eröffnet wurden, die für lettische Kinder vorgesehen waren.[271] Beachtenswert ist auch der Versuch des Herzogs von Kurland, im Jahre 1570 die Grundlagen für Lehrerseminare zu legen.[272] In den Geschichtsquellen sind jedoch keine Hinweise darüber zu finden, dass solche Lehrerseminare stattgefunden haben.

Im 17. Jahrhundert, als Livland nach dem Polnisch-Schwedischen Krieg (1600-1629) an Schweden fiel, war ein Wachstum der lettischen Schulen in Riga zu beobachten. Damals wurden diese „die nichtdeutschen Schulen" genannt. Solche gab es z.B. an der Johanniskirche und an der Gertrudkirche. Seit dem Jahre 1681 waren diese unter der Aufsicht des Stadtrates Rigas.[273] Zu den bekanntesten deutschen Schulen gehörten die Domschule und die Schulen an der Jakobskirche und an der Petrikirche. Im 17. Jahrhundert wurden auch die ersten Schulen für Kinder der lettischen Bauern eröffnet. Die Situation in Kurland und in Livland war jedoch unterschiedlich. Auf dem Lande in Kurland gab es fast keine Schulen. Die Lesekundigen aus den Reihen der Bauern unterrichteten in sogenannten Hausschulen die Kinder der Bauern im Lesen.

---

[270] Tautas izglītība(wie Anm. 269), S. 33.
[271] Ebenda.
[272] A.v. Tobien, Ritterschaft (wie Anm. 264), S. 238.
[273] Tautas izglītība (wie Anm. 269), S. 35.

In Livland unterstützte die schwedische Regierung die Eröffnung von Schulen für die Bauern. In der ersten Hälfte des 17. Jahrhunderts wurden mehrere Vorschriften erlassen. Bis zu den 80er Jahren erfolgte deren Erfüllung ziemlich langsam, in den folgenden zwei Jahrzehnten wurden aber in Livland mehrere Schulen bei den Kirchspielen gegründet; diese Schulen wurden Parochialschulen genannt. Während der schwedischen Herrschaft (bis zum Jahr 1710) arbeiteten in Livland 68 Parochialschulen, die für die Ausbildung der Kinder der lettischen Bauern gegründet wareund in denen in der lettischen Sprache unterrichtet wurde.[274] Eine gute Grundlage für die Entwicklung der Bauernschulen in Livland war der Erlass des schwedischen Königs Karl XI. am 30. September 1694, der bestimmte, dass man jeder Parochialschule ¼ Haken Land für die Unterhaltung der Schule zuteilen solle.[275] Der Erlass wurde auch tatsächlich realisiert, jedoch nur für kurze Zeit. Die Verwirklichung wurde durch die Hungerjahre (1695-1697) und den Nordischen Krieg (1700-1721) unterbrochen. In Livland war, stärker noch als in Kurland, bereits im 17. Jahrhundert die Hauslehre verbreitet, die von der Kirche unterstützt wurde. Nach dem Nordischen Krieg bestimmte der 10. Artikel des Friedensvertrages von Nystad, dass in den von Schweden abgetrennten Provinzen die Kirchen und Schulen und alles, was zu ihnen gehörte, in demselben Zustand verbleiben sollte, in welchem sie in der Zeit der letzten schwedischen Regierung bestanden hatten.[276]

Das bedeutete, dass nach der Rückgabe der Güter an die früheren Besitzer das Schulland jedoch im Besitz der Schulen blieb und man es nicht den Gütern zuteilen durfte. Die Güter sollten am Unterhalt der Schulen teilnehmen, in der Schulverwaltung hatte jedoch der Staat die maßgebende Rolle. Aber weder die

---

[274] A. Salmiš, Latviešu skolu izveidošanās un attīstība feodālisma posmā. Rīga 1980, S. 22.
[275] Tobien, Ritterschaft (wie Anm. 264), S. 239.
[276] Tautas izglītība (wie Anm. 269), S. 49.

zentrale Macht noch der Adel schenkten in der ersten Hälfte des 18. Jahrhunderts der Ausbildung der Bauernkinder die nötige Aufmerksamkeit. Seit dem Jahre 1730 waren die Bildung der Bauern und die Errichtung der Schulen ein ständiges Diskussionsthema auf den Landtagen der Livländischen Ritterschaft, aber sie gingen über die Diskussionen auf den Landtagssitzungen nicht hinaus.[277] Die Errichtung der Schulen und der Unterhalt der Lehrer wurden allmählich zur Aufgabe der Bauern selbst, die Aufsicht darüber, dass die Bauernkinder die Schule besuchten, hatte die Ritterschaft. Die Not nach dem Nordischen Krieg und nach der Pest (1710-1711) gab den Bauern keine Möglichkeit, Mittel für die Ausbildung ihrer Kinder zur Verfügung zu stellen. Es war auch das Misstrauen gegen die der deutschen Ritterschaft und der Kirche anvertrauten Schulen. Nach der allgemeinen Schulkontrolle 1735/36 warf das Haupt der evangelischen Kirche Livlands, Generalsuperintendent J.B. Fischer, den Adligen Mangel an Strenge in Bezug auf die Angelegenheiten der Bauernschulen vor.[278] Jedoch erst am 12. Februar 1765 fasste der Landtag Livlands den Beschluss über die Bauernschulen. Dies sah die Hauslehre und die Errichtung der Gutsschulen vor. Dabei wurde in der zweiten Hälfte des 18. Jahrhunderts das Schulland nicht selten dem Gutsboden zugeteilt, und die Schulen verloren damit ihre Existenzgrundlage.

Wichtige Veränderungen brachte der Beschluss des Landtags Livlands in den Angelegenheiten der Bauernschulen nicht. Das konnte im Jahre 1787 der Generalgouverneur vor dem Landtag Livlands feststellen. Bemerkenswerte Spuren hinterließ in der Entwicklung der lettischen Schulen in Livland im 18. Jahrhundert die religiös-gesellschaftliche Bewegung der Herrnhuter oder, wie man sie in Lettland nannte - der Brüder-

---

[277] Tobien, Ritterschaft (wie Anm. 264), S. 239.
[278] Tautas izglītība (wie Anm. 269), S. 51.

gemeinebewegung. In der Mitte der 30er Jahre des 18. Jahrhunderts wurden in Lettland Schulen errichtet, die mit den Brüdergemeinen verbunden waren. Diese Schulen wurden von den Adligen, die Anhänger der pietistischen Ideen waren, auf ihren Gütern errichtet.

In Kurland begannen die ersten Gutsschulen in den 40er Jahren des 18. Jahrhunderts zu arbeiten. In den ersten Jahrzehnten des Jahrhunderts wurden die Schulen nicht einmal in den Protokollen der Kirchenbesuche erwähnt. Zunächst wurden die Bauernschulen in Kurland auf den Privatgütern, später auch auf den herzöglichen Gütern eröffnet. Insgesamt war die Anzahl der Bauernschulen am Ende des 18. Jahrhunderts doch noch recht gering. So gab es in Kurland nur 25 Gutsschulen.[279] Die in Livland bekannten Parochialschulen gab es in Kurland nicht. Die Lesefertigkeit unter den Bauern in Kurland war noch Ende des 19. Jahrhunderts auf einem niedrigeren Niveau als in Livland. So sah - kurz gesagt - das Erbe der vergangenen zwei Jahrhunderte in Livland und Kurland aus, als neue Entwicklungen auf dem Gebiet der Bildung in Europa nach der Französischen Revolution, auch im Russischen Reich und auch in den baltischen Gouvernements einsetzten. Anfang des 19. Jahrhunderts waren die Bauernschulen und die Bildung formal der Gesetzgebung des zaristischen Russland untergeordnet, und die politischen Prozesse, die sich zur Jahrhundertwende vom 18. zum 19. Jahrhundert in Moskau und St. Petersburg vollzogen, berührten auch die baltischen Provinzen des Reiches. Zur Jahrhundertwende wurde sichtbar, dass die liberalen Reformen im Russischen Reich als einzig möglicher Weg zur Modernisierung des Staates notwendig wurden. Im Jahre 1802 begann die Administration unter Alexander I. (1801-1825) mit liberalen Reformen. Entscheidende Bedeutung in der Reformpolitik Anfang des 19. Jahrhunderts hatten das von den nächsten Freun-

---
[279] Tautas izglītība (wie Anm. 269), S. 62.

den und Gesinnungsgenossen gebildete sogenannte Geheime Komitee um M. Speranski. Die Politik der liberalen Reformen dauerte nicht lange. Mit Beginn der Kriege des napoleonischen Frankreich und der Einbindung Russlands in die antifranzösischen Koalitionen verminderte sich das Interesse an den innenpolitischen Prozessen. Im innenpolitischen Leben des Reiches gewannen die konservativen Tendenzen die Oberhand, deren Ideologe im gewissen Maß N. Karamsin war.

Die am Anfang des Jahrhunderts ausgearbeiteten reformatorischen Projekte hinterließen jedoch bleibende Spuren in der Geschichte Russlands. In ihnen gab es für die damalige Zeit sehr viele progressive Ideen. Das bezieht sich auch auf den Reformplan der weltlichen und geistlichen Ausbildung, der nach sehr heftigen Debatten im Geheimen Komitee entstand. In der Sitzung am 23. Dezember 1801 hob Graf Strogonow besonders die Ideale der Französischen Revolution hervor: Alle Schichten der Einwohner haben gleiche Rechte auf die Bildung; die politische Unabhängigkeit der Lehrer; kostenlose Ausbildung jeder Art; regelmäßige und offene Analyse der Schularbeit (Schulkonferenzen).[280] Das Geheime Komitee erkannte diese Prinzipien als das Ziel der Reformen allgemeiner Bildung an. Für seine Zeit fortschrittliche Ideen verteidigte und verwirklichte noch ein weiteres Mitglied des Geheimen Komitees - A. Tschartorijski, der für die Schulen im Bezirk Wilna und die Universität in Wilna zuständig war. Tschartorijski, Vertreter eines bekannten polnischen Aristokratengeschlechts, hatte von seinen Möglichkeiten Gebrauch gemacht und die von seinem Vater A.K. Tschartorijski begonnene Arbeit in der 1773 gegründeten polnischen Erziehungskommission fortgesetzt. Diese wird als die erste staatliche Erziehungsinstitution betrachtet, die im Maßstab des Staates diese Sphäre organisierte.[281] Im

---

[280] J. Krumbholz, Die Elementarbildung, S. 19.
[281] Krumholz, (wie Anm. 269).

Jahre 1783 hatte die Kommission die Schulstatuten ausgearbeitet und publiziert, die in ihren Grundsätzen sehr den Ideen der Französischen Revolution ähnelte. Diese Statuten der polnischen Schulen des Jahres 1783 lagen den von Tschartorijski dem Jüngeren 1803/04 aufgestellten Statuten der Universität Wilna und den Schulen des Lehrbezirkes zu Grunde.

Am 8. September 1802 wurde das Manifest Alexander I. über die Gründung der Ministerien veröffentlicht. Hiermit begann die Reform der Staatsverwaltung, und diese berührte auch das Bildungswesen. Unter den neu gebildeten Ministerien befand sich auch das Ministerium für die Volksbildung. Im Jahre 1803 wurde im Rahmen des Ministeriums das Departement der Volksbildung gebildet. In den Jahren 1803 und 1804 folgten dann mehrere Gesetzgebungsakte, die eine gründliche Reform des Bildungswesens im europäischen Teil des Russischen Reiches vorsahen. Die Reform plante ein Bildungssystem mit vier Arten von Lehranstalten; Gemeindeschulen, (Elementarschulen), Kreisschulen, Gouvernementsgymnasien und Universitäten. Die Universitäten wurden formal als allen Schichten zugänglich deklariert. Der europäische Teil des Russischen Reiches wurde in sechs Lehrbezirke eingeteilt. Jeder Lehrbezirk besaß eine Universität, der alle Schulen des Lehrbezirkes untergeordnet waren. An den Universitäten wurden Schulkommissionen gebildet, die der Rektor der Universität leitete. Die administrativen Funktionen nahmen der Kurator des Lehrbezirks und seine Kanzlei wahr. Der Kurator wurde vom Minister ernannt, der Rektor war dem Kurator untergeordnet.

Die Gymnasien und Universitäten wurden vom Staat unterhalten, die Kreis- und Gemeindeschulen sollten die Einwohner der Städte und des Landes selbst unterhalten. Nur die Lehrer der Kreisschulen erhielten den Lohn vom Staat. In den Kreisschulen und Gymnasien sollte man Geschichte, Geografie, Biologie, Mathematik, Physik unterrichten. In den Gemeindeschulen, die vorwiegend für die Bauernkinder vorgesehen waren, lehrte man Lesen, Schreiben, Rechnen und die Glaubenslehre.[282] Solche Veränderungen waren auf vier Lehrbezirke des europäischen Teils des Reichs bezogen, und zwar auf die von Petersburg, Moskau, Kasan und Kiew. Diese Bezirke hatten auch einheitliche Universitätsstatuten.

Die Reformen berührten auch den Lehrbezirk Dorpat, dem die Gouvernements Kurland und Livland angehörten, aber hier, ebenso wie im Lehrbezirk von Wilna, entwickelte sich die Situation unterschiedlich, da man die historischen Traditionen respektierte, und so blieb die bestehende Ordnung das ganze 19. Jahrhundert lang bis zu den Russifizierungsreformen der 80er Jahre erhalten. Die Universität in Dorpat (sie nahm ihre Tätigkeit 1802 wieder auf) hatte ihre eigenen Statuten. Ihre Unterrichtssprache war die deutsche Sprache. In Deutsch wurde auch in den mittleren Lehranstalten und in den Kreisschulen unterrichtet.

Die untersten Schulen, die vorwiegend für die Ausbildung der Bauernkinder vorgesehen waren und in denen die Unterrichtssprache Lettisch oder Estnisch war, blieben während des ganzen 19. Jahrhundert von dem übrigen Bildungssystem völlig abgetrennt. In der Geschichtsliteratur des 19. Jahrhunderts erhielten die Bauernschulen eine einheitliche Bezeichnung - die Landschulen oder Volksschulen. Der Agrargesetzgebung der Jahre 1816, 1817 und 1819 nach gerieten sie unter die Verwaltung der örtlichen Ritterschaftsbehörden und wurden nicht dem Departement der Volksbildung des Ministeriums für die Volksbildung untergeordnet, sondern wie alle Angelegenheiten der baltischen Gouvernements dem Departement der allgemeinen Angelegenheiten des Innenministeriums. Das erlaubte der deutschbaltischen Ritterschaft noch mehr, die Frage der Bauernschulen separat zu lösen.

---

[282] Näheres über die Elementarbildung im Russischen Reich in der ersten Hälfte des 19. Jahrhunderts. vgl. Ebenda.

Noch bis zum Anfang des 19. Jahrhunderts wurden in der agrarischen Gesetzgebung, die das Statut der Bauernschulen im Kontext der vorgesehenen Reformpolitik im ganzen Reich präzisierte, gewisse Veränderungen im Lehrbezirk von Dorpat projektiert. Die Schulkommission des Lehrbezirks, die der Rektor der Universität Dorpat G. Parrot leitete, arbeitete „Die Verordnung über die Parochialschulen im Dorpater Lehrbezirk" aus. Im Mai 1805 wurde sie vom Bildungsminister bestätigt.[283] Die Verordnung sah vor, dass auf dem Lande von Kurland 65 Parochialschulen und in den Städten neun Parochialschulen zu errichten seien. In Livland, wo Parochialschulen schon vorhanden waren, sah man vor, sie umzugestalten und weitere zwölf Parochialschulen auf dem Lande und zehn in den Städten zu eröffnen. Der Unterricht in diesen Schulen war kostenlos, aber die Gemeinden sollten sie erhalten und die Lehrer entlohnen. In der Verordnung wurden auch die mancherorts schon bestehenden Gutsschulen erwähnt. Auf den privaten Gütern sollten die Gutsbesitzer sie nach ihrem guten Willen errichten, auf den Staatsgütern aber auf Rechnung der Gemeindegesellschaften. In den Gutsschulen sah man vor, Lesen, elementares Rechnen und die Glaubenslehre zu unterrichten. In den Parochialschulen war ein umfangreicherer Unterrichtsstoff vorgesehen. In diesen plante man auch das Schreiben sowie praktische Fertigkeiten im Gartenbau und in der Bienenzucht beizubringen. Die Lehrzeit an den Parochialschulen war 3-4 Jahre (5-6 Monate im Jahr). Im inneren Russland waren die Parochialschulen einjährig mit 6-7 Monaten Lehrzeit im Jahr. Im Vergleich mit den bis zu dieser Zeit in Livland bekannten Kirchspielschulen, deren Ziel es war, die Bauernkinder auf die

---

[283] Plan zur Errichtung der Parochialschulen im Bezirk der Dorpatschen Universität in Hinsicht auf die Hauptgegenstände und die Organisation derselben. Dorpat 1805.

Konfirmation vorzubereiten, waren die neuen Parochialschulen weltlichen Charakters und breiter orientiert.

„Die Verordnung über die Parochialschulen im Dorpater Lehrbezirk" wurde nie verwirklicht, und man kann nicht von einer geordneten und systematischen Elementarbildung Anfang des 19. Jahrhunderts in Livland und Kurland sprechen. In dieser Hinsicht war der Zustand weder im Russischen Reich[284] noch in Preußen besser, wo in den Jahren 1809-1819 eine Bildungsreform verwirklicht wurde,[285] die die Idee der Volksschule in Lettland in der ersten Hälfte des 19. Jahrhunderts beeinflusste. Die Reformversuche Anfang des 19. Jahrhunderts auf dem Gebiet der Bildung verdienen aber Aufmerksamkeit, weil sie davon zeugen, dass sich gleichzeitig mit den ost- und ostmitteleuropäischen Ländern auch in Lettland der Gedanke verbreitete von der Schaffung des öffentlichen (staatlichen) Bildungssystems und von der weltlichen Ausbildung der unteren Schichten der Gesellschaft und deren Vorbereitung für das Gemeindeleben sowie auch für geschickte Wirtschaftsführung. In der Geschichtsliteratur ist der Versuch bekannt, in der Entwicklung der Volksschulen (der Elementarbildung) eine gewisse Kontinuität zu sehen, die von den Lese-, Schreib- und Rechenschulen des Spätmittelalters zu den profan-katechetischen Kirchenschulen der Reformationszeit, dann zur Elementarbildung in der Muttersprache und schließlich zur Jahrhundertwende vom 18. zum 19. Jahrhundert zu den entstehenden Volksschulen für die nationale Erziehung und allgemeine Elementarausbildung führt.[286] Obwohl diese These theoretisch ist,[287] kann man jedoch nicht abstreiten, dass die sich in der Gesellschaft

---

[284] Vgl. Krumbholz, Elementarbildung (wie Anm. 280), S. 7-23.
[285] Vgl. Schulreform in Preußen 1809-1819. Entwurf und Gutachten, hrsg. v. L. Schwenn. Weinheim 1966.
[286] W. Flitner, Vier Quellen des Volksschulgedankens. (1949), zitiert nach Leschinski, Schule (wie Anm. 262), S. 435.
[287] Ebenda.

Gesellschaft vollziehenden Prozesse direkt den Entwicklungsweg der Volksbildung und diese ihrerseits wieder die gesellschaftlichen Prozesse im 18. und 19. Jahrhundert beeinflussten. Nach dem Jahr 1815 wurde die Innenpolitik der Regierung Alexanders I. konservativer. Alexander I. und später auch Nikolaus I. (1825-1855) waren wohlwollend der sogenannten Baltischen Autonomie gesonnen. Das erlaubte der Ritterschaft bis Mitte der 40er Jahre fast ungestört ihren innenpolitischen Kurs zu realisieren.

Eine der wichtigsten Stützen des deutschbaltischen Partikularismus und eine große Hoffnung war das hiesige Schulsystem. An der Spitze stand die deutschgesinnte Dorpater Universität, aber nicht weniger wichtig waren die deutschen Gymnasien, Kreisschulen und die unteren Stadtschulen. Im Jahre 1820 erhielten sie ihre eigenen, von den anderen Gouvernements des Reichs unterschiedlichen, Schulstatuten.[288]

Besonders wichtig wurde aber in der Schulpolitik der Ritterschaften die Frage der Bauernschulen. Wie später der deutschbaltische Historiker A. von Tobien bemerkte, wurden die Angelegenheiten der Landschulen neben der Agrarfrage zu einer immer wichtigeren Tätigkeitssphäre der Ritterschaften.[289]

Der erste wichtige Schritt waren die Gesetze zur Bauernbefreiung im Jahre 1817 in Kurland und im Jahre 1819 in Livland. In diese waren auch die Artikel über die Bauernschulen eingeschlossen.[290] Im Bauerngesetz Livlands sind zwei Artikel den Schulen gewidmet. Diese bestimmten, dass in den Landgemeinden Livlands zwei Arten der Bauernschulen mit streng festgelegter Entwicklung zu errichten seien. Die untersten Landschulen waren die Gemeindeschulen und die höheren die Parochialschulen. Man sah vor, dass man die Gemeindeschulen

---

[288] Halzel, Abbau (wie Anm. 265), S. 15.
[289] Tobien, Ritterschaft (wie Anm. 264), S 242.
[290] Polnoje sobranije ...

nicht mehr nach der Fläche des wirtschaftlichen Potentials des Landgutes errichtete, wie es bis zu dieser Zeit bestimmt war, sondern nach der Anzahl der männlichen Seelen. Für je 500 männliche Seelen sollte man in den Landgemeinden Livlands eine Gemeindeschule eröffnen. Eine Parochialschule war für je 2.000 Männerseelen vorgesehen. Im Unterschied zu der bisherigen Ordnung, bei der die Errichtung und Erhaltung der Bauernschulen die Pflicht der Gutsbesitzer war, bestimmte das Gesetz von 1819, dass diese Verpflichtungen die Gemeinden und Kirchspiele übernehmen sollen. Es ist interessant zu bemerken, dass die Finanzierung der Bauernschulen eine der am schwierigsten zu lösenden Fragen auch anderswo in Osteuropa und östlichen Mitteleuropaländern war. So leistete z.B. die Ritterschaft Preußens über das ganze 19. Jahrhundert hin sehr starken Widerstand gegenüber der Pflicht, die Bauernschulen zu finanzieren. Die Geschichte der preußischen Schulen zeigt, dass die Schulgesetzgebung im 19. Jahrhundert diese Frage umging. Erst im Jahre 1906 verpflichtete ein spezielles Gesetz die Gutsbesitzer zu dieser Aufgabe.[291] In den habsburgischen Ländern wurde diese Pflicht formal unter Kirchspiel, Landbesitzern und dem Schulpatronat aufgeteilt.[292] Die Ritterschaften Livlands und Kurlands waren in der ersten Hälfte des 19. Jahrhunderts sogar formal von der Pflicht der Finanzierung der Bauernschulen befreit. Indem man diese Verpflichtung mit einem Gesetz den Landgemeinden oder Kirchspielen, d.h. den Bauern selbst, auferlegte, hoffte man damit ein größeres Interesse der Bauern an den Schulangelegenheiten wecken zu können. Man darf aber nicht vergessen, dass nach der Aufhebung der Leibeigenschaft die Bauern ohne Grund und Boden geblieben und nicht fähig waren, Schulen zu errichten und zu erhalten, obwohl dies für ihren eigenen Nutzen vorgesehen war.

---

[291] Leschinsky, (wie Anm. 286), S. 128.
[292] Golob, Schulpflicht (wie Anm. 262), S. 125.

Diese eigentlich ungelöste Frage war die wichtigste Ursache dafür, dass in den nächsten zwei Jahrzehnten in den Angelegenheiten der Bauernschulen keine wirklich ernste Vorwärtsbewegung zu beobachten war. Andererseits dienten die Schulgesetze des Jahres 1819 in Livland in allen anderen Aspekten als Grundlage der Schulpolitik der Ritterschaft für das ganze 19. Jahrhundert und auch zur späteren Schulgesetzgebung. Da die neuen Schulgesetze eine Alternative zu der von der zentralen Macht begonnenen Bauernschulreform bildeten, war es wichtig, die wichtigsten Positionen der Ritterschaft zu definieren. Zuerst war das die Schulverwaltung. Dem Gesetz des Jahres 1819 nach war in der Verwaltung der Bauernschulen die livländische deutschbaltische Ritterschaft die bestimmende. Auch die Lehrer wurden von der Ritterschaft eingesetzt. Die Pfarrer und Küster hatten die Aufgabe, die Tätigkeit der Schulen zu kontrollieren. Wie alle Angelegenheiten der baltischen Autonomie kamen auch die Bauernschulen in die Hände des Innenministeriums. Später, im Jahre 1838, wurden die Beziehungen zum Bildungsministerium geregelt. Dem Erlass des Zaren vom 13. November 1838 nach sollte der Generalgouverneur des Baltikums jedes Jahr dem Ministerium eine Übersicht über die Bauernschulen vorlegen.[293] So wurde die Grundlage der völligen Trennung der Bauernschulen - Volksschulen von dem ganzen Schulsystem des Reiches sogar bis zum Ende des 19. Jahrhunderts gelegt. Die einzig maßgebende Institution in Angelegenheiten der Bauernschulen Liv-lands war bis zur Mitte des Jahrhunderts die deutschbaltischen Ritterschaft. In der Entwicklung der lettischen Volksschule im 19. Jahrhundert hinterließ das sowohl positive als auch negative Spuren. Schließlich war es wichtig, den Unterrichtsstoff zu definieren. Das Gesetz bestimmte, dass die Gemeindeschule ab einem Al-

---

[293] Sbornik postanovlenij po Ministerstvu narodrovo prosvestinija SP 6, 1864 t.I otg. I, pol 1058.

ter von 10 Jahren an so lange zu besuchen sei, bis der Pfarrer die Kenntnisse für ausreichend anerkannte. Die Eltern oder die Wirte, die ihre Kinder nicht in die Schule schickten, sollten Strafgeld bezahlen. Eine Strafe war auch für die nicht abgelegten Prüfungen zu bezahlen. Der Unterrichtsstoff in den Gemeindeschulen war nicht umfangreich - man lehrte Lesen, den Katechismus und das Singen der Kirchenlieder. In den Parochialschulen waren Lesen, Schreiben, Rechnen, Katechismus, Singen der Kirchenlieder und „Kenntnisse, die gegen den Aberglauben nützlich sind und die Berufspflichten erfüllen helfen" zu unterrichten.[294] Die Parochialschulen hatten die Aufgabe, die Lehrer für die Gemeindeschulen und Schriftführer für die Gemeindeverwaltung und Landgüter heranzubilden. Diese waren wegen ihrer umfangreicheren Ausbildung bei den Bauern populär. In den Parochialschulen lernten Kinder im Alter von 14 bis 17 Jahren, und vorwiegend waren es Jungen aus den wohlhabenden Bauernfamilien. Die Schulzeit dauerte sowohl in den Gemeindeschulen als auch in den Parochialschulen vom 10. November bis zum 10. März. Es wurde aber auch der Hausunterricht akzeptiert.

In dem Gesetz zur Bauernbefreiung Kurlands (im Jahre 1817) war den Bauernschulen eine viel kleinere Aufmerksamkeit gewidmet. Die Parochialschulen kannte man in Kurland nicht, und auch im Gesetz wurden sie nicht genannt. Das Gesetz sah nur vor, dass man für je 2.000 Seelen eine Gemeindeschule einzurichten hatte. Völlig ungelöst blieb sowohl in Livland als auch in Kurland die Frage der Lehrervorbereitung. In den Bauerngesetzen der Jahre 1817 und 1819 wurde diese Frage gar nicht berührt. Wie in Kurland, so entstanden auch in Livland in den 20er Jahren des 19. Jahrhunderts mehrere Pro-

---

[294] PSZ, Sobr. 1, tom. 36, No. 27.735.

jekte der Lehrerseminare, aber keines davon wurde verwirklicht.[295]

Die in den Schulgesetzen Kurlands und Livlands vom Jahr 1817 und insbesondere vom Jahr 1819 verankerten Erkenntnisse blieben in theoretischer Hinsicht nicht zurück hinter der Auffassung von der Elementarbildung in den Ländern Ost- und Ostmitteleuropas und auch von den Ideen, welche man am Anfang des Jahrhunderts im Russischen Reich zu verwirklichen versuchte. Effektiv wurde das im Gesetz Vorgesehene nie verwirklicht. Im Vergleich z.B. mit den habsburgischen Ländern besuchte nur eine geringe Anzahl der Bauernkinder die Schulen. Nach den von den Pfarrern Livlands gesammelten Daten besuchten im Jahre 1835 im lettischsprachigen Teil Livlands nur 7,3% aller Kinder im Schulalter die Schule.[296] In Kurland waren 1841 nach den Daten der Behörden der Ritterschaft 1.358 Kinder im Schulalter, die die Schule nicht regelmäßig besuchten, und 578 solche, die die Schule regelmäßig besuchten, aufgezählt.[297] Zum Vergleich einige Daten über die Situation in einigen Regionen der Habsburger. Im Jahre 1770 besuchten die Elementarschulen von allen Kindern im Schulalter: in Wien 24%, in Niederösterreich 16%, im Österreichischen Schlesien 4%. (Das Schulalter in Livland und Kurland betrug 7-17 Jahre, in Österreich 5 bis 13 Jahre.)[298] Nachdem im Jahre 1774 die Schul-statuten eingeführt worden waren, hatte sich im Jahre 1781 die Situation nach Meinung desselben Autors, sehr zum Besseren verändert. So wuchs die Zahl der Kinder in Niederösterreich, die die Schule besuchten, bis zu 38% an, in Böhmen 41%, in Vorösterreich 69% und in den Voralpen und

---

[295] Vgl. Tautas izglītība (wie Anm. 269), S. 82 f.
[296] CVVA, 214 f, 2. apr., 275 l, S. 227-248. Bericht über den Zustand des Volksunterrichts in der Provinz Livland nebst Vorschlägen zu einer genügenden Volksschulen-Verfassung.
[297] Ebenda, 412 f., 2. apr., 113 l., S. 30 f.
[298] Golob, Schulpflicht (wie Anm. 262), S. 99.

östlichen Gebieten 5 bis 25%.²⁹⁹ Hieraus zeigt sich, dass dort das staatliche System der Elementarbildung schon ein halbes Jahrhundert früher funktionierte. Die obligatorischen Elementarschulen waren, wie es im Schulreglement vom Jahr 1774 gesagt wurde, ein wichtiges Verbindungsglied zwischen der traditionellen religiösen Macht und der Legitimierung der weltlichen Macht neuer Art.³⁰⁰ Dabei wollte man einerseits die Entwicklung der neuen Wirtschaftsform, die Entstehung des Kapitalismus, forcieren und andererseits die wachsende bürgerliche Emanzipation in die für sie günstigen Gleise lenken.³⁰¹ Das waren die wichtigsten Motive, die die Habsburgerherrscher veranlasste, sehr ernst die Elementarbildung zu bedenken. In Livland begann eine solche Diskussion in den 30er Jahren des 19. Jahrhunderts, in Kurland ein wenig später.³⁰²

---

[299] Golob, Schulpflicht (wie Anm. 262), S. 121.
[300] Ebenda, S. 113.
[301] Ebenda, S. 112 f.
[302] Vgl. Daukšte, Die Idee der Volksschule in der Bildung der Bauern in den livländischen Landtagen der 30er und 40er Jahre des 19. Jahrhunderts. in: Der Fremde im Dorf, Überlegungen zum Eigenen und zum Fremden in der Geschichte, hrsg. v. Hans-Jürgen Bömelburg u. Beate Gschment. 1998, S. 43-62.

DAS SEMINAR IN ALP

Liivi Aarma

Die Bedeutung heutzutage

Im September 1998 wurde in Halle der dreihundertste Jahrestag der von Francke gegründeten Armenstiftung gefeiert. Man sagt, dass den Wendepunkt in Franckes Denken die in Lüneburg verbrachte Zeit und das Evangelium des Johannes bildeten. Zugleich kann man sagen, dass in Alp 1998 der 280. Jahrestag der Gründung der dortigen Armenstiftung gefeiert wurde.

Historische Quellen und Sekundärliteratur

Über das in Alp gestiftete Waisenhaus und Seminar gibt es erste gute Informationen von Olaf Sild aus dem Jahre 1928 in seiner Arbeit „Die Einflüsse August Hermann Franckes auf das kirchliche und geistige Leben in Estland und Livland" (Referat auch auf deutsch), daneben von Eduard Winter in seiner Monographie „Halle als Ausgangspunkt der deutschen Russlandkunde im 18. Jahrhundert" (1953) sowie einen Aufsatz von Karl Martinson „Seminar in Alp". Die zwei Erstgenannten hatten Archivquellen in Berlin und Halle untersucht, Karl Martinson hatte auch russische Sekundärliteratur benutzt. Ich habe im Tartuer Historischen Archiv geforscht und mehr Informationen über Zöglinge und Lehrerschaft entdeckt.

Die Gründung des Seminars

Hierzu gibt es Angaben
1. vom Stifter Magnus Wilhelm von Nieroth,

2. vom Pfarrer und ersten Direktor des Seminars Heinrich Christoph Wrede,
3. vom Unterstützer Pastor Eberhard Gutsleff und von anderen.

Heinrich Christoph Wrede und Eberhard Gutsleff hatten beide im Jahre 1710/11 bei Francke in Halle Freitisch genossen. Wredes neue Briefe sind in einer Archiveinheit in Berlin erhalten geblieben. Den wesentlichen Inhalt dieser Briefe bildeten das Obdach und die Schule der armen Kinder im Gute Alp, gegründet vom Landrat Nieroth.

Hintergrund der Gründung

Im Gründungsjahr 1717 gehörten Est- und Livland schon sieben bis acht Jahre zu Russland. Der Frieden von Nystadt wurde jedoch erst im Jahre 1721 geschlossen. Die grausame Pest- und Hungersnot vom Jahre 1710 hatte viele Waisenkinder in Est- und Livland hinterlassen, und deswegen war es dringend nötig, eine solche Anstalt für alle Schichten - für Adlige, Stadtbürger und Bauernschaft - zu gründen. Die Frühaufklärung und der Pietismus waren mehr in Livland verbreitet, das Revaler/- Tallinner Stadtkonsistorium war fest orthodox/lutherisch geblieben und deswegen war damals in Reval eine solche Anstalt schwer zu stiften.

Gründer

Der Gründer Magnus Wilhelm Nieroth, früher Major in der schwedischen Armee, dann estländischer Landrat und zuletzt Präsident des russischen Kommerzkollegiums, war Altersgenosse von August Hermann Francke. Er wurde im Jahre 1663 wahrscheinlich in Estland geboren und am 8. Februar 1740 in der St. Nikolai-Kirche in Reval begraben. Sein Vater war der schwedische Rittmeister Magnus von Nieroth und seine Mutter

Anna Elisabeth, geborene von Taube vom Gutshof Maydell, verwitwete Schrapfer. Seit dem Jahre 1718 führte er in Russland Kollegien ein. Seine Höfe waren in St. Peters Kirchspiel, in Jerwen Seydel, Kaulep, Alp, Kuckefer und in Harrien Waida. Nach dem Vorbild von Francke gründete er in Alp eine Armenstiftung. Diese Institution existierte mehrere Jahrzehnte und um fasste auch eine Armenschule für Esten. An Ort und Stelle machte Baron Magnus Wilhelm Nieroth im Jahre 1717 sein Testament, dass die Einkommen seiner Gutshöfe für die Eröffnung und Unterhaltung der Waisenanstalt in Estland benutzt werden müssten. Er bestätigte den Pfarrer Heinrich Christoph Wrede zum Inspektor und Direktor. Eigentlich war Nieroth Altersgenosse und auch Freund von Wredes Vater, Prediger von St. Johannis in Harrien, gewesen (Winter hatte vermutet, dass Nieroth und Wrede jun. Altersgenossen waren).

Aufbau

Als Vorbild für den Aufbau galten in allem die Halle-Anstalten. Nieroth hatte einen großzügigen Plan. Im Seminar Alp wurde den Kindern der Adligen und Nichtadligen Geographie, Philosophie, Arithmetik, Geometrie, Fortifikationskunst und Rechtswissenschaft auf deutsch, lateinisch und französisch gelehrt. Gleichzeitig fand auch Elementarunterricht in Malen, Tanzen, Fechten und Reiten statt. Die Fächer waren auch für die Russen gedacht, um europäische Sitten bekannt zu machen und einzuführen. Diese Möglichkeit war für russische Familien preisgünstig, da sie ihre Kinder nicht für viel Geld nach Europa schicken mussten, um ihnen dort eine europäische Schulbildung zu ermöglichen. Die besten Lehrer kamen aus Deutschland. Die Pensionsgebühr betrug 100 Rubel im Jahr, Waisenkinder wurden ohne Lehrgeld unterrichtet. Nieroth dachte, er könne daraus eine Institution mit bis zu 300 Schülern machen.

Unterstützung von Frauen

Von Anfang an unterstützte August Hermann Francke diese Idee. Er hatte schon Erfahrung auf diesem Gebiet: Am Ende des 17. Jahrhunderts das Beispiel von Gehr in Königsberg, und jetzt sah er in Nieroth einen zweiten Gehr. Der Unterschied lag darin, dass Gehr vorher in einem hohen staatlichen Amt beim Kurfürsten von Brandenburg gewesen war, dann aber die Politik verließ und sich seiner Institution in Königsberg widmete. Nieroth war aber nicht in Alp anwesend und verließ sich, was die Leitung der Schule betraf, auf Wrede.

Von Anfang an gab es Missverständnisse - Heinrich Christoph Wrede fühlte sich und handelte anfangs wie ein völlig unabhängiger Organisator, und Nieroth fühlte sich dadurch in seiner Autorität verletzt. So entstanden dann Unstimmigkeiten, weshalb Wrede nicht nach Alp umzog und das ganze Unternehmen aus St. Johannis in Harrien zu leiten versuchte.

Einrichtungsangelegenheiten

Wir wissen genau aus den Briefen Eberhard Gutsleffs, dass der Beginn im Herbst 1717 stattfand. Damals wurde die deutsche Schule, eine halbe Meile von der St. Matthias-Kirche in Jerwen entfernt, eingerichtet. In der Schule in Seydell wurden 28 Jungen und in der estnischen Schule 17 Jungen im ersten Jahr unterrichtet. Über den Bau der Schulräume im Gutshof Alp informierte Gutsleff am 16. Januar 1718: Die Schulzimmer und die Zimmer der Erzieher waren in einem Quadrat schon fertig und die ganze Schule sollte im Sommer 1718 fertiggestellt sein. Dann sollten auch alle Schulzimmer und Lehrerzimmer zur Verfügung stehen und im Mai 1718 zog die Schule nach Alp um. Es gibt keine früheren Angaben über die Bautätigkeit in Alp; heute wissen Historiker in Estland nicht, wann die Häuser in Alp gebaut wurden, aber dass das heutige, restaurierte Gebäude dasselbe ist, auch im Quadrat mit zwei Flügeln und auch damals erbaut. Auch ein anderes Gebäude lag näher am Gutshof Alp, die sogenannte Siedlung von Aru, zusätzlich existierte ein Gebäude, ungefähr zwei Kilometer entfernt vom Gut Härber.

Die estnische Schule befand sich wahrscheinlich im Dorf Sääsküla, eine halbe Meile vom St. Matthias-Kirchenpastorat entfernt. Der hiesige Pfarrer Wolmar Pancovius hatte keine Informationen über diese Schule in seinem Kirchenspiel. Er schrieb in seinem Memorial vom Jahre 1724, in der Alpschen Schule würden estnische Knaben unterwiesen, aber die näheren Angaben über die deutsche und estnische Schule hatte nur Pastor Wrede in der Hand. Im Jahre 1726 schrieb er, dass Nieroth eine Schule hinter dem inneren Feld erbauen lasse und das Alpsche Waisenhaus dorthin verlegt werde. Wieviel Kinder dort unterrichtet wurden, wusste er nicht.

Schülerzahl

Im Jahre 1719 besuchten 21 Schüler die deutsche Schule. Am 20. Mai 1720 besuchte Theopan Prkipovič, der orthodoxe Bischof zu Pskov und Narva, auf die Bitte des Zaren die Alpsche Waisenanstalt, um den Zaren über die Entwicklung der Institution zu informieren. Damals arbeiteten in der Schule vier Lehrer, etwa 100 Jungen gingen in die deutsche Schule und 50 Jungen in die estnische Schule. Die meisten Schüler in der deutschen Schule stammten aus Livland, aber einige waren auch Russen. Der Bischof brachte selbst drei Schüler mit, deren Eltern an der griechischen, hebräischen und lateinischen Sprache interessiert waren. Später, im Jahre 1723, gab es weniger Schüler. Für die Waisenkinder waren Unterricht und Unterhalt kostenlos, die anderen bezahlten dem Wohlstand der Familien entsprechend 10-30 Taler im Jahr. Der Direktor und die Lehrer erhielten 20-25 Taler, freie Kost und Wohnung für sich und für ihre Frauen, wenn sie verheiratet waren.

Lehrerpersönlichkeiten

Im Jahre 1717 bat Wrede, zwei Lehrer aus Halle zu schicken. Die ersten Lehrernamen sind nicht mehr bekannt, vielleicht war einer von ihnen Scipio, der im Jahre 1722 aus Alp nach Narva zog.

Im Jahre 1719 kam Adam Jacob Hirschhausen an, er korrespondierte mit Heinrich Milde aus Halle. In seinem Brief vom 12. Dezember 1723 können wir über die Fortschritte in Alp lesen. In der Schule wurde im Lateinunterricht die Grammatik von Lange, dem Autor aus Halle, benutzt. Er wurde später ein Konrektor der Revaler Stadtschule.

August Christian Albrecht war auch einer der ersten Lehrer in Alp. Er wurde in Rügenwalde geboren, am 9. Mai 171? wurde er in Wittenberg immatrikuliert und am 20. Juli zog er nach Halle um. Er war auch Apotheker. In den Jahren 1719-1724 arbeitete er als Mathematiklehrer in Alp, später als Mathematiklehrer in Riga im Lyzeum.

Heinrich Kaspar Keiling kam 1720 aus Halle nach Alp, danach lebte er als Kantor in Narva von 1724-1730.

Einer der ersten war auch Johann Friedrich Koch. Er hatte in seinen Briefen den Gründer Nieroth als Plänemacher geschildert, der seine Ideen nicht verwirklichen konnte. Besonders ärgerte die Lehrer, dass die von Nieroth nach Halle geschickten Prospekte nicht der Wirklichkeit in Alp entsprachen. Sie dachten, dass die Anstalt in Alp mehr als Erziehungsanstalt für Waisenkinder deutscher und nichtdeutscher Herkunft mit einem Konvikt für den baltischen Landadel gedacht war. Sie wussten nichts über die Schulung der Russen. Für die Halleschen Lehrer war Unterricht in Fechten, Tanzen und Reiten eine Grausamkeit. Unannehmbar war für sie, dass ein orthodoxer Geistlicher den russischen Zöglingen orthodoxe Gottesdienste hielt.

Der russische Admiral Apraxin stiftete eine große Summe, die Nieroth in die Kasse der Armeninstitution schickte. Wegen der Meinungsverschiedenheiten am Anfang siedelte Wrede nicht nach Alp um und versuchte das ganze Unternehmen vom St. Johannis-Kirchspiel in Harrien aus zu leiten. Er schrieb, dass er die Stiftung in Alp nur einmal alle vier Wochen besuchen könne, da die Strecke ungefähr 55 bis 60 Kilometer weit wäre. Nieroth meinte, Wrede hätte die Stiftung und die Güter verwalten sollen, aber es sei ihm nicht gelungen und deswegen hätte das ganze Unternehmen großen Schaden gelitten. Trotz der vielfachen Bitten habe sich dieser aber geweigert, auf Dauer nach Alp zu gehen.

Im Jahre 1723 kamen in Halle Informationen an, dass Wrede die aus Halle ankommenden Lehrer gegen Nieroth aufhetze. Schon im Jahr 1721 hatte Nieroth heftige Dispute mit Wrede; Wrede klagte über Nieroth in seinem Brief nach Halle. Nieroth habe nichts von seinen Plänen verwirklicht, weder Collegium arabicum noch Buchhandlung, Druckerei, Wollspinnerei, Kattunfabrik und andere Manufakturen, denen die Institutionen in Halle als Vorbild dienten. Mit diesem Ziel hatte Nieroth wohl Handwerker und Tapetenmacher geschickt, welche Wrede wieder weggeschickt hatte. Francke versuchte, durch die Vermittlung Eberhard Gutsleffs die Missklänge zu beheben, aber das Verhältnis war bereits so gestört, dass Nieroth Wrede im Jahre 1724 entließ. Nieroth hob sein Testament zugunsten von Wrede wegen der verwirkelten Beziehungen auf und erläuterte die Umstände in seinen Briefen vom Sommer 1724. Nieroth gab Wrede die Schuld daran, dass er nicht, wie versprochen, St. Johannis in Harrien verlassen habe und nach Alp gezogen sei. Deswegen habe das ganze Unternehmen Schaden gelitten. Nun stellte Nieroth Christoph Heinrich Helmershausen, geboren in Weimar, seit 1713 in Halle studiert und Lehrer aus Halle, ab 1723 in Alp als Inspektor und Direktor ein. Er verstarb noch im selben Sommer.

Nieroth stellte an den Direktor der Institutionen in Alp sehr große Anforderungen, die er selbst festgelegt hatte. Der Inspektor musste mit den Gründern der Stiftung, den Erziehern aus Halle, dem Gutsverwalter, den Handwerkern, den anderen Angestellten des Waisenhauses, allen Zöglingen sowohl aus dem Waisenhaus als auch aus der estnischen Schule, aber auch mit dem hiesigen Pfarrer, der Bauernschaft und den Gutsherren aus der Nachbarschaft verkehren und über die Entwicklung der Wirtschaft Bericht erstatten. Der fünfte Punkt verlangte das Beherrschen oder Erlernen der estnischen Sprache, weil dazu auch eine Schule für estnische Bauernkinder gehörte, teils auch wegen der Landwirtschaft, weil alle Streitfälle und Missverständnisse mit den Bauern auf estnisch gelöst werden mussten. Da die estnische leibeigene Bauernschaft hartnäckig war, musste bei ihnen besonders streng auf Disziplin geachtet werden.

Außer anderen Verpflichtungen waren die Bauern mit der Schule belastet. Darüber beklagten sich die Bauern bei den Lehrern aus Deutschland. In der Hakenrevision im Jahre 1725 wurden Sassi Jaan, Sitkenne Adam, Esko Mihkli Jürri, Wilman Hans, Merra Peter, Reisare Jaan und Saare Juhan vom Gutshof Alp zur Bedienung der Schulen angeführt.

Nach Wrede gab es eigentlich keinen Direktor, der Vizepräsident Nieroth leitete selbst die Schule. Zu diesem Zeitpunkt waren drei Lehrer tätig, etwa 40 Schüler nahmen am Unterricht teil. Im Mai 1728 wurde Heinrich Kaspar Keiling, dem Kantor von Narva, der Vorschlag gemacht, die Inspektorenstelle anzutreten. Statt Keiling kam aber Jacob Willberg, Pastor aus Dorpat. Er arbeitete hier ein paar Jahre und kehrte dann nach Deutschland zurück.

Das Seminar arbeitete wahrscheinlich bis zum Tode Nieroths Anfang des Jahres 1740. Im Jahre 1740 schenkte die Estländische Ritterschaft das Gut dem Baron Douglas.

Zöglinge der Waisenanstalt von Alp

Wredes Bruder Carl Christian Wrede, geb. 1704 in Reval, Waisenkind, gest. 1745, war Zögling in Alp seit Mai 1718, imm. in Halle am 5. 10. 1724. Informator in der Anstalt in Halle 1727-1729.

Wredes Schwager Carl Bernhard Ehinger, Waisenkind, geb. in Reval im Sommer 1705, später Pfarrer in Jörden, war einer der ersten Zöglinge im Gutshof Seidel. Er war sieben Jahre Zögling in Alp. Von 1729 bis 1771 war er Pfarrer in Jörden.

Thörne, Johann Gustav, geb. Ende des Jahres 1699, war von 1719 an Zögling in Alp, dann in Halle und ab 1724 Lehrer in Alp. Von 1726 Adjunkt bei der St. Matthias-Kirche, ab 1729 in Petersburg, gest. 1732.

Borge, Gustav Adolf, geb. 1716, der Vater war Verwalter des Guts Alp. Zögling vom Jahre 1721, imm. in Halle 1737, inzwischen lernte er auch in der Domschule zu Reval. Pastor von Wesenberg, gest. 1790.

Borge, Johann Georg, Zögling in Alp von 1721 bis 1731, imm. in Halle 1732, später Pastor zu Simonis in Wirland.

Lehrer in Alp

Eberhard Willemsen war in Kurland geboren und wurde im Februar 1723 in Halle immatrikuliert. Francke schickte ihn und Johann Wilhelm Ude aus Liebenrode bei Nordhausen Anfang

Mai 1725 aus Halle nach Estland. In den Jahren 1725-1728 waren sie in Alp als Lehrer, danach unterrichtete Willemsen 1730-1757 als Schulmeister in der Mädchenschule in Narva, und Johann Wilhelm Ude wurde Informator bei Pastor Schultz in Wierland und dann Pastor in Harrien an der Nissi-Kirche.

Lehrmethoden

Das Waisenhaus war vollständig nach den Vorgaben von Halle eingerichtet, und die Erziehungsmethoden, die dort angewandt wurden, waren die Franckes.

Francke sandte immer wieder Lehrer an die Anstalt trotz der ungünstigen Nachrichten, die er laufend von dort vernehmen musste.

Nieroths Pläne waren weitreichend: Er hatte nicht nur ein Collegium arabicum einrichten wollen, sondern auch eine Buchhandlung, Tuchfabrik, Wollspinnerei und verschiedene Manufakturen ganz nach dem Vorbild Halles. In diesem Sinne hatte Nieroth als Vizepräsident des Collegiums für Finanzen bereits einige Handwerker nach Alp geschickt, darunter Tapetenmacher.

DIE VOLKSSCHULLEHRERSCHAFT, IHRE POLITISCHE STELLUNG UND MATERIELLE ABSICHERUNG IN DER LIVLÄNDISCHEN GEMEINDE ALT-PEBALG*

Austra Avotiņa

Alt-Pebalg ist eine märchenhafte Region im Herzen von Livland, auf der Hochebene an der Quelle des Flusses Livländische Aa/Gauja. Besondere Bedeutung erreichte das Gebiet im 19. Jahrhundert, und bis zum heutigen Tage herrscht hier die Meinung, dass das Gebiet Alt-Pebalg einzigartig sei. Das ergibt sich aus dem Aufschwung der Kultur in der zweiten Hälfte des 19. Jahrhunderts. Dieser Aufschwung war das Ergebnis einer sehr aktiven, durch die Kirchengemeinde Alt-Pebalg realisierten Ausbildungspolitik. Die Kirchengemeinde war eine aktive Pflegerin der Bildung, und aktiv und gewissenhaft waren auch die Lehrer und Pastor dieser Gemeinde, die viele hervorragende Kulturschaffende hervorbracht hat. Die Größe der im Jahre 1845 gebauten Kirche dient als Beweis für die Situation in dieser Gemeinde.

Die Ereignisse der letzten Jahre in Alt-Pebalg waren die Veranlassung für die Auswahl dieses Themas.

Die große, 1944 gesprengte Kirche wurde restauriert, und nunmehr finden hier jeden Sonntag Gottesdienste statt. Im Jahre 1996 wurde das 300jährige Jubiläum der Schule von Alt-Pebalg gefeiert. Es erschien ein hübsches Büchlein über die Geschichte der Schule, aber die Tatsache, dass den Ereignissen des 19. Jahrhunderts bis 1865 nur fünf Seiten gewidmet waren, wenn auch interessanten Inhalts, hat mich überrascht.[303]

+ Die Schreibweise von weniger bekannten Orts- und Personennamen entspricht der lettischen Sprache.

Das Ziel dieser kleinen Forschung ist, die etwaigen Ursachen des Aufschwungs in der zweiten Hälfte des 19. Jahrhunderts aufzudecken, die in der ersten Hälfte des Jahrhunderts zu suchen und eng mit der Situation der Bildung in diesem Gebiet verbunden sind. Deshalb liegt die Hauptaufgabe dieser Forschung darin, die Situation in der Kirchengemeinde von Alt-Pebalg bis 1860/70 zu beschreiben, weil sich die Bedingungen durch verschiedene Ereignisse schnell veränderten. Es wurden neue Verordnungen über Gemeindeschulen erlassen. Daran nahm auch die Gemeindeverwaltung immer mehr teil, indem sie das Land für die Schulen ein kaufte, das Papier, die Gänsefedern etc. verteilte. Innerhalb weniger Jahre wurden in Alt-Pebalg zehn neue Schulen eröffnet. Die materielle Lage der Lehrer jedoch verbesserte sich nicht, eher umgekehrt.

Die Situation in der zweiten Hälfte des Jahrhunderts ist ein gesetzmäßiges Ergebnis der Bildungsarbeit vom Anfang des 19. Jahrhunderts. Vielleicht kann man diese Situation mit der des frühen Mittelalters vergleichen, als die starke Kultur der Klöster große Persönlichkeiten geschaffen hatte, die imstande waren, die Übermacht des Klerus zu zerschlagen und die Renaissance zu schaffen. Über die Tatsache, ob die Renaissance ein Faktor des Fortschrittes war, konnten sich die Wissenschaftler noch nicht einigen. Hervorzuheben ist außerdem, dass das lebendige Interesse der livländischen Geistlichkeit im 19. Jahrhundert und die aktive Tätigkeit auf dem Gebiet der Ausbildung eine starke Bewegung der Jungletten zur Folge hatte. Sie ist eine tragische, wenn auch historisch gesetzmäßige Erscheinung, ähnlich vieler Prozesse in der ganzen Welt. Ein typisches Beispiel dafür ist die Kirchengemeinde Alt-Pebalg.

Die Literatur über diese Periode in Alt-Pebalg ist recht reichhaltig und anscheinend gründlich erforscht. Einzigartig

---

[303] J. Polis, Vecpiebalgas skola. Cēsis 1996, S. 168.

und unikal ist das Material, das vor kurzem nach den Aufzeichnungen des Schulrats Johann Heinrich Guleke von 1889 als Buch erschienen ist.[304] Kürzlich erschien ein neues Buch, „Der Pädagogische Gedanke in Lettland".[305] Die Forschung ist zwar ernsthaft, aber die Objektivität der Autoren überzeugt sie nicht. Die Grundthesen sind traditionell und charakteristisch für den größten Teil der heutigen in Lettland erscheinenden Literatur über dieses Thema. Die wesentlichste Quelle über die Geschichte der lettischen Schulen ist weiterhin das am meisten bekannte vierbändige Buch von A. Vičs.[306]

Aus den Forschungsmaterialien mit einer spezifischen Thematik, die besonders wichtig für diese Untersuchung ist, sind mehrere zu erwähnen. Interessant ist das von dem Lehrer A. Rathminders geschriebene und dem Andenken Pastors Ferdinand Friedrich Schilling gewidmete Material.[307] Viele interessante Nachrichten und Aussagen von Zeitgenossen kann man dem Erbe der Gebrüder Kaudzite entnehmen. Es handelt sich auch um Erinnerungen der Schüler Alt-Pebalgs, die Angelika Gailīte zusammentrug.[308] Wie eine Entdeckung möchte ich das Werk von Matīss Āronu „Der Verein der lettischen Literatur in seiner 100-jährigen Tätigkeit" erwähnen, weil die Schulhistoriker dieses Material meist nicht verwenden.[309] Diese um-

---

[304] Johann Heinrich Guleke, Geschichte des livländischen Volksschulwesens. Hrsg. v. D. Kühn u. V. Daukšte. Lüneburg (Beiträge zur Schulgeschichte. 6), 1997, S. 226.
[305] Kopeloviča/A. Žukovs, Skolotāju izglītība un pedagoģiskā doma Latvijā. I daja. Rīga 1997, S. 222.
[306] Vičs, Latviešu skolu vēsture. Trešā grāmata. Rīga 1928, S. 656.
[307] Rathminder, Vezz Peebalgas draudzes mahzitaja Ferdinand Friedrich Schilling dzihves gahjums. Rihga 1875, S. 28.
[308] A. Gailīte, Vecpiebalgas draudzes skola: Vēstures apcerējums. Rīga 1937, S. 112.
[309] Matīss, Āronu, Latviešu literariskā (Latviešu draugu) Biedrība savā simts gadu darbā: Ainas no vāciešu un latviešu attiecību vēstures. Rīga 1929, S. 374.

fangreichen Aufzeichnungen spiegeln die historischen Erscheinungen der Verhältnisse zwischen Deutschen und Letten wider. Sie enthalten auch viele Informationen über die Geschichte der Schulen, wobei die verschiedenen Standpunkte dazu beitragen, den Geist des 19. Jahrhunderts zu verstehen. Eine wichtige Auskunftsquelle ist auch die damalige Presse, z.B. „Die Lettischen Zeitungen" und deren Beilagen „Kirche und Schule". Interessante Fakten findet man daneben in der Wochenzeitschrift „Inland", die häufig konträre Meinungen ohne redaktionelle Kommentare veröffentlichte im Gegensatz zu den „Lettischen Zeitungen". Sie ist auch die erste periodische Ausgabe mit pädagogischem Inhalt im Baltikum, die die „Livländische Schulblätter", (Herausgeber August Albanus), die leider nur von 1813 bis 1815 erschienen, erwähnt. Ein aktiver Mitarbeiter dieser Ausgabe war Generalsuperintendent K.G. Sonntag. Er nahm diesen Posten von 1803 bis 1827 ein. Während meiner nicht umfangreichen Forschung habe ich zwar keine speziellen Archivmaterialien gesucht, doch möchte ich besonders den persönlichen Fundus von K.G. Sonntag erwähnen, der zu der Forschung dieser Periode der Schulgeschichte einen bedeutenden Beitrag geleistet hat. Viele Autoren beziehen sich darauf. Beim Analysieren der Literatur des 20. Jahrhunderts muss man zu dem Ergebnis kommen, dass die Autoren zumeist aus oben genannten Quellen gleiche Tatsachen benutzt haben; auch die Auslegungen unterscheiden sich wenig. Leider waren solche Analysen vom Anfang des 19. Jahrhunderts, die die Ursachen der Ereignisse der 2. Hälfte widerspiegeln, nicht zu finden. Deutlich wird, dass die Autoren fast immer einer besonderen Periode mehr Aufmerksamkeit gewidmet haben, die man in der lettischen Kultur üblicherweise als Periode der Jungletten bezeichnet und die die letzten 30 Jahre des 19. Jahrhunderts umfasst.

Die schwedische Regierung war die erste, die eine Verordnung über die Bildung der Schulen für Bauern erließ; dann folgte der Beschluss des Livländischen Landtags im Jahre 1687. Leider wurden diese Verordnungen aus verschiedenen Gründen sehr langsam erfüllt. Ende des 17. Jahrhunderts wurden jedoch in fast allen Kirchengemeinden Livlands Schulen gegründet. Die Kirchengemeinde Alt-Pebalg ist fast die einzige, in der eine solche Schule ununterbrochen bis zum heutigen Tage funktioniert, jetzt als Livländisches Regionales Gymnasium.

Über das Gründungsjahr der Schule der Kirchengemeinde von Alt-Pebalg stimmen die Ansichten verschiedener Autoren nicht überein. Bis heute ist das älteste bekannte Zeugnis der Existenz der Alt-Pebalger Schule der Bericht an das Konsistorium vom 4. Mai 1696, den Angelika Gailīte in den Dokumenten des Schwedischen Staatlichen Archivs gefunden hat. Der Pastor Johann Georg Rhode schreibt: „Mein Lehrer bekommt 20 Taler aus der Kirche, 17-18 Lofmaße (ein Lofmaß = 68,78 Liter) Getreide, er hat ¼ Pflugland und jede Woche das ganze Jahr durch, angefangen von Montagabend bis Samstag, einen Fußgänger (Infanterist = Fußgänger ohne Pferd)." Am 15. Januar 1697 schreibt er einen ähnlichen Bericht, in dem erwähnt wird, dass „der Lehrer ein gutes Wohnhaus hat, ein Dampfbad und einen kleinen Kornspeicher." Es ist auch bekannt, dass die Schüler kostenlos das ABC-Buch von E. Glück und den „Frankfurter Katechismus" von M. Luther sowie ein Gesangbuch bekommen haben.[310]

Die gute Arbeit in den Schulen wurde durch verschiedene Ereignisse unterbrochen - im Jahre 1697 starben König Karl XI. und der Gouverneur J. Hastfer; der Generalsuperintendent J. Fischer wurde nach Deutschland und der Probst E. Glück nach Russland berufen. Es wüteten Hunger und Pest. Die größ-

---

[310] Vgl. Gailīte, Skola (wie Anm. 308), S. 7.

ten Veränderungen geschahen während des Nordischen Krieges, und die Nachkriegszeit war sehr schwer. Am 16. März 1703 schreibt der damalige Pastor Kristap Gerstenmeier an das Konsistorium, dass die schöne Kirche ganz zerstört sei. Nichts sei übrig geblieben außer dem Altargewölbe und dem Altar ohne Fenster. Das Pfarrhaus und die Schule lägen in Asche. Den Schulmeister habe er in seine Riege genommen. Im Jahre 1825 schreibt der Generalsuperintendent K.G. Sonntag, dass es während der schwedischen Zeit in Livland 25 Schulgebäude gab, von denen 17 während des Krieges zerstört wurden.[311]

Im Jahre 1804 wurde ein neues Bildungsgesetz erlassen, in dem eine längere Lehrzeit und die Erweiterung des Programms vorgesehen war. Die livländischen Gemeindeschulen, bisher Kirchspielschulen genannt, mussten jetzt zu Schulen höheren Niveaus, Parochialschulen genannt, werden. Die Gründung solcher Schulen dauerte sehr lange, die häusliche Bildung blieb noch lange die Hauptform der Ausbildung.

Diese Arbeit und die Ausführung des Gesetzes vom Jahre 1804 lag in den Händen der deutschen Pastoren, die diese Pflicht sehr ernsthaft erfüllten. Sie wirkten als allein Verantwortliche und manchmal auch als allein Durchführende der Ausbildung. Man kann sehr viele von ihnen nennen, z.B. - in Mazsalaca im Jahre 1814 - Fr.E. Guleke; er führte in der Kirchengemeinde eine strenge häusliche Bildung ein und gründete 1822 eine Schule, die von ihm selbst geleitet wurde. Berühmt wurde die Schule in Drusti, geleitet von Pastor Nagel (geboren in Preußen, Emeritus 1838). In der Kirchengemeinde Burtnieki wuchs die Zahl der Lesekundigen zu Zeiten des Pastors J.H. Guleke (1769-1816) auf 90%. Zu Zeiten des Pastors Gustav Bergmann in Araiši und später in Rujiena Ende des 18. Jahr-

---

[311] K.G. Sonntag, Übersicht von der Geschichte der Livländischen Landschulen. Dorpat 1825, S. 23.

hunderts waren fast alle Gemeindemitglieder Lesekundige.[312] Das sind nur einige der vielen wachen Köpfe, die durch Arbeit ihrer Gottespflicht nachkamen.

Generalsuperintendent Sonntag trug viel zur Anhebung des Bildungsniveaus bei. Mit Hilfe häufiger Umfragen wurde dem Stand der Schulen und der Bildung viel Aufmerksamkeit gewidmet. Aufgrund der Ergebnisse dieser Umfrage ist ersichtlich, dass es an Schulbüchern mangelte und dass die Klassenräume für den Unterricht ungeeignet waren oder gar nicht existierten. Es wurde betont, dass die Schüler oft kein warmes Essen bekamen. Die Schule war schlecht besucht und die Lehrer waren schlecht ausgebildet. Alle Anregungen Sonntags ans Konsistorium aufgrund dieser Umfrage bezeugen die Sorge der Kirche um die Erziehung der Bauernkinder im Geiste der christlichen Moral. Das sind wichtige Tatsachen, die die allgemeine Lage des Schulwesens kennzeichnen. In der zweiten Nummer der „Lettischen Zeitungen" im Jahre 1838 erschien ein Artikel eines anonymen Pastors, der die Situation gut beschreibt:

....kommen Sie mir zu Hilfe und sorgen Sie dafür, daß die Kinder, die weit von der Schule wohnen, Sonntagabend zur Schule und samstags wieder nach Hause gebracht werden. Und sagen Sie denen, die die Kinder wegen des Brotes und der Zukost von der Schule zurückhalten wollen, daß es nicht zuträfe, daß sie in der Schule mehr essen würden als zu Hause. ... Und wenn jemand diese guten Worte nicht befolgt, dann züchtigen Sie ihn und zwingen Sie ihn, die Kinder zur Schule zu schicken."

Die Kirchengemeinde von Alt-Pebalg kann stolz auf sehr eifrige und gewissenhafte Seelenhirten sein. Es ist überliefert, dass ab der zweiten Hälfte des 17. Jahrhunderts alle

---

[312] Āronu, Literariskā (wie Anm. 309), S. 6.

Gemeindepastoren außer einem den größten Teil ihres Arbeitslebens hier verbrachten.

In den Jahren 1771-1800 war hier der Pastor Gottlieb Linde tätig, der am 21. September 1800 starb und auf dem Alten Gemeindefriedhof beigesetzt wurde. Zu Zeiten dieses Pastors wohnten in der Gemeinde 4.500 Letten, von denen 2.512 lesekundig waren. Im Jahre 1801 übernahm das Amt des Pastors von Alt-Pebalg Johann Friedrich Schilling, der hier bis 1834 zur wesentlichsten bewegenden Kraft auf dem Gebiet der Ausbildung wurde. Geboren am 21. November 1766 in Rudolstadt, starb er am 29. April 1834, nachdem er an demselben Tag noch gepredigt hatte. Mit einer in Jena (1785-1788) erworbenen guten Ausbildung war er im Jahre 1795 Hauslehrer in Puikule. In den Jahren 1786-1801 war er Pastor in Aloja. Dieser Pastor wurde von der Gemeinde sehr geliebt. Er war ein Freund der Schulen und als wahrer Gründer und Förderer örtlicher Schulen angesehen. Bedeutsam ist die Tatsache, dass dank seines Fleißes die Schule von Alt-Pebalg zur Parochialschule wurde und nach einem neuen erweiterten Programm arbeitete. „Er leitete und förderte die Arbeit der Schule nicht nur mit heißer Liebe und treuer Anteilnahme, sondern auch mit Erfolg und wahren Ergebnissen", urteilt Matiss Kaudzīte, der spätere Lehrer der Knaben-Schule.[313] Auf die Umfragen von K. G. Sonntag antwortete der Pastor am 5. Juni 1802, dass er im vergangenen Winter selbst in der Kirchspielschule 20 Knaben von 11 bis 14 Jahren den Katechismus gelehrt habe. Das sei nur ein kleiner Teil von den 1.100 bis 1.200 Kindern. Es mangele an ABC-Büchern, Lesebüchern und Gesangbüchern. Das Schuljahr dauere vom Dezember bis April. In der Umfrage des Hauptkonsistoriums 1806 erzählt J. F. Schilling, dass zur Schu-

---

[313] M. Kaudzīte, Vecpiebalga senāk un tagad. Īsas ziņas no Vecpiebalgas draudzes in baznīcas par piemiņu tagadējās baznīcas 50 gadu pastāvēšanas svētkiem 22. jūlijā 1895. Rīga 1895, S. 28.

le ein altes Wohnhaus gehöre. Ebenso alt seien die Wirtschaftshäuser. Der Schulmeister Janis Krebs solle ¼ Pflugland, ein wenig Speisekorn und 7½ Taler Bargeld bekommen. Das Land bekomme er jedoch nicht.

In den Quellen können wir die Normen der Entlohnung der Lehrer finden. Die gebräuchlichste Entlohnung war ¼ Pflugland. War das Land kleiner, sollte der Lehrer zusätzlich Naturprodukte erhalten - Honig, Heu, einen Zuschlag in Talern, oder es wurde als dritte Möglichkeit nur in Naturprodukten und Geld entlohnt. Der Lehrer in Rauna bekam z.B. 36 Albert-Taler, 12 Loff Roggen und Gerste, 6 Loff Hafer, 2 Loff Buchweizen, 1 Loff Erbsen, einen Ochsen, zwei Schafsböcke, 5 Faden Holz und 3 Fuhren Heu. Aus den Aussagen des Pastors von Alt-Pebalg wird sichtbar, dass die Verordnung des Jahres 1694 auch am Anfang des 19. Jahrhunderts gültig blieb.

Wie schon erwähnt, erhielt die Gemeindeschule von Alt-Pebalg den Status einer Parochialschule. In der Umfrage des Konsistoriums im Jahre 1811 wird erwähnt, dass hier durchschnittlich 15 bis 20 Schüler lernten, die die Eltern auf eigene Kosten zur Schule schickten. Erst im Jahre 1815 gelang es dem Pastor, den Konvent von der Notwendigkeit zu überzeugen, jedes Jahr mindestens 22 Kinder einzuschulen; und zwar nicht die schwer auszubildenden, sondern die allerfähigsten Kinder aus der gesamten Kirchengemeinde. Die bisherige Schule für „Nichtkönner" wurde auf das Gut Oresmuiža umgesiedelt, und zum Lehrer wurde einer der ehemaligen Schüler von J. Krebs ernannt.[314]

In der veränderten Gemeindeschule wurde ein umfangreiches Lehrprogramm eingesetzt. Außer Glaubenslehre und Bibelgeschichte musste man sich auch Schönschreiben, Rechtschreibung, Aufsatz, Kopf- und Tafelrechnungen, Lesen und Verstehen, Kirchenmelodien und mehrstimmiges Singen sowie

---

[314] Polis, Skola (wie Anm. 303), S. 21.

Deutsch und Russisch aneignen. Parochialschulen wurden damals sowohl Kirchspielschulen als auch Schreiberschulen genannt, weil der größte Teil der Schüler später als Kirchendiener, Schreiber in der Gemeinde oder auf dem Landgut sowie als Lehrer arbeiteten. Die Schule von Alt-Pebalg wurde sowohl Landgutschule als auch Knabeninternat genannt.

Schon in den 1820er Jahren bildete die Schule von Alt-Pebalg erfolgreich Lehrer für ihre eigene und für die Nachbarkirchengemeinden aus. Als Lehrer war hier der zukünftige Pastor von Petersburg, Taubenheim, tätig. Hier wurden auch sehr viele zukünftige Schulmitarbeiter ausgebildet, z.B. Ansche Olte, Jānis Vitands, die Söhne von Schilling und viele andere. J.F. Schilling „widmete sich ununterbrochen mit eifriger Kraft der Ausbildung seiner sechs Söhne, damit sie die Hochschule oder Universität besuchen konnten. Aus diesem Grunde hat er eine solche Schule in seinem Haus untergebracht, in der die Kinder darauf vorbereitet wurden", schreibt A. Rathminder.[315] Dieses Ziel wurde erreicht - alle Söhne von Schilling promovierten zu Theologen und wurden berühmte Pastoren in Livland, in Tirza-Velena, Ļaudona und Lubana, Gulbene und Adaži. Der Nachfolger im väterlichen Beruf in Alt-Pebalg, Ferdinand Friedrich, besuchte die Universität von Dorpat schon mit 17 Jahren. Besonderen Anteil am Aufblühen von Alt-Pebalg haben zwei Schüler von J.F. Schilling - der schon erwähnte Ferdinand Friedrich Schilling und Ansche Rathminder, genannt Schulvater. Im Jahre 1823 wurde er Lehrer der Gemeinde von Alt-Pebalg. Pastor J.F. Schilling suchte ihn selbst aus und bereitete ihn besonders vor. Wie es in Alt-Pebalg üblich war, wurde der neue Lehrer auch der Vorsänger in der Kirche. Als Gehalt bekam er das schon in der „schwedischen Zeit" bestimmte Stück Land.

---

[315] Rathminder, Mahzitaja (wie Anm. 307), S. 3.

Die nächsten Wandlungen im Schulleben erfolgten durch die Annahme der Bauerngesetze von 1819. Die Lage der Bauern verbesserte sich, sie erhielten mehr Rechte. 40 Absätze des Gesetzes bezogen sich auf die Schulen der Gemeinden und Kirchengemeinden. Aufgrund dessen wurde festgelegt, dass in jeder Gemeinde mit mindestens 500 Männern eine Gemeindeschule gegründet werden sollte, oder es sollten sich zwei Gemeinden zusammenschließen. Auch das Lehrjahr mit seinen Daten wurde festgelegt vom 10. November bis zum 10. März. Den Bau der Schule und deren Unterhalt sollte die Gemeinde auf sich nehmen. Die Kontrolle der Schularbeit wurde durch den Pastor und den Kirchenvorsteher durchgeführt. Das Gesetz verordnete, dass in die Schule Kinder ab 10 Jahren aufgenommen und eine regelmäßige Prüfung durch den Pastor durchgeführt werden sollte. Man sollte so lange lernen, bis der Pastor die Kenntnisse für gut befand. Auch in der Sommerzeit sollte der Pastor dafür sorgen, dass die Kinder das Erlernte nicht vergaßen.

Während der Schulzeit sollte er jede vierte Woche den zu Hause durchgeführten Unterricht der Kinder prüfen und die Faulsten dann die Schule besuchen lassen. Für jedes ungerechtfertigte Fernbleiben von der Schule sollten die Eltern oder die Landwirte Strafgeld in die Gemeindekasse zahlen: 5 Kopeken für jeden versäumten Tag und 10 Kopeken für das Versäumen der Prüfung.

In der Gemeindeschule sollte man das Lesen sowie den Katechismus und die am häufigsten gesungenen Kirchenlieder lernen. Das ABC-Buch, das Lesebuch, Kerzen und andere notwendige Dinge sollten die Eltern der Schüler kaufen. Um die armen Kinder und die Waisen sollte sich die Gemeinde oder der Landwirt kümmern, und in solchen Fällen sollte das Kind bis zu seinem 17. Lebensjahr bei seinem Wirt wohnen. Es wurde der Gemeinde empfohlen, auf die Hygiene in den

Schulräumen zu achten, für warmes Essen für die Schüler zu sorgen und noch vieles mehr.

Es war das Verdienst des Generalsuperintendenten Sonntag, dass die Gesetze der livländischen Bauern die Schulangelegenheiten so breit ordneten.[316] Alle im Gesetz festgelegten Maßnahmen zur Verbesserung der Schularbeit formulierte er in vier Absätzen:

Man sollte Seminare für Lehrer organisieren und die materielle Absicherung der Lehrer so weit verbessern, dass sie unter guten Bedingungen ihre Arbeit leisten konnten. Man sollte dafür sorgen, dass die Verwaltung in die Hände der entsprechenden Fachleute gelangte und das Volk aktiv über die Schularbeit entscheiden konnte.[317] Diese Pflichten, die Leitung und die Prüfung des Schulunterrichts und des häuslichen Unterrichts kamen aufgrund dieses Gesetzes in die Hände des Pastors und des Gemeindeverwalters. Jede Schule war zweimal im Jahr zu prüfen, die Ergebnisse waren dem Schulkonvent zu übermitteln. Der Konvent erörtete Fragen über den Unterricht, den Stand der Schulgebäude, die Wohnverhältnisse der Lehrer und ihre Entlohnung.

Es wurden Bedingungen für die Einrichtung der Parochialschulen erarbeitet. Das Gesetz verordnete, dass jede Kirchengemeinde mit 2.000 Männern eine Gemeindeschule einrichten müsse. Die Aufgabe der Kirchengemeindeschulen war es, die Lehrer für die Gemeindeschulen sowie Schreiber für Gemeindeverwaltungen und Landgüter auszubilden. Die Gemeinden und Landgüter konnten auf ihre Kosten jedes Jahr mindestens zwölf Knaben im Alter von 14 bis 17 Jahren in die Schule schicken. Es wurden die Besten von den Schulabgängern der Gemeindeschulen aufgenommen. Die

---

[316] A. Švābe, Latvijas vēsture 1800-1914 (Geschichte Lettlands 1800-1914). Uppsala 1958, S. 171.

[317] Fr. Hollmann, Die Volksschule in Livland. Dorpat 1876, S. 16.

Schulabgänger der Parochialschulen sollten sechs Jahre für die Gemeinde arbeiten - als Schreiber oder Lehrer. Die Unterrichtsmethoden und Bücher wurden vom Konsistorium bestimmt. Es war die Pflicht des Pastors, die Parochialschulen oft zu besuchen und vier Stunden pro Woche die Glaubenslehre zu unterrichten sowie jedes Jahr einen Bericht über die Lage der Schulen einzureichen. Die Einsetzung des Lehrers erfolgte durch den Kirchenkonvent, die Tätigkeit des Lehrers überprüfte der Pastor.

Die Leistung von Alt-Pebalg für das Schulwesen wurde Vorbild für ganz Livland. Im Jahre 1825 besuchten 850 von 63.450 lettischen Kindern verschiedene Elementarschulen. Es waren nur 14 Kirchspielschulen mit 250 Schülern tätig. Sie befanden sich alle im Kreis Wenden (Lenci, Drusti, Gatarta, Liezere, Ungurmuiža, Mazstraupe). In Neu-Pebalg gab es damals nur drei Kirchspielschulen mit 90 Schülern, in Alt-Pebalg - fünf mit 60 Schülern. Mehr als die Hälfte dieser Schulen mit 60 % der Schüler war in Pebalg tätig. Ein Teil der Lehrer wurde statt der Entlohnung von der Hausmiete befreit (32 Rubel pro Jahr). Andere wurden mit Naturprodukten entlohnt. Da es in 33 Kirchengemeinden Livlands keine Schulen gab, sind diese Zahlen von besonderer Bedeutung.[318]

Im Jahre 1829 beschloss der Kirchenkonvent, ein neues Schulgebäude in Alt-Pebalg auf dem Grundstück des Lehrers zu bauen. Das neue Gebäude entstand an der Stelle, neben der das jetzige Gymnasium steht. Das 12 Faden lange und 5 Faden breite Gebäude war für 22 Schüler vorgesehen. An einem Ende des Hauses befand sich die Wohnung von A. Rathminder, am anderen Ende des Hauses der Unterrichtsraum, der auch gleichzeitig als Speise- und Schlafzimmer diente. In der Mitte des Hauses, in einer kleinen Kammer, wohnte auch der Gehilfe des Lehrers. A. Rathminders bebaute die Erde, den Obstgarten

---
[318] Polis, Skola (wie Anm. 303), S. 22.

und den Wald. Zu dieser Zeit wurden in das Schulprogramm praktische Fächer wie Obstbau, Ackerbau und Imkerei aufgenommen, in denen die Schüler gute Fertigkeiten erlernen konnten.

Die nächsten Aktivitäten auf dem Gebiet der Verbesserung des Schulwesens sind im Jahre 1834 mit der Synode in Walk verbunden. Auf der Synode hielt Pastor Ulmann von Kremon, der spätere Professor zu Dorpat, dann erster livländischer Schulrat und endlich Bischof und Vizepräsident des General Consistoriums zu Petersburg, einen Vortrag über „das livländische Landschulwesen", in dem er den traurigen Zustand des Landschulwesens darlegte. Die Synode beschloss daraufhin ein Komitee einzusetzen, das sich genau über die Schulzustände im ganzen Lande unterrichten und seine Vorschläge zur Verbesserung derselben vorlegen sollte. An der Spitze dieses Komitees stand Ulmann selbst. Im Januar 1835 versammelte sich das Komitee in Dorpat, stellte die Resultate seiner Erfahrungen zusammen und einigte sich über die an die Synode im Jahr 1835 zu machenden Vorschläge. Diese arbeitete Schilling von Tirsen (Sohn des livländischen Pastors J.F. Schilling), auch ein Mitglied des Komitees, aus.[319] Das Komitee zog Schlussfolgerungen aus der allgemeinen Lage und erarbeitete Vorschläge für die zukünftige Arbeit. Der Inhalt dieser Vorschläge ist sehr interessant, da die Kirchengemeinde von Alt-Pebalg wohl zum Vorbild genommen wurde. Die Parochialschule von Alt-Pebalg war in diesen Jahren eine der besten in Livland.[320] Das bezeugt auch die Besichtigung vom 26. bis 27. September 1835. Daran nahmen teil Propst Friedrich Wilhelm Weyrich, Pastor von Dzerbene und Drusti Christoph Nagel, die Vertreter des Adels August von Hagemeister und Gustav von Krüdener sowie der Gemein-

---

[319] Guleke, Geschichte (wie Anm. 304), S. 41.
[320] J. Kriškāns, Tautskolu vēsture: no 13. gs. līdz 1905. gadam I. Latvijas skolas, 1. sējums. Vāverlija. 1972, S. 48.

Gemeindepastor F.F. Schilling. Das Protokoll charakterisierte die Lage des Bildungswesens der Gemeinde - die Ergebnisse der Arbeit von J. F. Schilling, A. Rathminders und anderer Lehrer. Auf die Frage des Revidenten über die religiöse und moralische Lage der Gemeinde antwortete der Pastor ganz sicher: „Die Gemeinde gehört zu den bestausgebildeten und sittlichsten. Zu Hause wird morgens das Gebet gesprochen. Eheleute verhalten sich zueinander gut. Kinder werden gut erzogen und benehmen sich gut gegen ihre Eltern. Alle können lesen. Bücher gibt es reichhaltig. Fast jedes Kind kennt die Heilige Schrift." Während der Besichtigung fand ein feierlicher Gottesdienst unter Teilnahme des Kirchenchores statt. Propst F.V. Weyrich katechisierte die Jugendlichen über die Botschaft und den Inhalt der Bibel. „Die schnellen und richtigen Antworten bezeugten nicht nur richtiges Denken und gute Kenntnisse der Heiligen Schriften und der christlichen Lehre, sondern auch ungewöhnliche Auffassung und Aufmerksamkeit, wobei mehrere, sogar Mädchen, die Predigt richtig aufgenommen haben und sie wiedergeben konnten." Am Ende des Protokolls steht eine Notiz von F.F. Schilling, dass der Trieb der Einwohner, sich so eifrig mit den „irdischen Dingen" zu beschäftigen, ihn unruhig mache.[321]

Ferdinand Friedrich Schilling war der sechste Sohn des vorhergehenden Pastors. Er wurde am 19. Mai 1806 geboren. Sein erster Lehrer war der schon erwähnte Taubenheim. An der Universität von Dorpat wandte er sich mit Herz und Seele dem Studium der Theologie zu. 1828 ging er nach Deutschland, um in Berlin und Halle sein Theologiestudium fortzusetzen und Philosophie zu studieren. Seine erste Predigt hielt er in der Kirchengemeinde seines Vaters. 1834 arbeitete er kurze Zeit in der Kirchengemeinde von Ļaudona/Lubana, wo er sehr beliebt war. Während seiner Tätigkeit wurde die heutige Kirche gebaut

---

[321] Gailīte, Skola (wie Anm. 308), S. 15 ff.

und eingeweiht. Auch das Gebäude der neuen Gemeindeschule wurde zu seiner Zeit gebaut. In der Kirchengemeinde wurde er mit tiefer Hochachtung und Ehrfurcht aufgenommen. Er hatte einen bewundernswerten moralischen und geistigen Einfluss auf die Kirchengemeinde. Er war überzeugt, dass die Gottesfurcht und Sittlichkeit der Menschen heimlich, unter dem Deckmantel der Bildung und Aufklärung, untergraben werde. Deshalb versuchte er mit all seiner Kraft, in der Gemeinde die einfachen Kleider und sonstigen Sitten der Vorfahren zu erhalten, indem er vor allen Besonderheiten der neuen Zeit warnte. Seine Weltanschauung kommt sehr gut in dem berühmten Roman der Gebrüder Kaudzītes „Die Zeit der Landvermesser" zum Ausdruck. Interessant ist die Erzählung über die Verhältnisse der Pastoren in Lettland und Deutschland in dem Buch von Matīss Āronu: „Als der Pastor Schilling einmal auf sich selbst und auf die Verhältnisse der Gemeinde zornig wurde, hat er gesagt, daß er lieber in Deutschland als Glöckner arbeite als in Livland als Pastor in einer 8.000 Seelen großen Gemeinde." Der bekannte Philosoph J. Erdmann von Halle, der seinerzeit auch Pastor in Livland war, erwiderte da-raufhin: „Du Unvernünftiger! Falls wir eine Auswahl zwischen einem Pastorenamt in Deutschland oder Livland hätten, dann würde ich von Halle nach Livland kriechen. In Deutschland braucht der beste Pastor fünf Jahre, um das Vertrauen der Gemeinde zu gewinnen, wohingegen in Liv-land der schlechteste Pastor fünf Jahre braucht, um das Vertrauen zu verlieren."[322] Vielleicht klingt es übertrieben, aber sehr treffend, weil dies in Lettland heute noch der Fall ist. F.F. Schilling schätzte den häuslichen Unterricht sehr hoch ein. Aber gerade zu seiner Zeit begannen in der Gemeindeschule die Besten aus dem ganzen Kreis ihre Ausbildung. In dieser Zeit wuchs das allgemeine Niveau auf das Niveau der schon erwähnten Parochialschulen. Schilling lenkte

---

[322] Āronu, Literariska (wie Anm. 309), S. 59.

seine besondere Aufmerksamkeit auf die Gesanglehre, man kann sagen, dass er Anteil hatte an der Schulung der Generation aus Alt-Pebalg, die an dem Ersten Allgemeinen Sängerfest teilnahm. Über die Arbeit Schillings in der Gemeinde von Alt-Pebalg kann man sich anhand der Worte von A. Rathminders zum Andenken des Pastors ein gutes Bild machen: „Ein nettes vierstimmiges Singen hat er sehr geliebt und kümmerte sich darum, daß alle Kindlein seiner Gemeinde nicht nur verständlich und klar lesen konnten, sondern auch die Kirchenmelodien singen konnten. Von den Schulkindern verlangte man nicht nur Kenntnisse des praktischen Lebens, sondern mehr die, die den Weg auf der Grundlage des Glaubens ebneten...".[323]

Ansche Rathminder - der alte hochgeachtete Parochiallehrer von Alt-Pebalg (1805-1887) war 63 Jahre lang der Verwalter der Gemeindeschule und galt als der Schulvater. Er zog fünf Töchter groß und war eine aktive Persönlichkeit des öffentlichen Lebens; er war im Verlag von Steffenhagen seit 1836 tätig; er war einer der Gründer des Wohltätigkeitsvereins; er förderte die Einführung der Privatklasse in deutscher und russischer Sprache und unterstützte auch die höhere Klasse von A. Kronwald. Sein sittliches Leben und seine Kenntnisse wurden hoch geschätzt. Er unterrichtete die Konfirmanden, leitete mit Erfolg das Singen in der Kirche und konnte ein wenig Orgel spielen. Der Unterricht in der Schule wurde als gründlich und erfolgreich bewertet. Die Kinder erbrachten gute Leistungen im Lesen (einige Absätze seien sogar zwei Bögen lang gewesen) und auch im Schönschreiben. Er unterrichtete Religion, Bibelgeschichte, vierstimmiges Singen und Rechnen. Die Schule besuchten 22 Knaben. Bei der Beerdigung von Rathminder wurde gesagt, dass „die Lehrer den Verstorbenen zum Vorbild nähmen in der treuen Anhänglichkeit an unseren evangelischen Glauben und nicht vergässen, sich zu dem Volk

---

[323] Rathminder, Mahzitaja (wie Anm. 307), S. 15.

zu halten, dem unsere Kirche und Schule so viel verdanken".[324] Der Gehilfe des Lehrers war der im Bauernhof „Gropini" geborene Ansche Olte. Auch ihn hat J.F. Schilling vorbereitet. Die Revidenten schätzten A. Olte als einen ausgezeichneten Lehrer. Als Lehrer arbeiteten später Schüler von Rathminders, wie Ansche Ievins und Jekabs Kornets. Letzterer war eine lange Zeit auch als Organist der Kirche tätig.

Die Schulen lehrten auch in allen sechs Gutsgebieten, also in Grotuzi, Bringi, Vackalns, Leimani, Velki und Oresmuiža. Die beiden letzteren waren am längsten tätig. Es ist überliefert, dass es Leseschulen auf den Bauernhöfen „Akmentini" und „Taskeni" gab, die zum Landgut Alt-Pebalg gehörten. Vor dem Bau der Schule in der Gemeinde Leimani wurde der Unterricht in „Lukeni" durchgeführt. Die Namen der Lehrer sind unbekannt. Diese Schule war für die Zurückgebliebenen vorgesehen. Auf dem Programm standen Lesen, der Katechismus und Kirchenlieder. Die Lehrer wurden vom Pastor und der Gutsverwaltung eingestellt.

Ein ähnliches Bild zeigt das Lehrjahr 1856/57. In der Region gab es sechs Schulen mit sieben Lehrern. In der Parochialschule lernten 33 Schüler, unter ihnen einige Mädchen, z.B. Töchter von A. Rathminder und M. Hirsch; die Kirchspielschulen besuchten 70, während 1.801 Kinder häuslichen Unterricht erhielten. Im ganzen Kreis von Wenden gab es eine größere Anzahl von Schulen nur in Neu-Pebalg, Cēsvaine und Wenden.[325]

Die Klassenräume in der Gemeindeschule wurden zu eng, besonders 1859, als die Privatklasse der deutschen Sprache von Jekabs Pilsathneek eröffnet wurde. In weitem Umkreis war sie die erste „deutsche Klasse". J. Pilsathneek (1838-1879) war der erste Lehrer in Alt-Pebalg mit einem Diplom des J.-Cimze-

---

[324] Guleke, Geschichte (wie Anm. 304), S. 196.
[325] Vičs, Vēsture (wie Anm. 306), S. 395.

Seminars. Er arbeitete von 1859 bis 1878 in der Gemeindeschule und als Leiter der Privatklasse bis 1864. Zuerst gab es hier nur 10-15 Schüler, aber bald wurde die Klasse populär. In den 50er Jahren unterrichtete man Deutsch nur an einigen livländischen Schulen: Rujiena, Araiši und Dole. Die Forderung nach der deutschen Sprache wurde immer notwendiger. Außer der Glaubenslehre wurden alle Fächer von Pilsathneek auf deutsch unterrichtet. Zusätzlich wurden Geographie, Geschichte und Zeichnen gelehrt. Das beeinflusste wesentlich die Möglichkeit weiterzulernen. Sehr gut charakterisiert diese Leistung J.H. Guleke, indem er schreibt: „Da gingen die Letten in Alt-Pebalg energischer und umsichtiger vor. Sie bauten die Parochialschule aus, setzten ihr eine höhere Klasse auf und beriefen an diese einen wissenschaftlich gebildeten Lehrer. Die Schule gedeiht noch."[326]

In der Zeit von 1859 bis 1871 wuchs die Zahl der Kirchspielschulen in ganz Livland um fast das Sechsfache, bis 1876 vervierfachte sich die Zahl der Schüler in den Gemeindeschulen. Wesentlich wuchs auch die Zahl der Schüler in den Parochialschulen (1,6 fach). Die Anzahl der Mädchen betrug 1875 schon 45 % (Anfang des Jahrhunderts hatten die Mädchen die Schule praktisch nicht besucht).[327] Auch in Alt-Pebalg gab es einen Anstieg der Schüler, der den Konvent über den Bau neuer Schulen nachdenken ließ. Ein entsprechender Beschluss wurde am 24. September 1859 angenommen und der Grundstein des Gebäudes in einem Festakt am 10. Juni 1860 eingemauert. Diese Schule wurde um eine Unterrichtsstufe höher geplant als die der Gemeindeschulen. Dadurch ist zu erklären, warum die Schülerzahl der Gemeindeschulen den Gesetzes-

---

[326] Guleke, Geschichte (wie Anm. 304), S. 174.
[327] A. Staris, Kurzemes un Vidzemes laukskolas 19. gs. 70. gados/ Tautas izglītība un pedagoģiskā doma Latvijā līdz 1900. gadam. Rīga 1987, S. 128.

normen nicht entsprach. Die Zahl dieser Schulen in Livland vergrößerte sich praktisch nicht - sie entsprach dem Gesetz vom 1819. Aber die Einwohnerzahl hatte sehr zugenommen. Damit die neue Schule entsprechend vorbereitete Schüler bekam, wurden während der Bauzeit zwei Hilfsschulen oder Dorfschulen gegründet, eine in dem alten Wohnhaus des Landgutes Velki unter der Leitung von G. Schiron, die zweite auf dem Landgut Oresmuiža in dem ehemaligen Gerichtsgebäude. Hier unterrichtete der Lehrer Peteris Zaravics aus Coleni, später eine bekannte Persönlichkeit des Schulwesens. Nicht nur die beiden oben genannten, sondern auch die anderen Gehilfen von A. Rathminders waren ehemalige Schüler dieser Parochialschule - Ansche Olte, Reinis Schiron, Jekabs Kornet, Jekabs Pilsathneek. Sie unterrichteten nicht nur das Lesen, sondern auch das Schreiben und Rechnen. Das geschah sehr gewissenhaft, die Aufgaben waren schwer. Zusätzlich wurde das Singen gelehrt - in der Kirche wurde vierstimmig „Die Schöpfung" von Haydn u.a. in lettischer Übersetzung gesungen. Gemeinsam mit dem Umzug der Gemeindeschule in das neue Gebäude zogen auch die beiden Hilfsschulen um.

Die neue Gemeindeschule wurde 1862 erbaut. Die größte Anerkennung bei der Leitung der Bauarbeiten gebührt dem Kirchenvorsteher August von Hagemeister, ehemaliger Bevollmächtigter des Grafen Scheremetjew. Der ehemalige Schüler der Parochialschule A. Klehbach, erinnert sich:

Das Gebäude war weiß gestrichen, mit einem von Säulen getragenen Balkon. Im Vergleich zu anderen Landschulen sah dieses imposant aus. Bis zum heutigen Tage habe ich an keinem öffentlichen Gebäude Gedenktafeln gesehen, wie es an dieser livländischen Gemeindeschule der Fall war - an der Front des Hauses - zwischen Erdgeschoß und der 1. Etage - waren Gedenktafeln mit den Namen der Persönlichkeiten von

Livland befestigt, die zum Bau und zur Entwicklung der Schule beigetragen haben."[328]

Leider haben wir keine konkreteren Informationen über diese Leute. Sehr interessant sind auch die Erinnerungen eines anderen berühmten Schülers dieser Schule, Andrievs Niedra, der hier von 1885 - 1887 gelernt hatte:

[...] für die Butterbrotpakete gab es eine Extra-Kammer, es existierte sogar eine Krankenkammer [...]. Außerdem gab es einen Waschraum. Für die Schüler, die weiter entfernt wohnten, wurde auch ein gemeinsames Essen organisiert; aus den mitgebrachten Produkten kochte die Frau des Schuldieners ein warmes Mittagessen. Auch Wasser für den Tee hat der Schuldiener jeden Morgen besorgt. Im Vergleich zu der Gemeindeschule Tirza war die Ordnung in Pebalg vorbildlich, wenn auch einfach.[329]

Am Ende dieser Übersicht kann man schlussfolgern:

1. Die Entwicklung des Schulwesens in der ersten Hälfte des 19. Jahrhunderts spiegelt komplizierte politische und auch soziale Probleme wider.
2. Aus der Forschung der umfangreichen Literatur muss man folgern, dass dieses Thema noch viele unklare Fragen in sich birgt.
3. Es ist schwer, sich die Lage der livländischen Schule vorzustellen, wenn man hypothetisch annehmen würde, die deutschen Pastoren wären auf diesem Gebiet nicht tätig gewesen.

---

[328] Gailīte, Skola (wie Anm. 308), S. 86.
[329] A. Niedra, Mana bērnība / Latvis. (1926), in: Nr. 1427, S. 4.

4. Der geleistete Beitrag der deutschen Pastoren auf dem Gebiet der Ausbildung in der Gemeinde Alt-Pebalg ist sehr hoch einzuschätzen.
5. Trotz der Probleme muss man anerkennen, dass die materielle Absicherung der Lehrer dem Zeitalter entsprach, was gleichbleibend für die gesamte betrachtete Periode gilt.

Es ist kennzeichnend für den Menschen, dass er immer mehr möchte. Deshalb möchte ich als Zeugnis für die Lage der Lehrer am Ende der betrachteten Periode einen Auszug aus einem Gedicht eines anonymen Autoren, veröffentlicht im „Baltischen Boten" 1872, zitieren:

>   Wer ist der ärmste aller Teufel
>   Und lebt so schlimm als wie ein Hund?
>   Kein and'rer ist's als unser Lehrer,
>   Der Schulmeister, der arme Wurm!
>
>   Für ein paar lump'ge Groschen nur,
>   Für einen Scheffel Korn als Lohn,
>   Plagt er sich elend lebenslang
>   Und seufzet schwer so manchen Tag.
>
>   Er zähmt die faulen, wilden Racker,
>   Bringt ihnen kluge Dinge bei,
>   Doch wenn sie ungezogen sind,
>   Muß er zum Prügelstocke greifen.
>
>   Wie sauer wird ihm solches Leben,
>   Wie bitter schmeckt solch täglich Brot;
>   Er bröckelt's voller Weh und Wut
>   Und nagt am salz'gen Heringsschwanze.

Das klingt nicht tragisch, auch ein Lehrer des heutigen Lettland könnte solch ein Gedicht schreiben. Das entspricht dem Niveau der Zeit!

DAS DEUTSCHE SCHULWESEN IN ESTLAND NACH 1918

Michael Garleff

Das deutsche Schulwesen Estlands erfuhr in den letzten Jahrzehnten seines Bestehens dreimal grundlegende Veränderungen:

- durch die mit dem Verlauf des Ersten Weltkrieges verbundenen Ereignisse,
- durch die Schaffung eines einheitlichen Schulnetzes nach der Errichtung der deutschen Kulturselbstverwaltung im Jahre 1925,
- schließlich durch die erneute Reform des deutschen Schulnetzes im Zusammenhang mit dem grundlegenden Umbau des estnischen Schulwesens seit dem Jahre 1934.

Die jeweiligen Umstrukturierungen erfolgte weder schnell noch problemlos.[330] Dabei handelt es sich überwiegend um generelle Überlegungen und Auseinandersetzungen innerhalb einer sich in tiefgreifendem Umbruch befindlichen Volksgruppe. Als Beispiel der schwierigen organisatorischen und inhaltli-

---

[330] Vgl. allgemein zum Thema: Paul Blosfeld, Geschichte des deutschen Schulwesens in Estland 1919-1935. Reval 1935. Wolfgang Wachtsmuth, Von deutscher Schulpolitik und Schularbeit im baltischen Raum, von ihren Anfängen bis 1939, in: Deutsches Archiv für Landes- und Volksforschung 7 (1943), S. 45-88, 351-396; W. Stillmark, Das deutsche Schulwesen in Estland seit 1918, in: Handwörterbuch des Grenz- und Ausland-Deutschtums. Bd. 2. Breslau 1936, S. 214 f.; Erich von Schrenck Deutsche Bildungsarbeit in den baltischen Landen. in: Aus deutscher Bildungsarbeit im Auslande, hrsg. v. Franz Schmidt u. Otto Boelitz. Bd. 1: Europa. Langensalza 1927, S. 337-378; Hellmuth Weiss, Das deutsche Schulwesen Estlands 1925-1939, in: Zeitschrift für Ostforschung 35 (1986), S. 182-190 (mit erschöpfenden Literaturangaben).

chen Anpassung an die ungewohnten neuen Verhältnisse einer nationalen Minderheit kommt diesen Vorgängen exemplarische Bedeutung zu.[331]

Den Jahren 1919 bis 1934 misst der ehemalige Schulrat der Deutschen Kulturverwaltung, Paul Blosfeld, in seiner „Geschichte des deutschen Schulwesens in Estland" eine „grundlegende Bedeutung für das Deutschtum in Estland" zu.[332] In seinem knappen historischen Überblick weist er u.a. darauf hin, dass während der kurzen bolschewistischen Herrschaft die Unterrichtssprache freigegeben wurde, in den deutschen Schulen also wieder Deutsch unterrichtet werden konnte, dafür aber am 1. Februar 1918 die Abschaffung des Religionsunterrichts gefordert wurde. Nach der Eroberung des Landes durch die deutschen Truppen übernahm die Militärbehörde „Ober-Ost" (A.O.K. 8) mit der gesamten Verwaltung auch die des Schulwesens. Mit dem übergeordneten Ziel einer Angliederung der baltischen Länder an das Deutsche Reich entfaltete sie eine für Militärverwaltungen immerhin beachtliche Aktivität und Leistung im kulturpolitischen Bereich. Ihr Plan, ausschließlich Deutsch als Unterrichtssprache zuzulassen, stieß allerdings auf den energischen Widerstand nicht nur bei deutschbaltischen Pädagogen, sondern auch bei anderen Persönlichkeiten des öffentlichen Lebens.

Diese von Blosfeld kurz erwähnte Episode verdient deshalb Aufmerksamkeit, da ihr generelle Aspekte der deutschbaltischen Schule zugrunde liegen und sie darüber hinaus ein bemerkenswertes Zeugnis für die Unterschiede zwischen reichsdeutschen und deutschbaltischen Mentalitäten erkennen lässt.

---

[331] Michael Garleff: „Kein deutsches Kind ohne deutsche Schule." Das deutsche Schulwesen im unabhängigen Estland bis zur Übernahme durch die Kulturselbstverwaltung, in: Nordost-Archiv N.F. I (1992), S. 309-333.

[332] Blosfeld, Geschichte (wie Anm. 330), S. 3.

Im Besitz der Baltischen Historischen Kommission befindet sich ein umfangreiches Typoskript des im Jahre 1969 verstorbenen ehemaligen Pädagogik-Professors Gerhard Giese über die Schulpolitik der deutschen Militärverwaltung im Baltikum 1915-1918, das nicht zuletzt wegen des vom Autor umfassend ausgewerteten zeitgenössischen Quellenmaterials von Bedeutung ist.

Das deutsche Schulwesen war nach den kulturellen Russifizierungsmaßnahmen und der folgenden Erholung seit 1906 in die Stürme des Ersten Weltkriegs mit einem mehrfachen Auf und Ab geraten: Schließung der Schulen zu Anfang des Krieges, Veränderungen unter Kerenski, die Verwaltung auch des Schulwesens durch die deutsche Militärverwaltung „Ober-Ost". Gegen deren Absicht, nur Deutsch als Unterrichtssprache zuzulassen, setzte sich u.a. der frühere Direktor der Domschule, Schulrat Alexander Eggers, vehement mit den Worten zur Wehr: „Wir deutschen Balten hatten einst die Zwangsrussifizierung der deutschen Schulen als pädagogisch unhaltbar bekämpft. Sollte ich jetzt die Hand dazu reichen, denselben Zwang gegen die estnischen Heimatgenossen durch eine deutsche Schulbehörde durchzuführen? Dem widersprach mein Gewissen!"[333]

Während des Freiheitskrieges 1918/19 befanden sich die deutschen Schulen in einer äußerst schwierigen Lage. Wenn auch muttersprachlicher Unterricht zugelassen und später in der Verfassung verankert wurde, so hatte man mit einem anderen, elementaren Problem zu kämpfen: Denn außer den drei städtischen Schulen in Reval waren alle anderen Schulen Privatschulen, die zum großen Teil an Einrichtungen der Vorkriegszeit anknüpften und zunächst sehr unterschiedliche

---

[333] Alexander Eggers, Estländische Schulpolitik 1918. Erinnerungen aus der Okkupationszeit in Estland, in: Baltische Monatsschrift (1929), S. 208.

Lehrpläne aufwiesen, bis sie auf den Grundtypus der sechsjährigen Grundschule als Unterbau für verschiedene Typen fünfklassiger Gymnasien festgelegt wurden. Sie waren insgesamt charakterisiert durch völlig unzureichende finanzielle Ausstattung vor allem in den Kleinstädten und mussten sich selbst finanziell erhalten. Das bildete besonders für die nunmehr oft ohne eigenes Haus und Inventar dastehenden, neu aufzubauenden Schulen schier unüberwindbare Hindernisse, zumal sich ihre Einnahmen fast ausnahmslos aus den Schulgeldern zusammensetzten.[334]

Im Unterschied zum lettländischen Deutschtum gelang es in Estland nicht, bereits in der Anfangsphase der Staatsgründung eine autonome staatliche Verwaltung wie die „Verwaltung des deutschen Bildungswesens" ins Leben zu rufen.[335] Das estländische Deutschtum antwortete auf diese katastrophale Situation analog zur Gründungszeit der „Deutschen Vereine" im Jahre 1906, indem es am 20.9.1919 in Reval die „Gesellschaft zur Unterstützung deutscher Privatschulen und mittelloser Schulkinder" gründete, die - auch behördlich registriert - später unter dem Namen „Gesellschaft Deutsche Schulhilfe" die Verwaltung und Finanzierung der deutschen Privatschulen übernahm und dabei unter der Losung: „Kein deutsches Kind ohne deutsche Schule" eine fruchtbare Tätigkeit entfalten sollte.[336] Unter den Gründern ragen hervor der früh verstorbene erste Vorsitzende Dr. Ernst Petersen, Konsul Arthur Ströhm und Dr. August Spindler sowie Hans-Jakob Eggers und der ab 1920 als Vorsitzender tätige Baron Axel Maydell mit dem Vi-

---

[334] Für Dorpat vgl. hierzu Heinrich Pantenius, Die Öffentlichen Deut-schen Schulen Dorpats. Dorpat 1924.
[335] Zur Schulautonomie in Lettland und zum Vergleich beider Bildungssysteme vgl.bes. Wolfgang Wachtsmuth, Von deutscher Arbeit in Lettland. Bd. 2: Die autonome deutsche Schule in Lettland, 1920-1934. Köln 1952.
[336] Vgl. Blosfeld, Geschichte (wie Anm. 330), S. 5-11.

zepräsidenten Schuldirektor Eugen Riemer. Zusammen mit dem etwa gleichzeitig begründeten „Dorpater Deutschen Schul- und Unterstützungsverein" und dem „Pernauer Schulverein" bildeten die bald in allen kleinen Schulstädten entstehenden Ortsgruppen der „Deutschen Schulhilfe" ein Netz enger Zusammenarbeit.

Aufgrund nicht eines festen, sondern eines freiwilligen, nach Einkommen gestaffelten Mitgliedsbeitrages (1/2 bis 5% des jeweiligen Einkommens galt als Selbstbesteuerungsnorm) kamen wohl beträchtliche Summen zusammen, die aber die Erfordernisse nicht befriedigen konnten. So mussten mit Spendensammlungen, Wohltätigkeitsveranstaltungen und dergleichen Aktivitäten die Gesamteinnahmen gesteigert werden. Hauptaufgabe der Schulhilfe war es, die oft katastrophale Lage der Privatschulen und der an ihnen tätigen Lehrer zu verbessern. Mit der Festsetzung eines gleichen Gehaltssatzes für alle Schulen - mit einer Teuerungszulage für die Hauptstadt Reval - konnte wenigstens ein Mindestmaß an Sicherheit geboten werden, wobei man noch immer unter der staatlichen Besoldung lag. Das galt ebenso für die Einrichtung einer Pensionskasse, denn die Lehrkräfte an den Privatschulen waren ja nicht pensionsberechtigt.

Im Jahre 1920 übernahm für kurze Zeit Oberpastor Wilhelm Kentmann diese Koordinierungsaufgaben, nach ihm der deutsche Volkssekretär Johannes Beermann, und im November 1921 wurde der Direktor Alfred Walter aus Dorpat zum privaten deutschen Schulrat gewählt, dem sich alle Privatschulen freiwillig unterstellten. Damit konnte durch pädagogische und juristische Beratung, durch Vertretung vor dem Bildungsministerium oder durch Beschaffung von Lehrmitteln „eine gewisse auf Freiwilligkeit gegründete Vereinheitlichung des Privatschulwesens" durchgeführt werden.[337]

---

[337] Stillmark, Schulwesen (wie Anm. 330), S. 214.

Von erheblicher Bedeutung für die Vertretung der kulturellen Belange der deutschbaltischen Volksgruppe sollte sich die Einrichtung der sogen. „Volkssekretariate" erweisen, mit denen die estnische Regierung nach den kurzfristigen „Ministerien für nationale Angelegenheiten" den nationalen Minderheiten sehr entgegengekommen war.[338] Als Dezernent im Unterrichtsministerium konnte der deutsche Volkssekretär Johannes Beermann bis zur Einrichtung der Kulturselbstverwaltung die Anliegen seiner Volksgruppe bei der Regierung direkt vertreten. So schrieb er am 18.8.1920 an den Vorstand der Dorpater Ortsgruppe der Deutsch-Baltischen Partei, er habe mit dem neuen Unterrichtsminister Sauer unmittelbar nach dessen Amtsübernahme „Verhandlungen über die Notwendigkeit, daß unsere deutsche Zentralschulverwaltung sofort ins Leben treten müsse", aufgenommen.[339] Der Minister habe ihm aber nach Rücksprache mit der Regierung erklärt, das im Frühling eingereichte Schulverwaltungsprojekt könne nur von der Konstituante angenommen werden; es sei aber durchaus möglich, die im Projekt vorgesehene Schulverwaltung in praxi ins Leben zu rufen und damit einen von der Volksgruppenvertretung gewählten Schulrat von der Regierung ohne weitere Publizität für die Übergangszeit bestätigen zu lassen. In diesem Hinweis auf einen inoffiziellen, aber in der Wirkung kaum weniger effektiven Weg zeigt sich einmal mehr das überwiegend gute Einvernehmen zwischen den Repräsentanten der deutschbaltischen Volksgruppe und estnischen Regierungsstellen.

Dem Schulrat stand bei seiner Arbeit ein Schulamt zur Seite, das aus je einem Vertreter der Schulinhaber sowie des deut-

---

[338] Vgl. Michael Garleff, Die deutschbaltische Volksgruppe zwischen Anpassung und Widerstand bei der Staatsgründung der Republik Estland, in: Eesti Teaduste Akadeemia Toimetised, 40 (1991), No. 1, S. 4-15.

[339] Estnisches Staatsarchiv/Eesti Riigiarhiiv Tallinn: Bestand 81, Findbuch 3, Nr. 77 (künftig abgekürzt: EStA 81/3/77).

schen Lehrerverbandes bestand. Man begann ferner mit der Gründung von sogen. Schulkreisen für die auf dem Lande verstreut lebenden deutschen Kinder. Am 10.6.1922 richtete der Schulrat der „Schulhilfe", der Dorpater Direktor Alfred Walter, einen Appell an den Vorsitzenden der Deutsch-Baltischen Partei: Die Schulhilfe sei mit dem Versuch einer „schärferen Organisation" des überwiegend aus Privatschulen bestehenden deutschen Schulwesens gescheitert; gegen notwendige schmerzliche Einschnitte sähen sich „die sich hinter ihrer Schule organisierenden Elternmassen zu Widerstand veranlaßt", dem die auf dem Vereinsrecht basierende Schulhilfe nicht gewachsen sei.[340] Da andererseits auch die Autonomievorlage im Parlament nicht vorankomme, befinde sich das deutsche Schulwesen in einem höchst unerfreulichen Zustand: „Jeder tut, was er will, und wieweit ihm das Ministerium oder die örtliche Schulverwaltung Freiheit läßt." Walter wies darauf hin, dass die Deutschen in Lettland mit ihrer „vorläufigen, partiellen (nur das Schulwesen berührenden) Autonomie" besser stünden, denn sie könnten eine „straffe und zielbewußte Organisation des Schulwesens durchführen, wir nicht". Er riet daher, in Abkehr vom bisherigen Weg nicht mehr „die ganze Autonomie auf einmal zu verlangen, sondern mit einer [...] beim deutschen Volkssekretariat zu schaffenden deutschen Schulverwaltung zu beginnen" - bis zu einer endgültigen Regelung der Minderheitenautonomie. Von einer solchen vorläufigen Schulautonomie aus könne man auch „Schritt für Schritt die ganze Autonomie zu erkämpfen suchen". Den Vorteil dieses Weges sah Walter darin, dass das deutsche Schulwesen damit eine wesentlich unabhängigere Leitung besitze als derzeit, die u.a. „den Riß zwischen öffentlichen und privaten Schulen [...] beseitigen würde".

---

[340] Vierseitiger handschr. Brief Walters vom 10.6.1922: EstA 85/3/32.

Die Leistungen der Deutschen Schulhilfe konnten zum Teil nur unter erheblichen Opfern - auch finanzieller Art - erbracht werden. So teilte die Ortsgruppe Arensburg der Revaler Zentrale der Deutsch-Baltischen Partei Anfang 1923 mit, dass „die hiesigen Deutschen schon durch die Gesellschaft Deutsche Schulhilfe derartig in Anspruch genommen sind, daß eine Sammlung für die Partei aussichtslos ist".[341]

Diese Arbeit sicherte aber dennoch in schwerer Übergangszeit einen wesentlichen Zweig deutscher Kultur, und es sind gerade diese Erfolge, die manchen zögern ließen, als mit der Errichtung der deutschen Kulturselbstverwaltung ab 1925 eine erneute Umstrukturierung des deutschen Bildungswesens bevorstand. In diesem Zusammenhang bewegte viele die Sorge, „inwieweit der wirtschaftlich geschwächten und bereits stark in Anspruch genommenen deutschen Bevölkerung durch die Kulturautonomie neue empfindliche Lasten erwachsen und wie dieselben möglichst unmerkbar gestaltet werden könnten", wie es in einem Brief aus Dorpat an die Parteileitung in Reval heißt.[342]

Um die Jahreswende 1922/23 berichtete der spätere Generalsekretär der Europäischen Nationalitätenkongresse, Ewald Ammende, in einem langen Brief über eine Reihe von Gesprächen, die er in Dorpat mit estnischen und deutschen führenden Persönlichkeiten unterschiedlicher Kreise geführt hatte.[343] Seine Ausführungen kreisen um die Kardinalfragen der Finanzierungsmöglichkeit einerseits und der möglichst autonomen, vom Staat unabhängigen Ausgestaltung andererseits. Ammende trat für eine Pauschalsumme ein „im Gegensatz zum staatlichen Unterhalt einiger Schulen" - selbst „wenn unserer Minderheit dadurch eine gewisse finanzielle Einbuße entsteht". Er sollte

---

[341] Brief des Sekretärs Loewis vom 29.1.1923; EStA 1000/2/4.
[342] Brief Walter Baron Stackelbergs vom 8.9.1923; EStA 85/3/35.
[343] EStA 85/3/32.

mit seiner Prognose Recht behalten, dass der Unterhalt der deutschen Schulen „zum großen Teil von der privaten Opferwilligkeit abhängen wird; selbst dann, wenn wir zum Prinzip der Selbstbesteuerung gelangen sollten".

Mit dem Hinweis auf eine derzeitige Verzettelung konstatierte Ammende: „Vom Standpunkt einer rationellen Verwendung unserer nationalen Mittel gesprochen - und da wir materiell schwer zugrunde gerichtet sind, ist das der einzige Standpunkt, der sich gegenwärtig vertreten läßt - müssen drei bis vier Knabengymnasien und etwa zwei bis drei Mädchengymnasien genügen, um unserer Jugend eine gute Mittelschulbildung[344] zu geben", bei Weiterbestehen von öffentlichen Grundschulen an Orten, in denen Deutsche wohnten. Er plädierte dafür, dass „angesichts der unrationellen Geldverausgabung" und „bei der geringen Zahl unserer Deutschbalten und der großen materiellen Verluste[!], die viele von uns erlitten haben, bei Lösung der Schulfrage nicht ausschließlich pädagogische Rücksichts- und Bequemlichkeitsgründe entscheidend sein können, sondern ausschließlich der Zwang, im Rahmen der bestehenden Möglichkeiten etwas Gutes leisten zu müssen [...] mit einem Minimum von Mitteln unserer Jugend die erforderliche Grundausbildung zu geben" - auch dann, wenn die individuellen Interessen mancher Gruppen darunter leiden sollten. Gymnasien bzw. sonstige Mittelschulen müssten in Reval, Dorpat und Pernau konzentriert und zu zentralen Einrichtungen des ganzen Landes werden bei gleichzeitigem Ausbau wirklich guter Internate für die Kinder aus den Kleinstädten oder anderen Regionen. Diese Internate sollten so stark subventioniert werden, dass sie die „Schüler von auswärts für eine minimale Summe aufnehmen und ihnen gleichzeitig eine gute pädagogische Aufsicht und Erziehung garantieren müßten, so daß die

---

[344] Die baltische „Mittelschule" entsprach dem Gymnasium bzw. der höheren Schule.

Eltern in Fellin sich dann keineswegs prinzipiell gegen die Erziehung ihrer Kinder in Pernau aussprechen würden [...]." Durch „Auflösung der überflüssigen Institute" und weitere Sparmaßnahmen könnten sogar die Gehälter der privaten Lehrkräfte auf das „anständige Minimum" der staatlichen Lehrkräfte angehoben werden.

Diese Sorge der Deutschbalten aus den kleinen Städten kam noch Ende 1927 in einem langen Brief an Werner Hasselblatt zum Ausdruck, in dem aus Fellin vehement gegen die Ammendes Vorschlägen im Kern entsprechenden Pläne des inzwischen begründeten Kulturrats polemisiert wurde.[345] Gegenüber dem einzigen „Köder" in Form einer Erhöhung der Lehrergehälter führte der Verfasser eine Reihe von Gegengründen ins Feld: „pekuniäre, sanitäre, pädagogische, allgemein politische und rein praktische". Am differenziertesten erscheinen davon neben den erst genannten seine finanziellen Argumente, die erhöhte Fahrtkosten, höheres Schulgeld und teurere Unterbringung voraussagen, ferner die Überlegungen, dass viele Eltern aus Geldmangel die estnische Mittelschule am Ort wählen müssten.

Im Protokoll der Sitzung des Parteivorstands vom 26. Januar 1922 in Dorpat war bereits erwähnt worden, dass man vor allem auf der Erhaltung der öffentlichen deutschen Schulen bestehe, die einem großen Bedürfnis der ärmeren Schichten der deutschen Bevölkerung entgegenkämen. Diesen durchaus berechtigten Wünschen müsse natürlich Rechnung getragen werden. In einem Brief an den Parteivorsitzenden August Spindler schrieb Hasselblatt am 11.2.1922 aus Dorpat unter anderem: „[...] Ich weiß nicht, wer die Macht dazu haben wird, die flutende Erregung von allen hiesigen Eltern der Kinder öffentlicher Schulen in die Grenzen der Partei bzw. der Minderheits-

---

[345] Der Absender ist ein näherer Bekannter Hasselblatts, da er ihn duzt und mit „Dein Felix" unterzeichnet. EStA 85/3/27.

gemeinschaft einzudämmen, selbst wenn Direktor Pantenius sich zu deren Spitzführung nicht entschließt."

Mit eben diesem Direktor Hermann Pantenius in Dorpat stand Hasselblatt in regem Gedankenaustausch in allen das Schulwesen betreffenden Fragen. Dabei ging es ebenso um die generelle Linie der deutschbaltischen Minderheitenpolitik wie um taktische Einzelfragen des Verhaltens in bestimmten Situationen - den Vertretern des estnischen Mehrheitsvolkes gegenüber wie auch innerhalb der deutschbaltischen Volksgruppe. Engagiert und offen focht Pantenius in der Debatte um die Grundlagen der Kulturautonomie aufgrund unterschiedlicher Interessenlagen bei öffentlichen bzw. bei Privatschulen in einer Zeitungskontroverse mit dem Parteivorsitzenden Spindler über die Realisierbarkeit absolut autonomer Schulen und die Notwendigkeit staatlich unterhaltener öffentlicher Schulen auch für die Deutschen.[346] Seine Briefe geben darüber hinaus Einblick in die innere Konfliktlage der deutschbaltischen Volksgruppe. Es ging letztlich um detaillierte Fragen des weiteren Auf- und Ausbaus des deutschen Schulwesens, besonders in der Umwandlungsphase der 1920er Jahre. So schrieb Pantenius am 29. November 1926 an Hasselblatt:

„Einerseits haben wir nur die Rechte einer Kreisschulverwaltung, andererseits aber unterstehen wir dem Innenminister, der lediglich darüber zu wachen hat, daß wir nichts <u>Ungesetzliches</u> begehen. Dabei ist die Regierung für uns keine vorgesetzte Behörde, sondern nur eine Kontrollbehörde. Einerseits steht also ein Rahmengesetz, d.h. wir und die Regierung können den Rahmen mit konkreten Bildern füllen, andererseits aber wird dagegen immer wieder ins Feld geführt, daß wir nur die Rechte einer Kreisschulverwaltung haben, uns also wie

---

[346] Wilhelm Baron Wrangell, Materialien zur Geschichte der Estländischen Deutschen Kulturselbstverwaltung. Mskr. im J.G. Herder-Institut Marburg, S. 102 f.

diese in sehr weitgehendem Maße vom Bildungsministerium reglementieren lassen müssen."

Am 11. Dezember 1926 antwortete Hasselblatt ihm ausführlich:

„[...] Im Zusammenhang mit der Verhandlung des Privatschulgesetzes ist ja die Frage, wie weit wir stets und immer in ein und dasselbe Korsett mit den übrigen Selbstverwaltungen gespannt werden dürfen, in ihrer ganzen Breite aufgerollt. Die bisher verfolgte Taktik [...] scheint mir bedenklich. Sie gipfelt darin, daß wir uns bemühen, für die privaten Schulen jeglicher Nationalität ein Maximum an Freizügigkeit und ein Minimum an Reglementierung durchzusetzen. Wir finden darin die Unterstützung der Volkspartei, der Christen und der Landwirte. Hierbei wird es natürlich notwendig, daß in allen entsprechenden Paragraphen neben den Organen der allgemeinen Selbstverwaltungen auch diejenigen der Kulturverwaltung genannt werden, somit unsere Privatschulbelange restlos mit den allgemeinen verquickt und in dieselben hineinverwoben werden. Die Gefahr dieser Politik sehe ich darin, daß einmal festgestellt wird, daß die Grenzen der Freizügigkeit unserer Selbstverwaltung grundsätzlich und vollkommen sich mit denjenigen von den Kommunen decken und zweitens daß in Zukunft unsere Ansprüche auf ein Minderheitenschulgesetz leichter zurückgewiesen werden dürften, zwar aus dem erstgenannten Grunde und mit dem Hinweis: „Wollt ihr lehrprogrammatisch selbständiger sein, so gründet gefälligst Privatschulen".

Bleiben wir auf dem eingeschlagenen Wege, so kommt als Inhalt eines Minderheitenschulgesetzes die Regelung lediglich des öffentlichen Minderheitenschulwesens in Frage, mithin ein Torsogesetz, das schon deswegen auf nicht viel Sympathie stoßen möchte. Praktisch-politisch glaube ich sogar, daß wir uns nur das bescheidene Ziel werden stecken können, das Mittel- und Elementarschulgesetz, zumal das erstere, mit entsprechenden Zusätzen zu versehen, welche <u>uns</u> hinsichtlich der öffentli-

chen Schulen eine ähnliche Bewegungsfreiheit ermöglichen, wie sie <u>allen</u> betreffs der Privatschulen zugestanden worden ist. Ist das viel oder wenig? Genügend oder ungenügend? Wie weit gehen unsere schulautonomistischen und schulprogrammatischen Forderungen? Das sind Dinge, über die sich sowohl die Kulturverwaltung als auch die Abgeordneten klar sein müssen, bevor das Privatschulgesetz in die Plenarverhandlung gelangt, denn wir müssen bei dieser Gelegenheit eine ganz zielbewußte Front zeigen und mehr oder weniger konkrete Ansprüche anmelden. Persönlich hatte ich folgende Politik empfohlen: eine sehr liberale Fassung des Privatschulgesetzes herbeizuführen und zu stützen und unter Berufung auf den § 2 des Autonomiegesetzes sowie das ausstehende Minderheitenschulgesetz in einem Schlußparagraphen etwa folgendes darzulegen: „Bis zum Erlaß eines Minderheitenschulgesetzes gelten die Vorschriften des Gesetzes auch für die Privatschulen der Minoritäten, wobei hinsichtlich derjenigen Minoritäten, die eine Kulturselbstverwaltung verwirklicht haben, an Stelle der Organe der allgemeinen Selbstverwaltung die entsprechenden Organe der Kulturselbstverwaltung zuständig sind" [...].

Mir liegt umso mehr an der Klärung unserer Wünsche, als ja viele den Hauptinhalt der Autonomie in einer größtmöglichen Lehrplan- und Schulverwaltungsfreiheit sehen [...] und ich selber es nicht vermag, diesen Umfang erwünschter Freiheiten zu übersehen und ferner (freilich nur theoretisch) zur Ansicht tendiere, daß lange nicht alle Lehrplanangelegenheiten etc. <u>national</u>-kulturelle Fragen sind, denen ein isolierter eigengearteter Entwicklungsgang freizugeben nötig wäre. Daraus bitte ich nicht den Schluß zu ziehen, daß ich etwa nicht bereit wäre, auch diesbezügliche maximale Forderungen wo gehörig zu vertreten.

Bei den nötig gewordenen Schritten der Verwaltung betreff des Schulunterhaltes habe ich die Eingabe an die Regierung abgefaßt und nach Kräften die Verwaltung beraten [...]".

Das Schulwesen der nationalen Minderheiten war in der Verfassung Estlands vom 6. August 1920 in folgenden Paragraphen geregelt worden:[347]

§ 6: Alle Bürger Estlands sind vor dem Gesetz gleich.
§ 12: Wissenschaft, Kunst und deren Lehre sind in Estland frei. Der Unterricht der schulpflichtigen Kinder ist obligatorisch und in den Volksschulen kostenfrei. Den völkischen Minderheiten wird der muttersprach-liche Unterricht garantiert.
§ 20: Jeder Bürger Estlands ist frei in der Bestimmung seiner Nationalität.
§ 21: Die Angehörigen der innerhalb der Grenzen Estlands wohnenden völkischen Minderheiten können zur Wahrung ihrer völkischen Kultur- und Fürsorgeinteressen entsprechende autonome Institutionen ins Leben rufen.

Die Kommunen mussten kostenlose Grundschulen für Kinder nichtestnischer Nationalität unterhalten, sofern es deren mindestens 20 gab und sie in einem Klassenraum gemeinsam unterrichtet werden konnten. Die höheren Lehranstalten gingen teils auf besondere Vereinbarungen mit den Stadtverwaltungen und dem Bildungsministerium zurück. Mit § 21 der Verfassung wurde ein völlig neuer staatsrechtlicher Weg beschritten, für den es keinerlei Vorbild gab; dementsprechend dauerte es bis zum Februar 1925, bis die Form der Kulturselbstverwaltung auf der Basis der territorialen Kreisselbstverwaltungen gefun-

---

[347] Stephan von Csekey, Die Verfassungsentwicklung Estlands 1918-1928, in: Jahrbuch des öffentlichen Rechts der Gegenwart 16, 1928, S. 168-269; Das Grundgesetz der Republik Estland, S. 213-219.

den wurde und bis sich dafür eine parlamentarische Mehrheit im Riigikogu fand.[348]

Die Einführung der Kulturselbstverwaltung bildete einen entscheidenden Einschnitt in der Geschichte des deutschen Schulwesens in Estland.[349] Vorher existierten öffentliche und private Schulen als getrennte Gruppen, wenn auch beide der Aufsicht der örtlichen estnischen Schulbehörden und dem Bildungsministerium unterstanden. Nunmehr wurde eine übergreifende Organisation geschaffen, die auf dem konsequenten Prinzip der Selbstverwaltung beruhte, wenn auch das Fehlen des in der estländischen Schulgesetzgebung vorgesehenen Minderheitenschulgesetzes noch viele Einzelfragen ungeregelt ließ.[350]

Durch das Gesetz über die Kulturautonomie der nationalen Minderheiten wurde die Deutsche Kulturverwaltung im Bereich des Schulwesens den örtlichen Kommunalverwaltungen gleichgestellt. Damit besaß sie das Recht, Lehrer der öffentlichen Grundschulen von sich aus zu ernennen, die der höheren Schulen zu wählen und durch das Bildungsministerium bestätigen zu lassen. Außerdem oblag ihr die Aufsicht über die Erfüllung der Schulpflicht deutscher Kinder. Die deutsche Kulturverwaltung übte damit dieselben Rechte aus wie die Kommunalverwaltungen, nur dass ihr Amtsbereich „mit dem gesamten Staatsgebiet zusammenfällt und sich innerhalb dieses auf das ganze deutsche Schulwesen erstreckt".[351] Das 1926 als Organ der Kulturselbstverwaltung ins Leben gerufene Schulamt galt

---

[348] Zu den parlamentarischen Verhandlungen über das Kulturautonomiegesetz vgl. Michael Garleff, Deutschbaltische Politik zwischen den Weltkriegen. Bonn-Bad Godesberg 1976 (Quellen und Studien zur baltischen Geschichte), 2. S. 104-120.
[349] Hierzu Stillmark, Schulwesen (wie Anm. 330), S. 214 f.
[350] Weiss, Schulwesen (wie Anm. 330), S. 183.
[351] Emil Musso: Über das deutsche Schulwesen Estlands, in: Jahrbuch des balt. Deutschtums, 1929, S. 75-80, hier S. 75.

dabei als öffentlich-rechtliche Schulbehörde mit den Rechten einer kommunalen Schulverwaltung.[352] Als eine der wichtigsten Aufgaben stellte sich dem Schulamt die Ausarbeitung eines einheitlichen, den besonderen Bedürfnissen der deutschen Volksgruppe Rechnung tragenden Schulnetzes (einschließlich einheitlicher Lehrpläne), das nach der Gründungsphase recht weit gespannt war und das notwendigerweise unter den harten Bedingungen der Zeit reformiert werden musste. Im Bestreben, das historisch Entwickelte in Anpassung an die Zeitverhältnisse nach Möglichkeit weiterzuführen, legte man großen Wert auf ein klassisches Gymnasium im Lande und versuchte, den lokalen Bedürfnissen Rechnung zu tragen. Denn bei der Streusiedlung der Deutschen kam es darauf an, die Schulen in den kleinen Städten als Mittelpunkte des kulturellen Lebens der deutschen Gesellschaft zu erhalten. Damit sollte nicht zuletzt dem allgemeinen Drang in die Hauptstadt mit ihren besseren Verdienstmöglichkeiten entgegengewirkt werden. Aufgrund der gesetzlich geregelten Selbstbesteuerung der Kulturselbstverwaltung konnten im Budget nunmehr größere Beträge für die Schulen eingesetzt werden, womit die Gehälter erhöht und Krankenversorgung erreicht wurde.

Die Arbeit an den Stundentafeln und Programmen der Grund- und Mittelschulen (Gymnasien) hatte sich an den staatlichen estnischen Lehrplänen zu orientieren, wobei es allerdings Ausnahmen gab für die Einführung eines dort nicht vorgesehenen Klassischen Gymnasiums und eines Lateingymnasiums mit Beginn des Lateinunterrichts bereits im 5. Schuljahr. Diese Arbeiten konnten in den Jahren 1927/28 erfolgreich abgeschlossen werden.

---

[352] Vgl. Kurt Egon Frhr. von Türcke, Das Schulrecht der deutschen Volksgruppen in Ost- und Südosteuropa Berlin 1938 (Beiträge zum ausländischen öffentlichen Recht und Völkerrecht, 25), S. 3-42 (hier auch die einschlägigen Gesetze und Verordnungen).

Außerdem begann man sofort mit mühseligen Verhandlungen wegen der Übergabe der öffentlichen und privaten deutschen Schulen an die Leitung der Kulturverwaltung - immerhin handelte es sich um drei städtische Schulen in Reval, zwei städtische in Dorpat und nicht weniger als 15 Privatschulen, die unter 13 verschiedenen Schulämtern standen.[353] Besonders hinsichtlich der von den Kommunen zu zahlenden Beträge kam es zu langwierigen Verhandlungen mit den einzelnen Kommunalverwaltungen, mit denen gelegentlich nur Kompromisse geschlossen werden konnten. Man bemühte sich, „das nach dem Krieg häufig unter Zuhilfenahme von Notlösungen aufgebaute deutsche Schulwesen zu rationalisieren und [...] der finanziellen Leistungsfähigkeit des estländischen Deutschtums anzupassen".[354] Da ein solcher Umbau zwangsläufig einen gewissen Abbau zur Folge hatte, stießen diese Pläne teilweise auf Ablehnung in der deutschbaltischen Öffentlichkeit - fürchteten doch weite Kreise, „der Abbau des Schulwesens könnte für die Volksgruppe den Beginn eines allgemeinen sozialen und kulturellen Abstiegs bedeuten".[355]

Vier Schulen erhielten zwischen 1924 und 1931 das Recht, selbstständig Abiturprüfungen vorzunehmen statt unter Vorsitz eines staatlichen Beamten, sowie die Anerkennung der Versetzungs- und Abgangszeugnisse. - Die Kulturverwaltung nahm sich besonders der Aus- und Fortbildung der Lehrer an, wobei es zu einer engen Kooperation mit dem „Verband deutscher Vereine in Estland" kam. In Reval und Dorpat wurden Fortbildungskurse für Lehrer eingerichtet, und die Lehrertage vermittelten ebenfalls pädagogische Anregungen. Ferner wurden den

---

[353] Blosfeld, Geschichte (wie Anm. 330), S. 17. Eine Zusammenstellung der Ergebnisse dieser Verhandlungen zwischen 1926 und 1930 bringt Blosfeld auf S. 26.
[354] Weiss, Schulwesen (wie Anm. 330), S. 184.
[355] Ebenda.

auf dem Lande lebenden Kindern Schulbeihilfen gewährt und in einigen Städten Internate eingerichtet.

Dass man auch mit Erreichen der Kulturselbstverwaltung auf finanzielle Unterstützung von außen angewiesen blieb, zeigte sich bei einem Besuch des Völkerrechtlers und Rechtsberaters der deutschen Volksgruppen, Carl Georg Bruns, im April 1925. Er führte ein eingehendes Gespräch mit einigen deutschbaltischen Repräsentanten in Dorpat über die Kostenfrage und forderte aufgrund der dabei gewonnenen Informationen am 8.5.1925 Hasselblatt auf, die derzeit in Deutschland „recht günstige Situation schnell auszunutzen" und konkrete Aufstellungen zu übermitteln.[356] Da einige seiner deutschbaltischen Gesprächspartner keine Unterstützung für die Autonomie annehmen zu dürfen glaubten, empfahl Bruns: „Dann wird man Sie eben durch entsprechenden Betrag auf anderem Gebiet, etwa verwandter Verbände, entlasten müssen. Jedenfalls ist die Neigung und sind die Aussichten, Ihnen zu helfen, heute ziemlich groß" - auf die hier angedeutete Weise ist dann die Unterstützung auch erfolgt.[357] Ohne wirksame Hilfe von Seiten des Deutschen Reiches sowie des Vereins für das Deutschtum im Ausland hätte der Bestand nicht gehalten werden können.

Das deutsche Schulnetz umfasste 1928/29 insgesamt 19 Grundschulen und 12 höhere Schulen, davon drei öffentliche, an denen 3.315 Kinder - 1.656 Jungen und 1.659 Mädchen - unterrichtet wurden.[358] 141 Kinder von auf dem Lande lebenden Eltern erhielten mit Unterstützung des Schulamts häuslichen Unterricht. Während 1925/26 nur 36% der deutschen Schüler öffentliche Schulen besuchten, waren es 1929/30 be-

---

[356] Brief aus Wilmersdorf vom 8.5.1925, Tgb.-Nr.249/25. EstA 85/3/28.
[357] Vrgl. zu diesem Fragenkreis insgesamt Karl-Heinz Grundmann: Deutschtumspolitik zur Zeit der Weimarer Republik. Hannover-Döhren 1977. (Beiträge zur balt. Geschichte. 7).
[358] Vgl. Musso, Schulwesen (wie Anm. 351), S. 76-78; Weiss, Schulwesen (wie Anm. 330), S.184.

reits 59,3%, wodurch Ersparnisse erzielt werden konnten, die für die Verbesserung der wirtschaftlichen Lage der Lehrer oder für Erweiterungs- und vereinzelt auch Neubauten von Schulen verwendet wurden.

Als sich die Lage unter dem Einfluss der Weltwirtschaftskrise Anfang der 30er Jahre zuspitzte, kam es nicht zuletzt aufgrund der neuen staatlichen Schulgesetze im Jahre 1934 zu einer weiteren Neuordnung auch des deutschen Schulwesens.[359] Zu diesem Zeitpunkt wurde deutlich, dass das mit relativ geringen Änderungen 1918 aufgebaute Schulnetz den veränderten Lebensbedingungen der Deutschbalten nicht mehr entsprach: Zum einen bedingten sinkende Schülerzahlen eine Zusammenlegung mehrerer Schulen, zum anderen zeigte es sich als Mangel, dass der zur Hochschulreife führende Abschluss des Abiturs die Ausbildung für praktische Berufe verhinderte. Der beschränkte Bedarf an akademisch Gebildeten in Estland führte zu Arbeitslosigkeit, und es fehlte andererseits an Möglichkeiten eines rechtzeitigen Übergangs zu Fachausbildungen.

Das neue estländische Schulgesetz erhöhte die Zahl der Schuljahre bis zum Abitur von elf auf zwölf und veränderte die zweiteilige Einheitsschule in eine dreiteilige in Form von nunmehr

- einer sechsklassigen kostenlosen Grundschule;
- zwei Arten von Mittelschulen: eine dreiklassige Realschule für die Grundschulabsolventen und ein fünfklassiges Progymnasium als Vorstufe für die höhere Schule;
- ein dreijähriges Gymnasium (Oberschule), aufbauend auf dem Progymnasium.

---

[359] Vgl. Weiss, Schulwesen (wie Anm. 1), S. 185 ff., und Blosfeld, Geschichte (wie Anm. 1), S. 32 ff.

Im November 1934 nahm der deutsche Kulturrat einen an den Grundsätzen dieser staatlichen Schulreform orientierten Plan eines neuen Schulnetzes an. Er sah vor:

- zwölf sechsklassige öffentliche Grundschulen in Arensburg, Dorpat, Fellin, Hapsal, Narva, Pernau, Reval, Weißenstein, Werro, Wesenberg sowie in den Siedlungen Heimtal und Wisust; eine vierklassige öffentliche Grundschule in Nömme; neben der erwähnten öffentlichen eine weitere vierklassige private Grundschule in Reval;
- eine aus Progymnasium und Gymnasium bestehende öffentliche Vollschule (Oberrealschule) in Reval; ein entsprechend aufgebautes Mädchengymnasium; die Domschule als Progymnasium und Gymnasium mit klassischem Zweig;
- in Dorpat eine dreiklassige öffentliche Mittelschule mit Parallelklassen für Mädchen und je ein dreiklassiges Gymnasium für Jungen und Mädchen;
- für Pernau eine dreiklassige Mittelschule und ein dreiklassiges Gymnasium;
- Arensburg, Fellin und Wesenberg erhielten dreiklassige Mittelschulen;
- Hapsal, Narva und Werro erhielten je zwei Ergänzungsklassen zur Grundschule.

1937 wurden aufgrund des Rückgangs der Schülerzahlen weitere Einschränkungen erforderlich - gleichzeitig aber konnte eine höhere Frauenfachschule in Finn bei Wesenberg eingerichtet und im August 1938 eröffnet werden. Sie wies einen hauswirtschaftlichen sowie einen gartenbaulichen Zweig auf und sollte in Dreijahreskursen den Schülerinnen die Berechtigung zum Studium in bestimmten Fakultäten erbringen - ein Zeichen für das Bemühen der Kulturverwaltung, „das deutsche

Schulwesen den veränderten Bedürfnissen des praktischen Lebens anzupassen."[360]

Im Zusammenhang mit der Aufhebung der Kreisselbstverwaltungen im Jahr 1934 wurden alle Schulräte zu Beamten des Bildungsministeriums, wodurch der Posten des Schulrats der Deutschen Kulturverwaltung entfiel, dessen Überwachungsaufgaben nunmehr von einem beauftragten Sachverständigen ausgeübt wurden. Die Schulen waren nicht zuletzt betroffen von dem neuen Gesetz über die Bestimmung der Volkszugehörigkeit (November 1934), das künftig vielen Kindern den Zutritt zu deutschen Schulen verwehren sollte.

Eine weitere Verschlechterung drohte durch die am 1. Januar in Kraft getretene neue Verfassung, die in § 22 bestimmte, dass der Unterricht in den Schulen der nationalen Minderheiten „in deren Nationalsprache und in der Staatssprache" zu erfolgen habe. Damit wich man vom Prinzip des uneingeschränkten muttersprachlichen Unterrichts ab. Nach Eingaben des Deutschen Lehrerverbandes, dass doch die Sprache „der vornehmste Träger der Kulturtradition eines Volkes" sei, und nach einer Stellungnahme der Kulturverwaltung, den Grundsatz des muttersprachlichen Unterrichts nicht preisgeben zu können, wurde die Entscheidung, in welchen Fächern auf estnisch unterrichtet werden sollte, schließlich in das Ermessen des Staatspräsidenten gestellt. Es war seiner auf inneren Ausgleich gerichteten Politik zu verdanken, dass die deutsche Volksgruppe in der ihr noch verbleibenden kurzen Zeitspanne keine größeren Beschränkungen des muttersprachlichen Unterrichts mehr erleben musste.

Denn im Zusammenhang mit der als „diktierte Option" erfolgenden Umsiedlung der Deutschbalten wurden alle deutschen Schulen nach Unterzeichnung des entsprechenden Protokolls vom 15. Oktober 1939 in kürzester Frist geschlossen,

---

[360] Weiss, Schulwesen (wie Anm. 330), S. 186.

die Deutsche Kulturverwaltung zum 31. Dezember 1939 aufgelöst. - Wenn das Gesamtbild des deutschen Schulwesens in Estland zwischen 1918 und 1939 von den Beteiligten ebenso wie von der Wissenschaft positiv beurteilt wird, so hat das nicht zuletzt seinen Grund im überwiegend nationalitätenfreundlichen Klima Estlands, das der letzte Präsident der Deutschen Kulturverwaltung, Hellmuth Weiss, wie folgt charakterisiert hat: „Jederzeit bestand die Möglichkeit zu offenen, auf gegenseitigem Vertrauen beruhenden Gesprächen zwischen den Präsidenten der Deutschen Kulturverwaltung und den deutschen Abgeordneten auf der einen und den Vertretern der Staatsregierung, insbesondere dem Staatspräsidenten, auf der anderen Seite."[361]

---

[361] Weiss, Schulwesen (wie Anm.330), S. 189.

DIE SCHULAUTONOMIE IN LETTLAND WÄHREND DER ZWISCHENKRIEGSZEIT

Detlef Henning

Die Einführung der preußischen Schule während der deutschen Okkupationszeit in Kurland (1915-1918) und Riga (1917-1918):

Das erste Projekt einer baltischen Schulautonomie.

Für die nationalen Minderheiten gab es in Lettland während der Zwischenkriegszeit von 1918 bis 1940 im Gegensatz zu Estland keine umfassende öffentlich-rechtliche Kulturautonomie, sondern lediglich eine sogenannte „Schulautonomie".[362] Diese bekam allerdings bereits fünfeinhalb Jahre früher als in Estland, während der Staatsgründungsphase Lettlands 1918/19, eine rechtliche Grundlage.

Die Initiative zu einer gesetzlichen Sicherung des Rechts auf muttersprachlichen Schulunterricht ging, soweit bisher bekannt, von Vertretern der deutschen Minderheit, den Deutschbalten, aus. Bereits während der deutschen Besatzung Kur- und Livlands ar-

---

[362] Die folgenden Ausführungen fußen vor allem auf: Wolfgang Wachtsmuth, Zur Entstehungs- und Entwicklungsgeschichte der Verwaltung des deutschen Bildungswesens Lettlands, in: Nation und Staat 5 (1931/32), S. 154-172 und 237-253; ders. Von deutscher Schulpolitik und Schularbeit im baltischen Raum, von ihren Anfängen bis 1939, in: Deutsches Archiv für Landes- und Volksforschung 7 (1943), Heft 3, S. 45-88 und 351-396; ders. Von deutscher Arbeit in Lettland 1918-1934. Bd. 2: Die autonome deutsche Schule 1920-1934. Köln 1952. Eine ausführliche Untersuchung lettischerseits über das Minderheitenschulwesen Lettlands während der Zwischenkriegszeit liegt nicht vor. Zu den Minderheiten allgemein mit weiterführender Literatur jüngst jedoch: Leo Dribins, Mazākumtautību vēsture Latvijā (Geschichte der Minderheiten Lettlands). Rīga 1998; darin das Kapitel „Die Deutschen", S. 134-156.

beitete Friedrich Demme, Direktor der Rigaer Börsen-Kommerzschule, im April 1918 das „Projekt einer Verfassung für die deutschen Schulen der baltischen Lande" aus. Zu jenem Zeitpunkt war es noch das Ziel, die Selbständigkeit des deutschbaltischen Schulwesens gegenüber der von der deutschen Okkupationsverwaltung versuchten Einführung des preußischen Schulsystems zu sichern.[363]

Dieses Projekt bildete später die Grundlage für das lettländische Schulautonomiegesetz vom 8. Dezember 1919 sowie die deutschbaltischen Entwürfe für eine öffentlich-rechtliche, mit Estland vergleichbare, umfassende Kulturautonomie, die in Lettland aus innenpolitischen Gründen jedoch nicht in die Realität umgesetzt werden konnte.[364]

Entstehung und Merkmale der deutschen Schulautonomie.

Voraussetzung für die Verwirklichung des Wahlspruches *„Kein deutsches Kind ohne deutsche Schule"* [365] bildete die „Politische Plattform" des „Lettländischen Volksrates", der ersten lettischen Nationalversammlung, vom 17. November 1918. In Abschnitt IV hieß es unter Punkt 3: „Die kulturellen und völkischen Rechte der nationalen Gruppen werden durch die Grundrechte sichergestellt."[366]

---

[363] Friedrich Demme, Vierzig Jahre Schuldienst, in: Baltische Monatsschrift 58 (1927), S. 404 ff.; ders. Meine Erinnerungen an die Werdezeit der deutschen Schule in Lettland, in: Jahrbuch des baltischen Deutschtums in Estland und Lettland (1930), S. 90-92 ff.

[364] Michael Garleff: Deutschbaltische Politik zwischen den Weltkriegen. Bonn-Bad Godesberg 1976 (Quellen und Studien zur baltischen Geschichte. 2) S. 114-121.

[365] Wachtsmuth, Von deutscher Arbeit (wie Anm. 362), S. 171.

[366] Der Text der „Plattform" in deutscher Übersetzung bei: Max Matatyahuaserson: Die Verfassungsentwicklung Lettlands, in: Jahrbuch des Öffentlichen Rechts der Gegenwart 11 (1922), S. 222.

Gleichzeitig stimmte der Ministerpräsident der ersten lettischen Provisorischen Regierung, Kārlis Ulmanis, zu, den Posten eines „Gehilfen des Bildungsministers" (stellvertretenden Ministers) mit einem Deutschen zu besetzen. Das deutsche maßgebliche Gremium zu jenem Zeitpunkt, der „Deutschbaltische Nationalausschuß", wählte am 3. Dezember 1918 den Oberpastor Karl Keller in dieses Amt.

Rechtliche Grundlage für den muttersprachlichen Unterricht bildete zunächst eine Verordnung der Provisorischen Regierung vom 10. Dezember 1918, in der es in Art. 1 hieß: „In allen Schulen Lettlands muß der Unterricht in der Sprache der Schüler erteilt werden. Die Schulen sind demgemäß nach Nationalitäten eingeteilt."[367]

Der für die Deutschbalten historisch günstige Moment im Herbst 1919 - Lettland erlebte die militärische Bermondt-Krise und war auf einen Burgfrieden zwischen den Nationalitäten angewiesen; die Deutschen verfügten mit der Baltischen Landeswehr noch über eigene, intakte militärische Verbände; die Letten verhandelten ferner um Aufnahme Lettlands in den Völkerbund und zeigten sich daher liberal - führte im November/Dezember 1919 zu Zugeständnissen an die Minderheiten: Am 8. Dezember 1919 verabschiedete das provisorische Parlament Lettlands, der Volksrat, unter maßgeblichem Einfluß der deutschen Minderheit das „Gesetz über die Bildungsanstalten Lettlands" („Allgemeines Schulgesetz")[368], sowie das „Gesetz über das Schulsystem der Minderheiten Lettlands".[369] Beide Gesetze beschrieben den rechtlichen Rahmen des Minderheitenschulsystems Lettlands während der parlamentarischen Periode bis 1934.

---

[367] Nach: Hans J. Wolff, Die Rechtsbrüche zum Nachteil der deutschen Volksgruppe in Lettland 1919-1939. Berlin 1941, S. 118.
[368] Deutsche Übersetzung bei: Paul Rühlmann, Das Schulrecht der deutsche Minderheiten in Europa. Breslau 1926, S. 205-214.
[369] Deutsche Übersetzung bei: Ebenda, S. 219 f.

Der rechtliche Rahmen bis 1934

Nach § 39 des „Gesetzes über die Bildungsanstalten Lettlands" war der Schulunterricht in der Familiensprache des Schülers zu erteilen.

Das „Gesetz über das Schulsystem der Minderheiten Lettlands" regelte die Schaffung und Arbeitsweise besonderer „Verwaltungen des Bildungswesens" (abgekürzt „V. d. Bw.) einzelner Minderheiten, deren Leiter auf Vorschlag der entsprechenden Minderheit vom Ministerkabinett zu Staatsbeamten ernannt und dem Bildungsminister unmittelbar unterstellt wurden.

Beide Gesetze beschrieben einen Kompromiss: Einerseits wurde die „Verwaltung des deutschen Bildungswesens" organisch in das lettländische Bildungsministerium eingefügt und bildete also eine staatliche Struktur, andererseits besaß die Volksgruppe das Recht der Wahl des Leiters der „V. d. Bw.", der gleichzeitig Gehilfe des Bildungsministers war, sowie seiner Beamten durch einen zunächst beabsichtigten, dann aber nicht entstandenen deutschen „Nationalrat", später dann durch die deutschen Parlamentsabgeordneten bzw. ab 1934 die öffentlich-rechtliche „Deutsche Volksgemeinschaft in Lettland".

In Verantwortung vor der Staatsregierung und der jeweiligen Volksgruppe leiteten die Verwaltungen jeweils des deutschen, jüdischen, russischen, weißrussischen und polnischen Schulwesens jedoch nicht nur Angelegenheiten der Bildung, sondern in der Praxis auch der Kultur. Diesem Umstand trug die am 30. Dezember 1929 angenommene „Verfassung des Bildungsministeriums" Rechnung, in der es in Abschnitt IV, Art. 22 ausdrücklich hieß, dass beim Bildungsministerium Verwaltungen des Bildungswesens der Russen, Juden, Deutschen, Polen und Weißrussen bestünden, „welche alle Angelegenheiten der Kultur [Hervorhebung D. H.] und Bildung ihres Volkstums leiten und für die

Bildung und die Schulen ihres Volkstums Sorge tragen."[370] Damit wurden die „V. d. Bw." als öffentlich-rechtliche Ämter, die auch Kulturaufgaben wahrnahmen, anerkannt. Die lettländische Schulautonomie wies somit auch Ansätze zu einer Kulturautonomie auf.

Wolfgang Wachtsmuth (1876-1964), 1929-1934 Chef des deutschen Bildungswesens in Lettland und dessen Chronist, beschrieb später „das Eigentümliche an der lettländischen Lösung des Problems", dass nämlich „die Beamten der „V. d. Bw." nicht - wie alle übrigen Staatsbeamten - ernannt, sondern von der deutschen Volksgruppe gewählt und nur vom Ministerrat bzw. Bildungsminister bestätigt wurden. Sie waren deutsche Wahlbeamte, genossen aber alle Rechte und Machtbefugnisse von Staatsbeamten und handelten im Namen des Staates."[371]

Damit formulierte Wachtsmuth gleichzeitig auch den Unterschied zu Estland: Dort waren staatliche estnische Organe der deutschen Kulturselbstverwaltung in Schulsachen übergeordnet. In Lettland war die „V. d. Bw." aber selbst höchstes Organ für die deutschen Schulen und hatte nur noch den Minister über sich, dessen Machtbefugnisse andererseits wiederum durch das „Gesetz über das Schulwesen der Minoritäten" eingeschränkt waren.

Somit bestand in Lettland zwar keine Kulturautonomie im estländischen, öffentlich-rechtlichen Sinne und war auch die Schulautonomie keine eigentlich deutsche Autonomie, gleichzeitig sorgten aber bis in die späten 20er Jahre hinein zahlreiche Ausnahmeregelungen in der Praxis für den besonderen Stellenwert des deutschen Bildungssystems in Lettland.

Verantwortlich für dieses Konzept und namentlich mit ihm verbunden waren vor allem die deutschbaltischen Persönlichkei-

---

[370] Wachtsmuth, Von deutscher Arbeit (wie Anm. 362), S. 104 f.
[371] Wachtsmuth, Von deutscher Schulpolitik (wie Anm. 362), S. 358.

ten Karl Keller (1868-1939), Friedrich Demme (1858-1939), Wolfgang Wachtsmuth und Maximilian v. Radecki (1886-   ).

Die deutschen Schulen: Schüler, Finanzierung, Lehrpläne, Lehrerausbildung.

Nicht durchsetzen konnten sich deutsche Wünsche, die Volkszugehörigkeit über die Aufnahme in die Schule entscheiden zu lassen. Statt dessen setzte sich die lettische Seite mit ihrer Forderung, dass nämlich die Familiensprache - die nicht in allen Fällen mit der Nationalität der Eltern oder Kinder übereinstimmte - über die Aufnahme in die Schule entscheiden sollte, durch.

Die verschiedenen Schulen Lettlands standen in einem fruchtbaren Wettbewerb miteinander (Tabelle 1):

Tabelle 1: Schulen nach Nationalitäten [372]

Schule	1919/20	1924/25	1929/30	1933/34
Lettisch	1.053	1.390	1.413	1.502
Russisch	124	199	231	236
Jüdisch	21	67	88	100
Deutsch	42	79	90	88
Polnisch	17	26	36	35
Weißrussisch	-	36	34	23
Litauisch	5	10	8	13
Estnisch	3	7	4	4
Gemischt	-	40	40	56

---

[372] Vgl. Skolu sistēma, in: Latviešu Konversācijas Vārdnīca XI. Rīga 1934/45, S. 20899.

Besonders deutsche Schulen zogen verhältnismäßig viele Schüler anderer Nationalitäten an (Tabelle 2), von denen das doppelte Schulgeld und später die doppelte Selbstbesteuerung erhoben wurde[373] (Tabelle 2):

Tabelle 2: Schüler nach Nationalitäten im Schuljahr 1933/34 [374]

Schüler/ Schule	Letten	Deutsche	Russen	Weißruss.	Polen	Juden	Sonstige
Lettisch	150755	447	4861	1809	2499	1058	1960
Deutsch	300	7689	124	3	4	759	154
Russisch	27	55	21260	147	391	156	81
Weißruss.	6	1	59	1609	6	-	11
Polnisch	12	-	-	23	4586	-	15
Jüdisch	-	-	-	-	-	12566	-
Litauisch	-	-	-	3	770	-	-
Sonstige	1204	7	1435	1095	733	126	460

Die deutschen Grundschulen (7-8 Schuljahre, vgl. Abbildung[375]) wurden von den Kommunen unterhalten, falls für eine solche Schule mindestens 30 Kinder vorhanden waren. Für die Mittelschulen erhielten die Deutschen einen ihrer Einwohnerzahl entsprechenden Prozentsatz des staatlichen bzw. kommunalen Mittelschulhaushaltes. Etwa 35% der Mittel mussten anderweitig beschafft werden. Ab 1921 wurden Schulsammlungen, ab 1926 eine freiwillige Selbstbesteuerung durchgeführt. Unterstützung erhielten die Deutschen Lettlands durch den Landesverband Nie-

---
[373] Wachtsmuth, Von deutscher Schulpolitik (wie Anm. 362), S. 355.
[374] Vgl. Skolu sistēma (wie Anm. 372), S. 209 f.
[375] Wachtsmuth, Von deutscher Arbeit (wie Anm. 362), S. 120 f.

dersachsen des Vereins für das Deutschtum im Ausland (VDA).[376] Zahlungen aus dem Deutschen Reich wurden von lettischer Seite sogar bei der Berechnung der staatlichen und kommunalen Unterstützung einkalkuliert.[377]

Besonders günstig stand Riga da, weil zahlreiche deutsche Vertreter in der Stadtverwaltung tätig waren, während es die Schulen in den kleineren Städten und auf dem Lande zum Teil sehr schwer hatten.

Die Minderheitenschulen hatten eigene Schultypen, Lehrpläne, Lehrbücher und Prüfungs- und Ferienordnungen. Die Ausarbeitung für die deutschen Schulen wurde vom Deutschen Lehrerverband vorgenommen.

Ausschlaggebend für den Lehrplan war, dem Zeitgeist entsprechend, die „völkische Haltung". So hieß es beispielsweise 1920:

„Dem Deutschunterricht im besonderen fällt die Aufgabe zu, unserer Schuljugend die einzigartigen und unschätzbaren ethischen, intellektuellen, ästhetischen Werte zu erschließen und zu vermitteln, die ihren Nährboden in unserer nationalen Kultur - vor allem in Schrifttum, Sprache, Brauch, in Glaube, Kunst, Wissenschaft, Rechts- und Familienleben - haben und in noch reicherem Maße als die übrigen Disziplinen die Willens- und Denk- und Gefühlskräfte auf die Erfüllung unserer nationalen Kulturpflichten hinzulenken.... . Es gilt, verschüttete Tüchtigkeiten und Kräfte freizulegen, deren tiefste Wurzeln in deutschem Wesen haften, das Vätererbe zu wirklichem Besitz zu erwerben: Arbeitsfreudigkeit, Redlichkeit, Pflichtbewußtsein, rücksichtsloses Einstehen für das als recht und wahr Erkannte, Innerlichkeit, Hingabe an die Idee, Sinn fürs Unvergängliche, seelische Keuschheit, Bescheidenheit,

---

[376] Karl-Heinz Grundmann, Deutschtumspolitik zur Zeit der Weimarer Republik. Eine Studie am Beispiel der deutschbaltischen Minderheit in Estland und Lettland. Hannover 1977, S. 381-420 und 620.
[377] Vrgl. ebenda, S. 620.

Ehrfurcht vor wahrer Größe und Tiefe, ruhelose Unzufriedenheit mit eigenen Leistungen."[378]

Einen hohen Stellenwert nahm der Deutschunterricht ein. In den sieben Grundschulklassen erreichte er einen Umfang von 40 Wochenstunden.

Die Lehrer der deutschen Schulen wurden von einer „Schulkonferenz", bestehend aus Lehrer- und Elternvertretern, vorgeschlagen und vom Unterhalter der Schule gewählt, bzw. bei den Mittelschulen von der „V. d. Bw.", bei den Grundschulen von der örtlichen Schulverwaltung bestätigt. Das Vorschlagsrecht durch die Schulkonferenz war von Bedeutung, da so selbst für den Unterricht der lettischen Sprache deutsche Lehrer zur Anstellung kamen.

Die Ausbildung der Grundschullehrer geschah am 1920 gegründeten und den lettischen Einrichtungen gleichgestellten „Deutschen Pädagogischen Institut" in Riga in Zusammenarbeit mit dem Herder-Institut, aber auch dem „Zentralinstitut für Erziehung und Unterricht" in Berlin. Studienreisen nach Deutschland, gefördert vom VDA, dienten der Fortbildung der Lehrer.

Eine überaus wichtige Rolle spielte der 1920 auf Initiative der „V. d. Bw." gegründete Elternverein, der gleichzeitig deutscher Schul-, Schulträger- und Kulturverein war und lange Jahre unter der Leitung seines Gründers Friedrich v. Samson-Himmelstjerna (1872-1958) stand.[379]

Deutsch-lettische Konflikte der 20er Jahre

---

[378] Vorwort zu den deutschen Lehrplänen (1920), zitiert nach: Wachtsmuth, Von deutscher Arbeit (wie Anm. 362), S. 262 f.
[379] Vgl. dazu die regelmäßigen Berichte in: Kalender und Jahrbuch des Deutschen Elternverbandes in Lettland. Riga 1923; Jahrbuch und Kalender des Deutschtums in Lettland. Riga 1924-1926; Jahrbuch des baltischen Deutschtums. Riga 1927-1934.

Das deutsch-lettische Verhältnis während der Zwischenkriegszeit war zwar durch Koexistenz geprägt, verlief aber nicht ohne Konflikte, die häufig gerade im Bereich der Bildungs- und Schulpolitik ausgetragen wurden. Hier bildete während der 20er Jahre die Frage der Geschäftssprache einen häufigen Streitpunkt. Gewohnheitsmäßig wurde im internen Verkehr deutsch gesprochen und geschrieben, daneben wurden in bestimmten administrativen und wirtschaftlichen Fragen parallel Bücher in lettischer Sprache geführt. Die besonders wichtige Frage der lettischen Sprachkenntnisse der Lehrer wurde deutscherseits geschickt bis Anfang der 30er Jahre verzögert.

Einen weiteren Punkt bildete das Problem des Aufsichtsrechts und der Nationalität der Schulinspektoren. Ab 1923 beaufsichtigten lettische Inspektoren die Minderheitengrundschulen, sie besaßen aber nur ein Informations- und kein Verfügungsrecht.

Lettische Gegner der Schulautonomie bedienten sich häufig des Arguments einer möglichen gegenseitigen Entfremdung und Isolierung der Völkerschaften und der Gefahr, dass die Schulautonomie(n) der Schaffung von „Staaten im Staat" Vorschub leisten könnten. Andererseits hatte die gemeinsame Unterrichtung von deutschen, lettischen, russischen, jüdischen und polnischen Schülern an höheren Schulen in der Zeit vor 1890 keine wirkliche Annäherung gezeitigt. Die nunmehr durch die Schulautonomie geförderte Trennung der Schüler an nationalen Schulen führte andererseits wieder dazu, dass „die verschieden stämmige Jugend Lettlands einander nunmehr fast völlig fremd"[380] blieb.

Gunst und Ungunst im bildungspolitischen Mit- und Gegeneinander zwischen Deutschen und Letten waren im hohen Maße auch von den jeweiligen Bildungsministern, von denen bis 1940 zwanzig im Amt waren, abhängig. Ein Krisenjahr für das deutsche Schulsystem bildete vor allem die Regierungszeit der Großen Koalition 1923, als die deutschen Abgeordneten in der Saei-

---

[380] Wachtsmuth, Von deutscher Arbeit (wie Anm. 362), S. 71.

ma vorübergehend nicht mehr „Zünglein an der Waage" waren und keinen über ihre Abgeordnetenzahl hinausgehenden Einfluss ausüben konnten.

Besonders die Politik des als nationalistisch geltenden Bildungsministers Atis Ķeniņš (Ära Ķeniņš)[381] führte zwischen Ende 1931 und Sommer 1933 zu einer Zuspitzung des deutsch-lettischen Verhältnisses. Ķeniņš baute das Personal der „V. d. Bw." ab, setzte Gehaltskürzungen für Lehrer an Minderheitenschulen durch und versuchte über die Lehrpläne, die Einführung einer „lettischen Grundschule mit deutscher Unterrichtssprache" zu erreichen: Mit dem Lettischunterricht sollte bereits in den Vorklassen und nicht erst in Klasse 3 und 4 begonnen werden. Die pädagogische Ausbildung sollte lettischen Instituten mit besonderen Abteilungen übertragen werden, und die Mittel für verschiedene Schulen (u.a. drei Gymnasien in Kurland) sollten gekürzt werden. Die Aufnahme von Schülern anderer Nationalitäten als der des Schulträgers und im Ausland (sprich Deutschland) erschienene Schulbücher sollten verboten werden.

Wegen Übermittlung der deutschen Reichstagseröffnungsfeier durch das Radio an die Schüler der oberen Klassen wurde z.B. der Direktor des deutschen staatlichen Klassischen Gymnasiums in Riga amtsenthoben. Anträge auf Unterstellung des Schulwesens der Minderheiten unter die verantwortliche Aufsicht des lettischen Schuldepartements und auf Auflösung der höheren Schulen der Minderheiten wurden jedoch durch den Regierungswechsel im Sommer 1933 und den Fall des Bildungsministers hinfällig.

---

[381] Wachtsmuth, Von deutscher Arbeit (wie Anm. 1), S. 78-103.

Der rechtliche Rahmen nach dem Umsturz vom 15. Mai 1934

Nach dem Mai-Umsturz von Kārlis Ulmanis im Jahr 1934 wurden zunächst durch Verordnung vom 17. Juni 1934, dann durch ein neues Volksbildungsgesetz vom 12. Juli gleichen Jahres die relativ selbständigen „V. d. Bw." aufgelöst und ihre Leiter zu Referenten im Bildungsministerium herabgestuft. Auf ihre Berufung hatten die Minderheiten keinen Einfluss mehr, und ihre Tätigkeit entsprach nunmehr lediglich der von Sachbearbeitern.

Ferner wurde für die Aufnahme in eine Minderheitenschule nicht länger die Familiensprache, sondern die Nationalität der Eltern maßgebend. Beide waren, besonders im Falle der jüdischen Minderheit, nicht immer identisch. Bei Mischehen nicht lettischer Partner bestimmte in der Regel die Nationalität des Vaters die Volkszugehörigkeit des Schülers. War ein Elternteil lettisch, oder konnte das Kind (angeblich) seine Gedanken in der Minderheitssprache nicht frei ausdrücken, so wurde auch gegen den Willen der Eltern in der Regel der Besuch einer lettischen Schule verpflichtend.

Die Neueinrichtung von Minderheitenschulen wurde erschwert. Grundschulen bzw. Grundschulklassen für Minderheiten wurden nur noch erhalten und errichtet, wenn im Schulbezirk mindestens 80 (statt vorher 30) Schulpflichtige der betreffenden Volksgruppe vorhanden waren. Die auf dem Lande verstreut lebenden Deutschen waren daher zunehmend auf die kostspielige Unterhaltung von Privatschulen angewiesen.

Lettischerseits wurden diese Maßnahmen u.a. mit einer bisher angeblichen finanziellen und personellen Besserstellung der Minderheitenschulen gegenüber den lettischen Schulen begründet.

Auf die Einstellung der Lehrer und die Lehrpläne[382] wurde auf dem Verordnungswege Einfluss ausgeübt. Die Lehrberechtigung für Lettisch konnte nur noch von Letten erlangt werden.

Den Hintergrund einer zunehmenden „Lettifizierungspolitik" dürfte aber eine Unifizierungspolitik des autoritären Regimes Ulmanis' unter der Losung „*Lettland den Letten*" einerseits und die wachsende Bedrohung durch das nationalsozialistische Deutschland, dessen Führung die Vereinigung aller Deutschen in einem Großdeutschen Reich propagierte, andererseits gebildet haben. Dennoch blieb das System der Minderheitenschulen bis zur Besetzung Lettlands durch die Sowjetunion 1940 in wesentlichen Zügen erhalten.

---

[382] Deutscherseits wurde kritisiert, dass „die Lehrpläne [...] einer wirklichen Bildung der Schüler geradezu entgegen [standen]. So sollte z. in den Grundschulen der (in lettischer Sprache zu unterrichtenden) Geschichte Lettlands dieselbe Stundenzahl (1. Jahr 3 und 2. Jahr 2 Wochenstunden) gewidmet werden wie der Allgemeinen Weltgeschichte." Vgl. Wolff, (wie Anm. 366), S. 120.

Personenregister

Albanus, August 150
Albrecht, August Christian 142
Alexander I., Zar 126, 127, 131
Alexander III., Zar 62
Ammende, Ewald 178, 179, 180
Andresen, Lembit 55, 56
Apraxin 143
Arbusow, Leonid 99, 102, 108, 110
Aronu, Matiss 149, 162
Auest, Auervinus thor 101, 106

Baerents, P. 94, 103, 108
Bathory, Stefan 104
Becker, Johann II. 106
Beermann, Johannes 175, 176
Berbandt 34
Bergmann, Gustav 153
Bevermann, Elisabeth 47
Biel, Maria Elisabeth 48
Blosfeld, Paul 172
Bodien, Jean 68
Böhm, Maria Elisabeth 49
Bohnsacksche 28
Borge, Gustav Adolf 145
Borge, Johann Georg 145
Briedis, Toms 97
Brock, M. Gerhard zum 101
Brooke, Gerhard tom 106
Brüning, Joachim 106
Bruns, Carl Georg 188
Bruns, Johann 101
Buk, Gerd 103

Cämmerer, Hans 24
Calißky, Elisabeth 49
Canisius, Petrus 109
Christiani, T. 104
Conrad, J. 113, 116

Crafftström, Gustav 53

Dahl, Margaretha 48
Dal, Johann tom 108
Dalen, Johann thom 107
Daukste, Vija 53
Dellinghusen, Elisabeth 48
Demme, Friedrich 194,198
Douglas, Baron von 145
Dreyman, Hanß Heinrich 49
Dunsdorfs, Edgars 97

Eck, Johannes 101,102,108
Ecken, Johan 108
Eggers, Alexander 173
Eggers, Hans-Jakob 175
Ehinger, Carl Bernhard 145
Einhorn, P. 98
Elger 105
Erdmann, J. 162
Esko Mihkli Jürri 144

Falk, Adalbert 84
Feig, Anna Dorothea 48
Fischer, J. 152
Fischer, J. B. 124
Fotelius, M. Werner 101, 106
Franke, Hermann August 137, 138, 139, 140, 146
Friel, Dorothia 29
Funk, J. 122

Gailīte, Angelika 149, 151
Gastorius, Georg Heinrich 23, 24, 25, 26, 27, 28, 29, 30, 31, 32, 33, 34,
    35, 36, 37, 38, 39, 40, 41, 42, 43, 44, 45, 49
Gehr, 140
Geisenheimer, Johann Adam 28, 39
Gellern, Margaretha Elisabeth von 48
Germanis, U. 105, 107
Gerstenmeier, Kristap 152
Giese, Gerhard 173

Glück, Ernst 151, 152
Grentz, Anna Maria 48
Guleke, Friedrich Ernst 75, 152
Guleke, Johann Heinrich 11, 12, 75, 76, 77, 78, 79, 80, 81, 82, 83, 84, 85,
            86, 87, 149, 153, 165
Gutsleff, Eberhard 138, 140, 143

Hackmann, Friedrich 82
Haen, Agneta 48
Haen, Dorothea Elisabeth 49
Hagenmeister, August von 161, 167
Haneman, Helena 49
Hanemann, Christian 47
Hanemann, Gottfried 47
Hasselblatt, Werner 180, 181, 188
Hastfer, Johann Jakob 152
Haydn, Joseph 166
Helmershausen, Christoph Heinrich 144
Herweg, Karl Friedrich 76
Hilchen, D. 105
Hirsch, M. 164
Hirschhausen, Adam Jacob 142
Hollmann, Friedrich 63
Holm, Daniel 48
Holm, Peter 49
Horst, Rötger thor 107
Hurt, Jakob 59, 61
Hussmann, Ewert 107

Jakobson, C.R. 61
Jansen, J.V. 61
Jevins, Ansche 164
Judex, Matthäus 20
Jürgen, Antoni 38, 48

Kaudzite, Matiss 149, 162
Kapustin, Michail Nikolajewitsch 58, 65
Karamsin, N. 126
Karl XI., König von Schweden 123, 152
Keiling, Heinrich Kaspar 142, 144, 145

Keller, Karl 195, 198
Kēniņš, Atis 204
Kentmann, Wilhelm 175
Kerenski 173
Kikkur, Ernst 75
Kirchring, Andreas Ferdinand 28, 29, 30, 31, 32, 33, 34, 39, 41
Kiwel 120
Klehbach, A. 167
Koch, Johann Friedrich 142
Kornets, Jekabs 164, 166
Krack, Anna Maria 49
Krämer, Stephan 101, 102
Krebs, Janis 155, 156
Kreutzwald, Friedrich Reinhold 60
Kröger, A. 105
Kronwald, A. 163
Krüdener, Gustav von 161
Krüger, Hans 29
Krüger, Rudolph 28
Kruß, Jürgen 48
Kruus, Hans 59
Kügler, Eduard 77
Kühn, Caroline 9
Kühn, Catharina 24
Kühn, Ludwig 9
Kühn, Wilhelmine, geb. Stender 9

Lange 142
Liim, Allan 63, 64
Linde, Gottlieb 154
Luther, Martin 20, 92, 94, 95, 99, 109

Manassein, Nikolaj 62
Marten, Hanß Heinrich 48
Martinson, Karl 137
Maydell, Axel Baron 175
Meier, Thomas 101
Merra, Peter 144
Milde, Heinrich 142
Müntzer, Thomas 94

Nagel, Christoph 153, 161
Napiersky, Carl Eduard 101, 102, 103
Neubaur, Sophia 48
Niedra, Andrievs 167
Nieroth, Anna Elisabeth von, geb. von Taube, verw. Schrapfer 139
Nieroth, Magnus von 139
Nieroth, Magnus Wilhelm von 137, 138, 139, 140, 141, 142, 143, 144, 145, 146
Niitemaa, V. 89, 94
Nikolai I., Zar 52, 131

Olte, Ansche 156, 164, 166

Padel, Jürgen 102
Pancovius, Wolmar 141
Pantenius, Hermann 181
Parrot, Georg Friedrich 129
Pelz, Jakob 78
Petersen, Ernst 174
Pilsathneek, Jekabs 165, 166
Plehn, Georg 107
Põld, Peter 54, 58
Possevino, A. 104, 110
Printzlau, Barthel 48
Prokopovic, Theopan 141

Quadrantinus, F. 105

Radecki, Maximilian von 198
Ram, S.H. 108
Ramme, Nicolaus 101, 102, 108
Rathminders, Ansche 149, 156, 157, 160, 161, 163, 164, 166
Raulin, Johann 101
Reckmann, Johann 101, 107
Reisare, Jaan 144
Rhode, Georg Johann 151
Riemer, Eugen 175
Ring, Johann 101
Ruth, Anna Elisabeth 49

Saare, Juhan 144
Samson-Himmelstjerna, Friedrich von 202
Sassi, Jaan 144
Sauer 176
Schahhowskoj, S.V., Fürst 62, 63, 65
Schaldinius, 105
Schaudinn, Heinrich 11
Scheden, Lorenz von 101,102
Schelkei, Engelbrecht 103
Scheremetjew, Graf 167
Schilling, 160
Schilling, Ferdinand Friedrich 149, 156, 161, 162, 163
Schilling, Johann Friedrich 154, 155, 156, 157
Schiron, G. 166
Schiron, Reinis 166
Schirren, Carl 56
Schulty, 146
Schüring, Andreas 106, 108
Schuwalow, P. 60
Schwabe, Christoph 28
Scipio 142
Sigismund August, König 103, 104
Sild, Olaf 137
Simon, Gerdruta 47
Sitkenne, Adam 144
Sixtus IV., Papst 94
Sokolowski, Emil Georg Hartmann 79
Sonntag, Karl Gottlieb 67, 150, 152, 153, 154, 158
Spekke 97
Speranski, M. 126
Spindler, August 175, 180, 181
Stackelberg, Alexander Freiherr von 58
Stammer, Georg 24
Stammer, Johann 39, 44
Stecher, Hinrich 28
Steffen 102
Steffenhagen 163
Stender, Jacobine, geb. Guleke 9
Straubergs, J. 103, 111

Stribingius 105
Striecker, Elisabeth 47
Striecker, Susanna Dorothea 48
Strodman, Catharina 49
Strodman, Maria 49
Ströhm, Arthur 174
Strogonow, Graf 126
Süvern, Heinrich von 114

Taubenheim 156, 161
Thörne, Johann Gustav 145
Timm, Caspar 101,106
Tobien, A. von 131
Tolgsdorf, E. 105
Tolgsdorf, Erdmann 109
Tolstoi, D.A., Graf 57
Tredop, Matthias 101
Treffner, Hugo 58
Tschartorifski, A. 126, 127
Tschartorifski, A.K. 126

Ude, Johann Wilhelm 146
Ulmanis, Kārlis 195, 206
Ulmann, 160
Ulmann, Christian Carl 53, 54
Ulrich, Herbert 106
Uwarow, Sergei 52, 53, 55

Vestring, Henricus 17, 18, 19, 20
Vics, A. 149
Vitands, Janis 156

Wachtsmuth, Wolfgang 197, 198
Walter, Alfred 175,177
Walter, Ferdinand 54, 55, 56, 78
Warstatt, Heinrich 82
Wehren, Margaretha von 47
Weiss, Hellmuth 192
Weyrich, Frierich Wilhelm 161
Wigand, Johan 20

Wilberg, Jakob 145
Wilhemsen, Eberhard 146
Wilman, Hans 144
Winhagen, Gertrud 47
Winhagen, Maiy 47
Winter, Eduard 137,139
Witte, Gerdt Jürgen 27
Woltemate, Heinrich Julius 28
Wrangel 38
Wrede, Carl Christian 145
Wrede, Heinrich Christoph 138, 139, 140, 141, 142, 143, 144

Zaravics, Peteris 166
Zimse, Johann 81, 82
Zinovjew, 62

Ortsregister

Akmentini 164
Aloja 154
Alp 137, 138, 139, 140, 141, 142, 143, 144, 145, 146
Alt-Pebalg 147, 148, 149, 151, 154, 156, 157, 159, 160, 163, 164, 165,
          166, 168
Araisi 153, 165
Arensburg 178, 190
Aru 141

Bauske 122
Berlin 138, 162, 202
Blumenhof 78
Braunsberg 104
Bringi 164
Burtnieki 153

Cesvaine 165
Coleni 166

Dickeln 76
Doblen 122
Dole 165
Dorpat 7, 13, 53, 56, 58, 76, 80, 82, 85, 110, 128, 129, 137, 145, 156, 160,
       161, 175, 176, 177, 178, 179, 180, 181,1 87, 188, 190
Drusti 153, 159, 161
Dzerbene 161

Fellin 180, 190
Finn 8, 9, 190

Gatarta 159
Gropin 122, 164
Grotuzi 164

Halle 137, 138, 142, 143, 144, 145, 146, 162
Hapsal 190
Härber 141
Heimtal 190

Illukxt 122
Insterburg 81

Jena 154
Jerren 140
Jörden 145
Josse 48

Kalncieme 122
Kasan 128
Kaulep 139
Karalene 81
Kiew 128
Königsberg 114, 140
Kremon 160
Krakau 110
Kuckefer 139

Laudona 156, 162
Leimani 164
Lenci 159
Libau 122
Liebenrode 146
Liezere 159
Lubana 156, 162
Lukeni 164
Lübeck 28, 43
Lüneburg 137

Mazsalaca 152
Mazstrampe 159
Moskau 125, 128

Narva 141, 142, 144, 146, 190
Naumburg 81
Nömme 190
Nordhausen 146
Nystadt 123, 138

Olmütz 104
Oresmuiza 155, 164, 166

Panten 76
Pernau 179, 190
Pskov 141
Puikule 154

Rauna 155
Reval 13, 14, 15, 16, 17, 18, 20, 22, 23, 24, 25, 27, 29, 38, 39, 41, 42, 43,
 44, 45, 60, 110, 138, 142, 145, 173, 175, 178, 179, 187, 190

Riga 9, 56, 80, 89, 93, 94, 95, 96, 97, 98, 102, 104, 105, 106, 108,
 110, 122, 142, 201, 202
Ronneburg 79
Rudolstadt 154
Rügenwalde 142
Rujiena 153, 165

Sabile 122
Salisburg 75, 77
Sässküla 141
Selpis 122
Seydel 139, 140, 145
Simonis 145
Smilten 77, 78, 79
St. Johannis 139, 140, 143, 144
St. Matthias 141, 145
St. Petersburg 69, 87, 125, 128, 145, 156, 160
St. Peters (Kirchspiel) 139

Tartu, siehe Dorpat
Taskeni 164
Tirsen 160
Tirza-Velena
Tomsk 82
Treyden 83, 118

Ungurmuiža 159

Vackalns 164
Valka, siehe Walk
Velki 164,166

Waida 139
Walk 80, 81, 82, 83, 118, 160
Weimar 144
Weissenstein 190
Weißenfels 81
Wenden 165
Werro 190
Wesenberg 145, 190
Wilna 109, 110, 126, 127, 128
Windau 122
Wissut 190
Wittenberg 142
Wolmar 54,75,80,93

Autorenverzeichnis

Liivi Aarma   Vilde tee 52-33
                           EE 0034 Tallinn/Estland

Andres Andresen   Tammsaare tee 61-89
                           EE 0034 Tallinn/Estland

Austra Avotiņa   Jurmalas gatve 74/76
                           LV 1083 Riga/Lettland

Vija Daukšte   Ruses iela 6-17
                           LV 1029 Riga/Lettland

Prof. Dr. Michael Garleff Wabenweg 22
                           26125 Oldenburg/Deutschland
                           Tel: 0441-9619553

Detlef Henning   Conventstr. 1
                           21335 Lüneburg/Deutschland
                           Tel: 04131-4005913

Indrek Kiverek   Astaaju 68-64
                           EE 0035 Tallinn/Estland

Lea Kõiv   Adala 5-37
                           EE 0006 Tallinn/Estland

Detlef Kühn   Ritterfelddamm 219
                           14089 Berlin/Deutschland
                           Tel./Fax: 030-36803862

Dr. Silvija Pavidis   Ozolcieme iela 24/1-24
                           LV 1058 Riga/Lettland

Schriftenreihe BALTISCHE SEMINARE
der Carl-Schirren-Gesellschaft e.V.

Band 1: **Karl Heinz Borck** (Hrsg.): *Die Bibelübersetzung und ihr Einfluss auf die estnische Kulturgeschichte.* Lüneburg 1996, 141 S., ISBN: 3-923149-27-1

Band 2: **Claus von Aderkas** (Hrsg.): *300 Jahre lettische Bibelübersetzung durch Ernst Glück und ihr Einfluss auf die lettische Kulturgeschichte.* Lüneburg 2001, 136 S., ISBN: 3-923149-29-8 bzw. 3-932267-31-1

Band 3: **Günter Krüger** (Hrsg.): *Klassizismus im Baltikum.* Lüneburg. (in Vorbereitung, ISBN: 3-923149-37-9)

Band 4: **Uwe Albrecht** (Hrsg.): *Gotik im Baltikum.* Lüneburg 2004, 276 S., ISBN: 3-923149-38-7

Band 5: **Michael Garleff** (Hrsg.): *Literaturbeziehungen zwischen Deutschbalten, Esten und Letten.* Lüneburg (in Vorbereitung, ISBN: 3-923149-39-5)

Band 6: **Claudia Anette Meier** (Hrsg.): *Sakrale Kunst im Baltikum.* Lüneburg. (in Vorbereitung, ISBN: 3-923149-40-9)

Band 7: **Heinrich Wittram** (Hrsg.): *Baltische Gutshöfe. Leben - Kultur - Wirtschaft.* Lüneburg. (in Vorbereitung, ISBN: 3-923149-41-7)

Band 8: **Detlef Kühn** (Hrsg.): *Schulwesen im Baltikum.* Lüneburg 2005, 220 S., ISBN: 3-923149-42-5)

Band 9: **Gisela Reineking-von Bock** (Hrsg.): *Künstler und Kunstausstellungen im Baltikum im 19. Jahrhundert.* Lüneburg. (in Vorbereitung, ISBN: 3-923149-43-3)

Band 10: **Norbert Angermann** (Hrsg.): *Städtisches Leben zur Zeit der Hanse im Baltikum.* Lüneburg 2003, 290 S., ISBN: 3-923149-44-1

Band 11: **Heinrich Wittram** (Hrsg.): *Der ethnische Wandel im Baltikum zwischen 1850 und 1950.* Lüneburg 2005,236 S., ISBN: 3-923149-45-x)

Band 12: **Otto Heinrich Elias** (Hrsg.): *Zwischen Aufklärung und Baltischem Biedermeier.* Lüneburg (in Vorbereitung, ISBN: 3-923149-46-8)

Band 13: **Jörg Hackmann** (Hrsg.): *Korporative und freiwillige Assoziationen in den baltischen Ländern.* Lüneburg (in Vorbereitung, ISBN: 3-923149-47-6)

Band 14: **Detlef Henning** (Hrsg.): *Nationale und ethnische Konflikte in Estland und Lettland während der Zwischenkriegszeit.* Lüneburg (in Vorbereitung, ISBN: 3-923149-50-6)

Carl-Schirren-Gesellschaft e.V., Am Berge 35, D-21335 Lüneburg
Tel.: (04131)36788, Fax: (04131)33453

www.ingramcontent.com/pod-product-compliance
Lightning Source LLC
Chambersburg PA
CBHW070657100426
42735CB00039B/2178